佛教思想新論

楊惠南 著

東大圖書公司 印行

國際網路位址　http://sanmin.com.tw

著作人　楊惠南
發行人　劉仲文
著作財產權人　東大圖書股份有限公司
臺北市復興北路三八六號
發行所　東大圖書股份有限公司
地　址／臺北市復興北路三八六號
電　話／五〇〇六六〇〇
郵　撥／〇一〇七一七五——〇號
印刷所　東大圖書股份有限公司
總經銷　三民書局股份有限公司
門市部　復北店／臺北市復興北路三八六號
重南店／臺北市重慶南路一段六十一號
初　版　中華民國七十一年八月
四　版　中華民國八十七年二月
編　號　E 22008
基本定價　伍元貳角
行政院新聞局登記證局版臺業字第〇一九七號

ISBN 957-19-0361-2 (平裝)

獻給我那

虔誠地信着佛的父母！

佛教思想新論　目次

代序　我們需要什麼樣的佛法？（極喜地）……一
以阿含經爲主的政治思想……一五
中觀的思想……三五
般若心經釋義……五七
也談「中期中觀哲學」……一〇七
中國早期的般若學……一一七
唯識的思想……一二九
清淨心與眞常佛教……一五一
中觀與眞常……一六九
關於「中觀與眞常」……一九一

野狐禪—佛教的濟世思想……二〇三
佛教思想中的理想國……二一一
（法雲地）
論前後期佛教對解脫境的看法……二二三
成唯識論中時間與種熏觀念的研究……二七一
論俱時因果在成唯識論中的困難……三〇一
壇經的作者及其中心思想……三三一
後記

代序

我們需要什麼樣的佛法？

一、宗教與社會的關係

如果「文化的產物」一詞意味著「為適應不同時代，不同社會而產生的不同制度、思想等」而言，那麼，宗教不僅僅止於是文化的產物。宗教在本質上不只討論它對時代或社會的功能；宗教似乎還探究一些非社會實效的問題，例如「世界眞相」的問題（儘管不一定是全部的眞相）、「自我（或靈魂）是什麼」的問題。這些問題，與其說是時代或社會的問題，不如說是偏向於個人的問題——時代或社會中每一個成員的問題。而且，既然它還探究「眞相」乃至「是什麼」等，因此，它還牽涉到眞理的問題。——每一個宗教在說明它對社會的實際功能之外，都還強調它是眞理。而眞理是無關乎實效的。

把宗教看作僅僅是「文化的產物」，其必然的結果是：適應時代社會的就是「好的」宗教，不適應的就是「不好的」宗教，在這種意義下，宗教的有無價值，端看它是否有用於社會、是否贏得了大衆的「選票」。在中國，儒家是這種宗教觀的代表者，他們說：「聖人以神道設教！」意思是：聖人用宗教來騙騙大衆，以便引導他們走上道德的大道。——既然宗教只是聖人的方便施設，那麼就談不上眞假，所剩的祗是「好」與「不好」了。在西洋，這種宗教觀的最有名的代表是社會學家孔德（Comte），而尼采、弗洛伊德、羅素等人的反基督，也多少是從這個觀點出發的。甚至「新弗洛伊德學派」的代表弗洛姆（E. Fromm），也是從宗教的社會功能做爲批判宗教好壞的標準——他那有名的宗教二分：極權宗教與人文宗教，可以說明這一點。

宗教是有關「人」的東西，當然也就離不開人以及人所寄居的社會；因此，這種「聖人以神道設教」的宗教觀，不能視爲完全不合理的看法；佛法中講究的「依報莊嚴」，多少都是這種觀點的註脚。但是，除了社會功能，宗教（尤其是佛教）仍有它非價值、非倫理的一面。它和其他有關人的學問，例如生理學、醫學等一樣，還有其眞理的一面——這却萬萬不是儒家等反宗教者所能了解的。

二、佛法的本質是什麼？

佛陀，和其他宗教的教主一樣，自稱他是一個能醫治衆生煩惱心病的醫生。在許多經論中，都把佛陀譬爲「醫王」或「無上醫王」。一個醫生所面臨的問題是：找出患者的病源，然後開出藥方以解除患者的病痛。在這看病開方的過程當中，卽存在着非價值、非倫理的問題：其一是，這是不是患者的病源？另一是，這個藥方是否能够拔除患者的病痛？這些問題都是關乎眞理的，而不是倫理、價值的。是以吾人不能把宗教視爲僅僅是「統治者的工具」甚或「人民的痲醉劑」！當佛陀依他個人所證得的經驗，說明人類痛苦的起源時，他都肯定地宣稱：他的發現也是過去諸佛的發現，乃至未來諸佛也必須依著這條道路才能解脫。他稱這條解脫之道是「古仙人道」，所謂「若佛出世，若不出世，法性法住，法界常住」，乃至「見緣起卽見法，見法卽見佛」等，都是這個意思。他又自稱是「如來」——依世界的眞相而來（覺悟世界眞相而來的人）；而經論上也往往用「諸法實相」、「眞際」、「眞如」等等與「眞」相干的名詞，來描寫解脫者所體悟的世界。

那麼，佛法中，尤其是大乘佛法中非倫理、非價值的，有關眞理的一面是什麼？我相信那應該是「空」義。「空」義是難以了解的，以致也是學派間最爭論不休的題目。有的說：像車子一樣，離開車輪，車軸就沒有車子，所以車子是「空」的；有的說：在依他起的因緣法上去掉徧計執的情執，就叫做「空」；還有的說：所謂的「空」是指自性清淨的心性，不因客塵煩惱而有所變質、遺失，——「空」意味著衆生本性沒有客塵煩惱。

「空」是那麼地歧義、難解，以致不是短短的本文所能闡述清楚的。但是，一個上求佛道的行者應該空掉什麼，却是爭論較小的問題。小乘的學者認爲：由五蘊所組成的身心是「空」的。而大乘的學者則一致認爲：不但身心是空的，就是五蘊也是空的，——這是唯識宗的看法：小乘只知我空不知法空。

由大乘佛法這種「我法二空」所衍生出來的必然結論是：上求佛道的菩薩應該不顧一切生命財產地去度化衆生。一個了解法空的行者，必然可以奉獻他的所有家產去幫助別人；而一個了解我空的行者，則必然可以犧牲自己的手足耳目甚至性命，以救人危難。我空與法空本質上是相同的：澈底了解我空者必定可以了解法空；反過來，也唯有眞正通達法空才能通達我空，——這是龍樹菩薩的看法，有不同於唯識者。

另一個「我法二空」的必然結論是：「涅槃與世間，無有少分別；世間與涅槃，亦無少分別！」（中論觀涅槃品）——這是上段菩薩行的更進一步說明，也是大乘佛法各宗各派最無異議的共同說法。涅槃的清涼無惱是人人所欣所樂的，而世間的生老病死苦却是人人所厭所惡的；正因爲如此，在上求佛道的過程當中，由於求證心切加上智慧觀察的不足，往往會走上逃離社會、遁入山林的末途。大乘佛法斥責他們是硬心腸（悲心不足）的「自了漢」，是只顧個己解脫不管他人死活的「焦芽敗種」。査其原因，乃在未能澈底了解「法空」的眞義：總覺得世間的無常諸苦是實有的，而出世的清涼解脫也是實有的。這樣的行者一多，必不能續佛慧命，必不能紹繼如來家業。因此，大乘的經論告誡我們：「高原陸地不生蓮花」，乃至「寧起我見如須彌山，不起空見如芥子許」。如果人人燃起直心、深心、大菩提心的無盡心燈，那麼，儘管個己的力量渺小，必能共同淨化世間，如此，焉有離世間而有的淨土或涅槃！

三、大乘佛法與社會的關係

如上所說，大乘佛法的本質建立在以我法二空為本的菩薩行與不着世間、涅槃二邊的勝解。本着這種欲超世俗而更入世俗的精神，讓我們再度回頭探究第一節所討論過的問題。

在第一節中，我們談到：以社會功能來探討宗教問題，並未觸及宗教的本質。另一方面我們也提到：宗教所關心的是「人」，因此也就連帶地關心人所寄居的社會，——以社會功能來評判宗教的優劣，並不是完全沒有必要的。

透過大乘佛法本質的了解，我們將更同情儒家等所主張的這種宗教觀。現在讓我們簡單地說明大乘佛法與儒家等反宗教者的不同觀點，——唯有深入了解其中的差異，才知道原本它們是相輔相成的。儒家認為，宗教應該是激發社會全體成員（至少是絕大部份成員）向上向善的，宗教徒不應該脫離人羣而獨善其身。——這是從社會的全體利益來看宗教；人，是廣大社會的一員，唯有全體的利益被照顧到，其中的成員才有幸福可言。做為這大目標的一種工具，宗教應該放棄個己的解脫，加入全體社會的改善工作。而大乘佛法則認爲：社會的全體性離不開其組成的個體；離開個體的利益，也就沒有全體的利益可言。要想達到「大同世界」，不單是文物制度等集體性的規範或道德律則所能做到的！個己的缺陷太多，煩惱太盛，以致卽使在太平盛世，都有挺而走險，違抗這些規律的人。僅僅是敎條規範，並不能概括其中的千殊萬別。因此，這些偏屬個人差異的煩惱，唯有個別地解決才可。佛敎及其他宗敎徒，透過自我的時時反省，深深地體會到：唯有使每一個人都成爲如佛一樣的完人，社會的全體才有澈底改善的一天。由此看來，佛法乃透過人類心理的特殊研究而得到這個結論的。它的目的同於儒家的目的，都是爲了達到人間的淨化；然而，它的方法却大異於儒家的方法。如果說佛家與儒家有所不同，那是事實；但是，如果說佛敎與儒家的入世思想有所衝突，那不是對佛家的了解不够，就是宗派的集團感在作祟！這種中國思想界所特盛的宗派集團感，本質上是不合理性的。把自己畫在一個小圈圈當中，排斥所有外來的文化，只有一天天走向枯萎衰亡的道路。眞理是沒有「標籤」的，只要是眞理，不管是不是中國人說出來的，它都是眞理。類似地，如果一樣東西是美好的、有價值的，只要指出它確實是美好而有價值的，人們自然會爭先恐後地去研究，不必一定急呼那是「自家遺產」或罵人「數典忘祖」才能挽回人們的重視！

四、我們需要什麼樣的佛法？

古來的佛教徒深深了解到他們在印度乃至中國社會所處的地位；他們默默忍受來自四方所有合理、不合理的批評。爲了適應不同社會的要求，他們時時刻刻都在做各種不同的「方便之說」。——這顯然是本於「法空」，乃至「出汙泥而不染」的大乘勝解而做的修正。面對着時代的批評和要求，此時此地的佛教徒，到底需要什麼樣的一種佛法？就「第一義諦」而言，佛法是「法性法住，法界常住」的；但是，就世俗諦而言，卻不妨「見人說人話，見鬼說鬼話」！此所謂「應以何身得度者，卽現何身而爲說法！」這是佛法能否繼續弘傳下去的關鍵所在，每一個佛徒都應該把它放在心頭想一想。底下是筆者數年來所見、所聞、所思的結果：

(一) 佛法不是形而上的本體論

在「佛法的本質」一節中，我們說過，佛陀是一位被尊稱爲「無上醫王」的實效主義者。他不尙玄思，甚至斥責宇宙有邊無邊，涅槃是有是無等問題都是名言戲論而不回答。——經論中將這些問題歸納爲「十四無記」或「六十二見」。

宇宙的「本體」無非是自、他、共、無等四生之一，而不管是四者中的那一生，都是矛盾

的。這在龍樹菩薩的中論中已闡述得很清楚；他說：「諸法不自生，亦不從他生，不共不無因，是故知無生。」（觀因緣品）

凡求「本體」者都有兩個預設：其一，宇宙是實有的；其二，時間是有始的。如果宇宙是空而不是實有的，就不會問它怎麼來；如果時間是無始的或根本不存在，也不會問宇宙怎麼來（即：宇宙的開始是什麼）。宇宙非實有是大乘的勝解——法空；而時間的非實有，在中論中也說得很清楚：「因物故有時，離物何有時？物尚無所有，何況當有時！」（觀時品）

依此觀點，所有的佛法都不在說明全體宇宙的本源，原始的十二因緣是這樣，後起的「賴耶緣起論」、「如來藏緣起論」，乃至華嚴宗的「法界緣起論」都應依此觀點來了解，否則即無法逃脫中論所指出的矛盾。總之，無明支、阿賴耶，乃至如來藏或一心都在說明衆生煩惱病苦之起源，而不是解釋宇宙的本體；這就像一個醫生只問患者的病源是何種細菌，而不追問這世界何以會有細菌一樣。

就是以龍樹中論爲準的大乘中觀系佛教，其中所提出來的「畢竟空」，也不可當做論理的或形而上的最高預設。龍樹菩薩清楚地告訴我們：「空」是爲了去掉凡夫自性有的執著而假名施設的，自性有破掉了，那裏還有能破的「空」理存在？這就像以火燒薪，薪燒掉了，灰飛煙滅，那裏還找得到燒薪之火？所以中論說：「大聖說空法，爲離諸見故，若復見有空，諸佛所不化！」（破行品）印度中期的中觀學者清辨，大量採用了陳那的因明學，而主張「空」是龍樹學的最高預設，因而被稱爲「自續派」或「自立派」，透過前面的了解，我們可以公平地說，清辨論師多多少少逃不了玄學的覆轍，這應該是違背龍樹那種視「空」理爲手段而非目的的精神。

將佛法看做是形上的玄談是危險的，因爲，如上所說，它不但無補於事，而且更糟糕的是，它令我們深深地陷入名言戲論而不能自拔。其流弊所生，驅使信衆終日談玄說妙而不務實際。如是高談至理，到頭來就得到了一個結論：既然一切皆空，一思便錯，那就「任彼一切，隨諸法性」吧！——這是圓覺經所說的「任病」，您說它不是談玄說妙的惡果嗎？

（二）所謂「當生成就」法

「當生成就」可以指某種意義下的圓頓教，也可以指淨土的「帶業往生」或密宗的「卽生成佛」。

頓悟法門大約可分爲兩類：一是道生的頓悟，二是南禪的頓悟，它們的共同點是：每一衆生本具清淨佛性，只因客塵煩惱無始地薰習，是以流轉生死；只要廣修萬行，集諸資糧，卽可頓銷無明，還我本淨面目。——很明顯地，它們都深深受到大乘後期「眞常唯心」佛教的影響。而它們的差別是：道生以爲客塵煩惱不銷則已，一銷卽銷得乾乾淨淨，圓滿澈底。因此，道生是主張先漸後頓的，也就是說，先廣集資糧，等到具足，卽一悟永悟，一了百了。如此看來，道生的頓悟類似仁王經的「三賢十聖住果報，唯佛一人居淨土」。而南禪的頓悟則是先頓後漸的；也就是說，先求知見上了知衆生本具清淨佛性，然後廣修福德萬行，——這倒是比較接近圓覺經所描寫的次第了。

其次，淨土所說的「帶業往生」却完全不同於上述的兩種頓悟法門。淨土法門廣被羣生，以信願入門，不一定像頓教那樣地要求知見的開悟。（當然，能附帶地求得知見上的通達是最好不過，所以觀經要淨土行者修三淨業，其中第三卽有「讀誦大乘」。）而密乘的「卽生成佛」則依三密加持，所謂身結印、口念咒、心觀想，觀想自己卽是本尊，本尊卽我，無二無別，如是觀成就是「卽生成佛」了。

這頓悟、淨土、密乘三種法門的共同特色是：它們都强調可以當生成就——不管是澈底的或不澈底的成就。這種保證確實能够引導無數衆生走上正途，安心地向道，是故有其不可磨滅的功績。但是，佛陀一片慈悲，方便接引，衆生却斷章取義，不辨權實。以致不務俗事，終日打坐參禪、念佛觀想者日趨盛行。從表面上看來，似乎大家都精進了，然而實質上却是斷佛慧命！這種拋棄世俗，不讀經論，只管唯心，只管打坐，只管觀想，只管念佛的行徑，只有一句話才能描寫得淋漓：內秘聲聞行，外現菩薩身——此所謂掛羊頭賣狗肉也！這如何不教儒家譏爲消極、出世的宗教？別忘了，不管是道生或南禪的頓悟，如上所說，都是要廣修萬行的。（南禪雖主先頓後漸，然而知見的先求開悟，也非要在世俗事相上轉不可。所以祖師門說：平常心是道，吃飯睡覺就是道。白天照樣劈柴挑水，並沒有要我們拋棄一切，不顧衆生的死活呀！）而彌陀經更說：

「不可以少善根福德因緣得生彼國！」觀經的三淨業中，也要我們孝養父母、奉事師長，乃至修十善業！

就理論上說，一個拋棄世俗，遁入山林的行者，是不可能澈底解脫的；這在前面「我法二空」一節已說明得很清楚。修行如起大厦，沒有地基或底層是沒有頂樓的。世間的道理和事相都不能運用自如，怎麼能够了解最高的「第一義諦」？所以中論說：「若不依俗諦，不得第一義，不得第一義，則不得涅槃！」——要想當生成就，還請從五戒十善乃至四諦十二因緣入手吧！

（三）人間的而非鬼神的佛法

本於「我法二空」的勝解，大乘佛法强調的是「無緣大慈，同體大悲」。因此，金剛經說：一個發菩提心的菩薩，應令所有一切衆生之類，所謂胎、卵、濕、化等四生，乃至有想、無想等都入無餘涅槃而滅度之！又說：「如是滅度無量無數無邊衆生，實無衆生得滅度者！」因爲菩薩是不應有我、人、衆生、壽者等四相的！

這種「無緣大慈，同體大悲」的精神，是大乘佛法的特色，也是此時此地最值得大力提倡的佛法，它告訴我們：慈悲不只限於一家一族，而應擴展到一村、一國；不只限於全體人類，而應推及六道衆生；此正所謂「爲家忘一人，爲村忘一家，爲國忘一村，爲身忘世間！」（增含力品）也類似於儒家所謂的「修身、齊家、治國、平天下」。

然而，應度的衆生無量無邊，堪令吾人施予慈悲之手的處處都是，而我們能够奉獻的時間、金錢、精力又那麼有限，因此，在不能十全十美的情況下，只有善用權智觀察，該先度化的就先度化，該先施予的就先施予了。

古人說得好：「物有本末，事有終始」，那麼，就人間論佛法，當然應當先以人類爲度化對象了。

反觀現今的佛敎界，爲人類同胞講經說法的道場寥寥可數，而專事超度亡魂，爲死人說法的佛事却比比皆是，這樣的本末倒置，如何不被譏爲迷信的、消極的、過時的、死人的宗敎？

再看看一般信衆的自修課程吧：他們不願到醫院、孤兒院、安老院，乃至漁村、礦場等社會各個角落去爲那些苦難的、貧困的同胞服務或說法；他們甚至連佛經都不願翻閱，說它們是名言戲論、如數他寶，他們寧可躱在家裏、山裏、廟裏打坐拜佛觀想，想像一大堆鬼鬼神神乃至父母兄弟姊妹，統統被自己的打坐觀想而超度了，就是平時有點積蓄，也寧可拿去放生以求個己的少病長壽，而不願意拔出一毛去救濟苦難的同胞。至於那些終日與鬼神交往，高談什麼「起靈學」、「通神術」，乃至自認是釋迦弟子却又力倡怪力亂神的「附佛外道」，更是等而下之，而不值得在此一評了。

孔子說：「不能事人，焉能事鬼！」如果連左右鄰居甚至自己都感化不了，那還奢談什麼超度亡魂、畜生！

五、結　語

本文是以悲痛的心情寫成的，儘管其中有許多似嫌尖酸刻薄的地方，筆者深深感覺，此時此地的佛教，不是一二「建設性的、善意的」建議所能改善得了的。而是非要有劇毒烈藥，讓它「大死一番」，然後才有「死裏逃生」的可能。佛法在印度滅亡不是沒有原因的，在中國衰敗以到今天的地步也不是偶然的。而儒家等有識之士的批判雖非中肯却亦不是一派胡言。任何有爲法都逃不了生、住、異、滅四相，因此佛法當然也有正、像、末、滅的四期法。然而，那一個眞正的佛徒不想力挽頹勢，以阻止滅法時期的提早到來？希望由於筆者一人所造的文字業，而能推動全體佛法往前，往上一步，那麼卽使筆者因而墮入三途，也在所不辭！

極喜地

諸佛子菩薩，住於極喜地時，極多歡喜，多淨信，多愛樂，多適悅，多忻慶……。

（十地經卷二）

以阿含經為主的政治思想

一、引　言

原始聖典——阿含經中，處處可以看出佛陀對世間政道的關懷。增一阿含卷二六，曾概括的說到：「諸佛世尊，皆出世間，非由天而得也」；而卷三一，佛陀更具體地說：「爲家忘一人，爲村忘一家，爲國忘一村，爲身忘世間。」

佛陀對政道的關懷，不是「止於言」，而是「起而行」。增一阿含卷二六第二經，曾經描述佛陀阻止毘流離王征伐佛陀的祖國——迦毘羅衞城的經過。佛陀爲了救度他的族人，兩度趺坐於枯樹下示威。而當惡王毘流離上前逼問時，佛陀從容地答說：「親族之蔭涼，釋種出於佛，盡是我枝葉，故坐斯樹下！」兩千年後，當我人夜讀這段久遠而暗淡的故事時，依然不免於熱淚盈眶而受到深深的感動與震撼。我人不僅震撼於故事的慘烈，更感動於當時的佛弟子，例如祇陀王子和摩訶男，為了救度祖國和百姓，而壯烈犧牲的義行。讀了這則故事，我人不能不相信：沒有佛陀入世精神的感召，這種難行能行的菩薩行，必定是無法完成的！

佛陀對世間政道的關懷，當然不是上引諸經所能涵蓋的。本文希望以阿含經為主，探討佛陀的政治思想於萬一；相信，這是有益於世道人心的。

二、跋祇國的「七不退法」

佛陀時代的印度，共有十六個大國。依據長阿含經卷五第一分闍尼沙經的記載，這十六大國的名字是鴦伽、摩竭、迦尸、居薩羅、跋祇、末羅、支提、跋沙、居樓、般闍羅、阿濕波、阿般提、婆蹉、蘇羅婆、乾陀羅、劍洴沙。這些國家，有一段時間似乎是傾向於聯邦式的共和國，但是，佛陀時代，這種聯邦式的共和狀態已經漸趨沒落，代之而起的則是獨裁的統治制度。❶

摩竭（Magadha）與居薩羅（Kośala）應該是最强盛，也最獨裁的兩個國家；它們分別建都於王舍城與舍衞城。而跋祇（Vrji）與末羅（Malla），則是兩個顯著的民主共和國。

摩竭國有名的國王是阿闍世（未生怨），他的父親瓶沙王（頻婆沙羅王），是個虔誠的佛教

---

❶參見憍桑比的「佛世時印度十六國的政治形勢」；張曼濤編「佛教與政治」頁一，臺北大乘文化出版社六八年初版。

徒。長阿含闍尼沙經說：「又摩竭國瓶沙王為優婆塞，篤信於佛，多設供養，然後命終。由此王故，多人信解，供養三寶。」但是，阿闍世却以殘暴、獨裁而聞名，他弑殺了父王❷，還極力支持佛陀的叛徒——提婆達多❸。

居薩羅的有名國王是波斯匿王，增一阿含卷二六第二經說：「波斯匿王為人暴惡。」而他的繼承者，便是前文提到的毘流離王，他篡奪了王位，還把波斯匿王驅逐出城，以致病死在荒郊野外。

摩竭國與居薩羅國都是窮兵黷武的帝國主義者。雜阿含卷四六第一四經說：「時波斯匿王、摩竭提國阿闍世王韋提希子，共相違背。摩竭提王阿闍世韋提希子，起四種軍，象軍、馬軍、車軍、步軍，來至拘薩羅國……。」可見，這兩大强國之間，也不免於互相攻伐。長阿含卷二第一分遊行經第二之一，曾記載阿闍世企圖攻伐跋祇的故事。在這段故事中，我人可以看到佛陀對窮兵黷武之摩竭强國的厭惡以及對民主共和國之跋祇小國的愛護❹。

故事一開始說到，阿闍世派遣大臣禹舍，前往耆闍崛山，試探佛陀是否贊成征伐跋祇。於

❷詳長阿含經卷十七第三分沙門果經第八。

❸這從雜阿含卷三八第三經的描述可以看出來。

❹類似的記載可參見中阿含卷三五雨勢經第一及南傳大般涅槃經第一章（巴宙譯，臺北慧矩出版社六一年初版）。

是，佛陀對禹舍說了有名的「七不退法」，然後，借禹舍的口，下結論說：「彼（跋祇）國人民若行一法猶不可圖，況復具七！」依據巴宙譯的「南傳大般涅槃經」第一章所說，這七不退法（七興盛法）是佛陀教給跋祇人的：「往昔我住在毘舍離的沙然達達神舍，以此七興盛法教越祇（跋祇）人。」佛陀還說：「當此七法尚存在於越祇人中，當越祇人仍諄諄以此相訓，婆羅門！則彼等只會興盛，不會衰微。」

那麼，這七種不退法是什麼呢？依遊行經，它們是：(1)數相集會，講議正事；(2)君臣和順，上下相敬；(3)奉法曉忌，不違禮度；(4)孝事父母，順敬師長；(5)恭於宗廟，致敬鬼神；(6)閨門貞正，潔淨無穢，至於戲笑，言不及邪；(7)宗事沙門，敬持戒者。依中阿含卷三五的雨勢經，七法中的第(2)是：「彼跋耆（跋祇）共俱集會，俱作跋耆事，共俱起」；而南傳大般涅槃經則記為：「一心一德，相會、相起及相負責任」。可見，遊行經中所謂的「君臣和順，上下相敬」，是指全國上下同心協力，沒有歧見，沒有鬪爭的意思。另外，遊行經的第(4)「孝事父母，順敬師長」，雨勢經記為：「彼跋耆有名德尊重，跋耆悉共尊敬恭奉供養，於彼聞教則受」，而南傳涅槃經也僅記為：「越祇人恭敬尊奉其年長者，並接受其忠告」。依木村泰賢所說，所謂的「孝事父母，順敬師長」，在巴利文，應是尊重熟練於國家政務之元老的意思；他還說：「佛陀是認可樞密院或元老院的意思的。」❺從雨勢經的說明，以及南傳涅槃經的簡單記載，可推知木村氏的說法是

❺參見本村泰賢著，演培譯「大乘佛教思想論」頁五〇七——五〇八，臺北慧日講堂六七年重版。

沒有錯的。

依此，這七不退法，實際上可以分成兩類：其一是道德社會的建立原則，例如(5)、(6)、(7)；如果了解佛陀的背景是宗教家、社會改革家，而非純粹的政治家，那麼，他特別注意道德社會的建立，也就變得很自然了。其二是有關國家政治結構的建立原則，它們是(1)、(2)、(3)、(4)。我人很驚奇地發現，兩千多年前，一個業餘的政治家所提出來的這些政治原則，比起現今一些前進的民主思潮——例如孫文學說，竟然毫無遜色！

中山先生的革命運動，乃有感於滿清政府的不能抵禦帝國主義而發起的。民國十三年，中山先生在廣州演講他的學說時，一開頭就說：「三民主義就是救國主義」、「三民主義是促進中國之國際地位平等，政治地位平等，和經濟地位平等，使中國永久適存於世界，所以說三民主義就是救國主義。」❻僅當我人處身於列強的壓迫、剝削之下，我人才能體會 中山先生的苦心；僅當我人看了摩竭國的殘暴、獨裁，以及佛陀教給跋祇抵禦外侮的七不退法，才能體悟帝國主義的可怕，並進而認同 中山先生的主張。

依據憍桑比的研究，跋祇等小國，在佛陀時代，仍然保有「衆人」共治的共和政體。所謂「衆人共治」，憍桑比說：「在這些國家裏，似乎把農村的首領叫做國王（rājā）。從許多『國

❻「三民主義」民族主義第一講頁一，臺北三民書局六八年七版。

王』中又選出一個主席，叫作『大王(Mahārāja)』。主席的任期是終身的抑或是一定時期的，這一點還不知道。人們似乎也不了解跋祇國人曾否有過『大王』。」❼從遊行經所說的「數相集會，講議正事」看來，我人可以肯定憍桑比所說的狀況，是沒有錯的。憍桑比接着又說：「在這些國家裏，還定出一些關於法院和統治的法律和規則，同時，國王按照它們去管理國家。」❽從遊行經所說的「奉法曉忌，不違禮度」看來，憍桑比的這個說法也是正確的。因爲，所謂「奉法曉忌，不違禮度」，中阿含的雨勢經記爲：「彼跋耆未施設者，不更施設；本所施設，而不改易，舊跋耆法善奉行者」，而南傳涅槃經則記爲：「越祇人凡有所爲皆依照越祇古昔所傳制度，而是未興者不興，已興者不廢」。這在在說明跋祇國有一套完整的法律，是全國上下所尊從的。

就此看來，七不退法中的⑴、⑵、⑶、⑷，至少具備了 中山先生所謂權與能分立的雛型。中山先生把政治力量區分爲「政權」的「權」與「治權」的「能」；他說：「這兩個力量，一個是管理政府的力量，一個是政府自身的力量。」❾他認爲這樣地區分，是「把政府當做機器，把人民當做工程師」，如此，「人民有了很充分的政權，管理政府的方法很完全，便不怕政府的力量太大，不能夠管理。」❿當我人了解跋耆的諸小王「數數集會」來制定法律之後，全國上下

❼憍桑比「佛世時印度十六國的政治形勢」；張編「佛教與政治」頁一三一。
❽同前書，頁二四。
❾「三民主義」民權主義第六講，頁一六二。
❿同前書，頁一六四、一六八。

也都能「奉法曉忌」，甚至還有樞密院或元老院的監察、彈劾，我人就不得不相信佛陀所說的，——只要跋祇仍然實行這七法，那麼，跋祇只會興盛，不會衰微了！

三、國王的十德與七寶

前文已經論及，佛陀時代的十六大國，除了跋祇等少數幾個小國仍然實行民主共和之外，其他諸國都漸漸趨向獨裁、專制的政體。波斯匿王、阿闍世王，還有毘流離王的殘暴不仁，也都令人驚心。在這種情形下，關心世間政道的佛陀適時地提出國王所應具備的素養與德性，成了極具意義的事情。

增一阿含經卷二四第六經，曾列舉了國王所不應成就的十惡，並說：「若國王成就十法者，不得久存，多諸盜賊。」這十惡是：(1)慳貪，以小輕事便興瞋恚，不親義理；(2)貪著財物，不肯庶幾；(3)不受人諫，為人暴虐，無有慈心；(4)枉諸人民，橫取繫閉，在牢獄中，無有出期；(5)非法相佐，不案正行；(6)貪著他色，遠離己妻；(7)好喜嗜酒，不理官事；(8)好喜歌舞戲樂，不理官事；(9)恒抱長患，無有強健之日；(10)不信忠孝之臣，翅羽尠少，無有強佐。消極地提出國王所應避免的十惡之後，佛陀進一步積極地提出國王所應具足的十德。它們是：(1)不着財物，不與瞋恚，亦復不以小事起怒害心；(2)受羣臣諫，不逆其辭；(3)常好惠施，與民同歡；(4)以法取物，不以非法；(5)不着他色，恒自守護其妻；(6)不飲酒，心不荒亂；(7)不戲笑，降伏外敵；(8)案法治化，終無阿曲；(9)與羣臣和穆，無有競爭；(10)無有病患，氣力强盛。縱觀這十德，雖是從積極面來說明國王所應具備的德性，却與前述的十惡相似，教誡、警示之性質者多，理想主義之色彩者少。因此，所謂十德不過是十惡之相對待而已（其中排列之次第或稍有變動罷了）。

我人所特別感到興趣的是，不管是十惡或十德，都說到國王不應隨便生起瞋恚，也要接受別人的勸告，而且還要「不起怒害心」、「案法治化」，不要「橫取繫閉，在牢獄中，無有出期」。僅當我人了解佛陀當時的政治情勢，才能體會佛陀的苦心。事實上，像阿闍世、毘流離這樣殘暴、獨裁的惡王，正橫行於古印度時，民主共和的體制瓦解了，代之而起的則是越來越專制的龐大帝國，佛陀以宗教家的出世胸懷，數說惡王的猙獰和明君的聖德，是極富時代意義的。這部經，沒有說到任何佛弟子的名字，也沒有特指任何一位國王，中間還穿插比丘的十惡與十德，極盡婉轉委約，是屬於佛陀自說自話的一種體裁。在古代印度那種惡王橫行的政治情況下，佛陀的說法是極具道德勇氣！

然而，那畢竟是說給專制政體下的國王聽的，其中不免有多分「人治」的色彩，此徵諸十法中特別强調不飲酒、不戲笑、無病患等私德，即可證明。因此，在現代的民主體制下，我人如何給以嶄新的詮釋，以適合時代思潮呢？我人以爲，佛陀所說的十法，那不外是：一個民主體制下的政府，必須是一個廉潔的、不貪污的、守法的、沒有特權的、尊重在野力量的、不濫捕濫殺異己的政府。用 中山先生的話說，我們要的是一個「用人民來做皇帝」的政府⓫——那是一個權能分立的、「把政府當做機器，把人民當做工程師」的政府⓬！

說到「尊重在野力量，不濫捕濫殺異己」，大薩遮尼乾子受記經卷四（王論品第五之二），曾說到逮捕罪犯的五個原則。它們是：⑴依實，非不實：依實情而治罪，而不是「欲加之罪，何患無詞」；這相當於前述增一經裏的「案法治化，終無阿曲」。⑵依時，非不時：經文說，「王有力時，彼違王命，應治其罪；若王無力，應止不治」。這不外說，政府的是否逮捕罪犯，應視國家的是否處於安定狀況而定；如果國家處於動盪不安當中，應該抱着「不是敵人，便是朋友」的胸懷，廣開言路，寬容異己，如此才能上下一心，克服國難。⑶依義，非無義：這是說，政府應體諒罪犯的犯罪動機，「若從惡心，應如法治；若非惡心，不應治罪」。也就是說，如果在野勢力的意見，是爲了國家更上軌道，那麼，即使他們的意見尖銳以致不堪入耳，也「不應治罪」。⑷柔輭非粗獷語：經文說，「知此衆生所犯王法，但應呵責不合餘治；應知其過，正說不隱，善說苦言」。這不外是說，對於罪犯只治其犯罪之事實，而不做人身的攻擊；換句話說，犯罪是要治罪的，但不能因其犯罪，就施以違背人權的待遇。⑸慈心，非瞋心：經文在說明這五種治罪的原則之前，就曾特別强調地說，「行法行王，若欲治彼惡行衆生，先起慈心，智慧觀察，思惟五

⓫同前書，頁一四一。
⓬同前書，頁一六四。

法，然後當治」。其中，最先提到的「先起慈心」，又在五種原則的最後，再度具體化地被提出來。經文說，「斷此罪過，除卻斷命；不得割截手腳眼耳鼻舌；依於大慈大悲之心，聽繫閉牢獄，枷鎖打縛，種種呵責，奪取資生，驅擯他方，爲令改悔；非常惡心，捨此衆生」。這是說，即使不得已而治罪，也不應有死刑或嚴刑拷打的情形發生，而應發起大慈大悲之心，感化罪犯，令他悔改。對第五點，經文以數十倍於前四點的篇幅，來說明王者不應以嚴刑峻罰來治理國家，而基於佛敎「不殺生」的敎義，更應廢除「斷命」的死刑。這些論點，不但在專制、獨裁的古代印度，具有暮鼓晨鐘的清新作用，即使在民主法治盛行的現代，也仍然有其歷代彌新的意義吧！

薩遮經所描述的國王，不但像前面所說的那樣，對內是個仁民愛物的明君，即使是對外，也是一個以德服人的聖主。例如，對那些入侵的敵軍，「當令和解，滅此鬥諍」、「不應與戰，當與其物，求滅鬥諍」、「以方便，現大勇健難敵之相，令彼逆主生驚畏心，以滅鬥諍」；這是經中所說的「親友」、「與物」、「驚怖」三種消除兩國戰爭的方法，其中包括現今我人所熟知的外交政策及軍事演習等和平手法的應用⑬。接着，經文又說，如果用這三種手法，依然不能令敵人知難而退，那麼，必須懷抱三種心情來參與戰爭，那就是：(1)「此反逆主，無慈悲心，自殺衆生，餘人殺者亦不遮護；我今不令如此相殺」。這是說，戰爭，是爲了阻止敵人的窮兵黷武，以獲得永久的和平。(2)「當以方便降伏逆主，士馬兵衆不與鬥戰」；這是透過巧妙的手法，例如政

⑬參見大薩遮尼乾子受記經卷五，王論品第五之三。

治、經濟、外交等的交涉，儘速結束戰爭。(3)「當以方便活繫縛取，不作殺害」；盡量以俘虜的方式打敗敵軍，而不殺害他們⑭。像這種戰爭哲學，其實就是「寧可投降，也不要塗炭生靈」的哲學。這種哲學，在增一阿含卷二六第二經表現得最爲透澈。當毘流離王率兵攻打釋迦族時，有一釋迦族的童子名叫「舍摩」，站在城牆上勇敢地抵抗敵軍的侵襲，一時之間，殺死了許多敵軍，連那站在城牆下的毘流離王，看了都感到恐怖。這時，城內的釋迦族人卻把舍摩叫了下來，並以責備的口吻對他說：「汝年幼小，何故辱我等門戶？豈不知諸釋修行善法乎？我等尚不能害蟲，況復人命乎！我等亦能壞此軍衆，一人敵萬人，然我等復作是念，然殺害衆生不可稱計，世尊亦作是說。」像這種「寧可投降，也不要塗炭生靈」的戰爭哲學，也許不是我等深染戰鬥惡習的人們所能同意的，但卻與本世紀偉大的哲學家羅素（B. Russell）的主張，完全一樣⑮。中山先生說過：「中國幾千年以來，都是帝國主義的國家。」⑯事實上，這種反戰哲學，只有長期處在帝國主義的鐵蹄蹂躪下的苦難人們，才能痛苦地覺悟到！

薩遮經所討論的政道相當廣泛，除了上述所說的兩大段之外，還論及稅捐徵收、減免之道⑰，

⑭同前。
⑮參見羅素著、劉福增編「戰時的正義」，臺北水牛出版社出版。
⑯「三民主義」民族主義第三講，頁三一。
⑰參見大薩遮尼乾子受記經卷五，王論品第五之三。

國王「自罪自治」（自我反省）的法門⑱。其中，最值得注意的是經文對「轉輪王」（明君聖主）的描寫⑲。首先，薩迦經先籠統地說明什麼叫做「王」：「王者，民之父母；以能依法攝護衆生，令安樂故，名之爲王。」然後依其德性的優劣次第，把「王」分成四種：⑴轉輪王；⑵少分王；⑶次少分王；⑷邊地王。最後，則爲「轉輪王」定義如下：

轉輪王者，有一種轉輪王，謂灌頂刹利，統四邊畔，獨尊最勝，護法護王。彼轉輪王，七寶具足。何等七寶？一者夫人寶，二者摩尼寶，三者輪寶，四者象寶，五者馬寶，六者大臣寶，七者主藏寶。彼轉輪王，如是七寶具足成就，遍行大地，無有敵對，無有怨刺，無有諸惱，無諸刀杖，依於正法，平等無偏，安慰降伏。

在這轉輪王的定義當中，說到了「七寶」，它是本源於原始聖典——阿含經的思想。阿含經多處預識七寶成就之轉輪王的出現，而且都是出現在「人壽八萬歲」的未來。——就這點看來，足見佛陀對當時印度的政治現況，感到極度的不滿！例如中阿含經卷一三（王相應品說本經第九），即曾預言說：

「諸比丘！人壽八萬歲時，有王名螺，爲轉輪王，聰明智慧，有四種軍，整御天下，由己自

---

⑱同前。
⑲以下對「轉輪王」、「七寶」等的說明，皆出自大薩遮尼乾子受記經卷三王論品第五之一。

在，如法法王，成就七寶。彼七寶者，輪寶、象寶、馬寶、珠寶、女寶、居士寶、主兵臣寶，是謂爲七。千子具足，顏貌端正，勇猛無畏，能伏他衆。彼當統領此一切地乃至大海，不以刀杖，以法教令，令得安樂。

這是預識未來「彌勒淨土」（詳下）中的明君聖主——螺⑳。除了次第稍有變動，以及譯名的稍有不同之外，這「七寶」與薩遮經所說的「七寶」，是完全相同的。依據木村泰賢的研究㉑，七寶中的象、馬二寶，象徵國家之生產與交通的完備；（摩尼）珠寶，象徵財政的充實；女寶（夫人寶）與居士寶（大臣寶），象徵人民的善良；主兵臣（主藏）寶，象徵政府的權威；而輪寶，最爲重要，也是「轉輪王」一詞的來源，象徵正義之輪的無堅不摧，也就是圓滿無缺的正法實行。所以經中常稱轉輪王爲「行法行王」，意思是「實行正法的國王」。查，薩迦經在說明了七寶成就的輪王思想之後，緊接着以甚浩之篇幅，一一解釋這七寶的意義；就經文的解說來看，除了少數的出入之外，與木村氏的說明是沒有不同的。

大薩遮尼乾子受記經，十卷，元魏，菩提留支所譯。明顯地，這是一部大乘經，大正藏將它編在第九卷的「法華部」。經中說到了六波羅蜜（卷一、二），說到了十二種淨土願（卷二），

⑳「螺」的譯名，在唐、義淨所譯的「佛說彌勒下生成佛經」譯爲「餉佉」，而後秦、鳩摩羅什所譯的「佛說彌勒大成佛經」則譯爲「穰佉」，另外，也有譯成「儴羅」的（例如晉譯「佛說彌勒來時經」）。

㉑參見木村氏「大乘佛教思想論」頁五一六。

還像法華經那樣，特別强調唯有一乘、無有三乘的思想（卷二）；並在經末（卷十說法品第十之二），有類似普門品觀音三十二應的描述。饒富諷刺趣味的是，本經所有的政論，都是一個叫做「大薩遮尼乾子」的外道所說，而如來卻印可了他的說法，並爲他授記（詳卷十授記品第十一）。也許正如佛陀所說的：「此諸一切諸外道等，皆是住於不可思議解脫門故，皆是大智究竟般若波羅密門故……。」（卷二，一乘品第三之二）在古印度那樣一個惡王横行的政治情況下，一個佛教徒所不屑爲伍的外道，竟敢甘冒大不韙，秉其道德良知，大發憂國憂民的時論，這眞令現今我等不問世事的佛弟子感到汗顏呀！

我人之所以特闢篇幅，介紹薩遮經中的政治思想，不但是因爲經中論點的精闢，也因爲它繼承了原始聖典——阿含經的眞精神！

四、阿含經裏的彌勒淨土

前文說過，「七寶成就」的轉輪聖王——螺，是出生在未來「人壽八萬歲」的「彌勒淨土」。彌勒，是阿含經中唯一提到的菩薩。增一阿含卷一一第五經說：「彌勒菩薩經三十刼（大約五十六億餘年），應當做佛至眞等正覺。」同經卷三八第二經則說：「彌勒出現時，聲聞三會。初會之時，九十六億比丘之衆；第二之會，九十四億比丘之衆；第三之會，九十二億比丘之衆。皆是阿羅漢，諸漏已盡。」這是有名的「龍華三會」㉒，描述彌勒佛所度眾生之多。這些預言，與中阿含卷一三（王相應品說本經第九）所預言的，完全相同。說本經不但預言了彌勒的成佛以及轉輪王——螺的出生，而且還描寫了當時世界的情形，這就是所謂的「彌勒淨土」：

未來久遠，當有人民，壽八萬歲。人壽八萬歲時，此閻浮洲極大富樂，多有人民，村邑相近，如鷄一飛。諸比丘！人壽八萬歲時，女年五百，乃當出嫁。諸比丘！人壽八萬歲時，唯有如是病，謂寒、熱、大小便、欲飲食、老，更無餘患。

這些原始聖典的片段描寫，後來都滙入了大乘經，成了描寫彌勒淨土的許多經典。其中最有名的是佛說觀彌勒菩薩上生兜率天經（簡稱「彌勒上生經」；劉宋，沮渠京聲譯），以及各種「彌勒下生經」，例如：西晉，竺法護譯的佛說彌勒下生經；後秦，鳩摩羅什譯的佛說彌勒下生成佛經；唐，義淨譯的佛說彌勒下生成佛經等。這些經典，在隋唐及宋、元、明，都扮演着極具重要的政治角色：武則天利用它們來奪權，朱元璋利用它們打天下，其後，由於朱元璋的壓抑，更成為明、清兩朝中各種秘密宗教和反叛意識的信仰源泉㉓。

㉒依秦譯、唐譯諸彌勒經，彌勒未來成佛是在一株名為「龍華」（龍花）的菩提樹下，並在樹下說法三次，所度人數如本文所引增一經所說，因此稱這三次說法為「龍華三會」。

㉓參見楊惠南之「論前後期佛教對解脫境的看法」（臺大文史哲學報第二九期頁二七九——三一五）（特別是頁三〇六——三一四）。又見戴玄之之「白蓮教的本質」（師大學報第十二期頁一一九——一二七）、「白蓮教的源流」（中國學誌第五期，頁一〇三——一〇八），以及李守孔之「明代白蓮教考略」（臺大文史哲學報第四期）。

中含說本經對彌勒淨土的描述是最原始的，因此也是較為樸實的。其後，諸大乘經則有比較詳盡的刻劃；例如唐譯的下生經，對彌勒淨土的描寫，卽有下列幾個重點：(1)象徵土地遼濶、交通發達的「大海水漸減」、「地無諸荆刺」。(2)象徵工業進步、經濟富足的「自然出稻香」、「諸樹生衣服」、「諸有欲便利，地裂而容受」。（其他二譯還有「金銀、珍寶、車璖、瑪瑙、眞珠琥珀，各散在地，無人省錄」的描述。）(3)象徵醫藥發達的「人壽八萬歲」、「無有諸疾苦」。(4)象徵政治清明的「國土咸富盛，無罰無災厄」。(5)象徵道德淨化的「彼諸男女等，皆由善業生」。

唐譯彌勒下生經也說到了未來的轉輪聖王，不過名字與中含說本經略有出入，他不叫「螺」，而叫「餉佉」，諒想那只是譯名的不同罷了（參見註釋⑳）。經中對餉佉王的描寫有幾個重點：(1)「七寶皆成就」（已說）；(2)象徵天下太平的「四海咸清肅，無有戰兵戈」，乃至「王有四大藏，各在諸國中」㉔；(3)象徵民主、法治、教育普及的「正法理羣生，設化皆平等」。

顯然，唐譯彌勒下生經，不管是對淨土的描寫或對輪王的描寫，都不過是阿含經的擴充而已。在民主法治的政治意義上，諸彌勒經的描述，最值得一提的就是淨土相狀的第(4)——象徵政治清明的「無罰」（沒有刑罰）。從佛教的觀點看來，不管是寬容異己的「無罰」，或自由放任的

㉔此中「四大藏」依西晉、竺法護所譯「佛說彌勒下生經」所說：「乾陀越國，伊羅鉢寶藏，多諸珍奇異物，不可稱計。第二彌梯羅國，綢羅大藏，亦多珍寶。第三須賴吒大國，有大寶藏，亦多珍寶。第四波羅㮈欏佉，有大寶藏，多諸珍寶，不可稱計。」新羅，憬興之「三彌勒經疏」，對這四大藏有詳細的解釋。

「唯有法王，無王者號」㉕，無疑地，都是全體佛教徒所祈盼的！

彌勒淨土，除了在民主法治一點上，顯出其殊勝的意義之外，還在它爲我人構繪了一個民生富足的社會。中山先生說過：「民生就是人民的生活，社會的生存，國民的生計，羣衆的生命。」㉖他還說：「民生是社會進化的重心，社會進化又是歷史的重心，歸結到歷史的重心是民生，不是物質。」㉗他說，這是他的理論與馬克思那種以物質爲歷史重心的理論不同的地方㉘。我人可以進一步說，諸種彌勒經所構繪的淨土相狀，正是民生主義所試圖達到的「大同世界」。

中山先生認爲解決民生問題的方法有二，其一是平均地權，其二是節制資本㉙；而其具體的方案則不外是：(1)都市土地的「照價抽稅」、「照價收買」（所謂的「漲價歸公」）㉚；(2)農村土

㉕此句乃大品般若經卷十九夢行品第五八中的經文。另外，後漢、支婁迦讖譯「阿閦佛國經」卷上阿閦佛刹善快品第二，亦有「其刹中無有王，但有法王佛天中天」語；同經同卷同品，還有「其佛刹人民，皆悉無有牢獄拘閉之事」語。事實上，阿閦佛國經所描述的淨土，是很相近於彌勒淨土的。（參見楊惠南之「論前後期佛教對解脫境的看法」。）

㉖「三民主義」民生主義第一講，頁一七二。

㉗同前書，頁一八二。

㉘參見前書，頁一七二——一九三。

㉙同前書，頁一九四。

㉚同前書，頁二〇三——二〇七。

地的「耕者有其田」㉛；食、衣、住、行等問題的解決㉜。依此，民生主義中的理想社會，是一個全民共享的社會，所以 中山先生說：「人民對於國家要甚麼都是可以共，才是眞正達到民生主義的目的，這就是孔子所希望的大同世界。」㉝從上述我人對彌勒淨土的描述，我人還可以說，這豈只是孔子所希望的大同世界，也是佛經裏面所嚮往的彌勒淨土吧！

五、結論

佛陀的偉大，不只在他提供我人一條通往出世間的解脫之道，還在他告訴我人一條如何「倒駕慈航」的方便門徑。佛陀以其宗教家的胸懷，悠遊於寧靜無諍的山林，卻時刻不能忘懷苦難的衆生，以尋求救拔之道。然而，所謂的救拔，並不只是心靈的得救；物質的、肉體的、生活空間的改善，往往超過心靈平靜的重要性，因爲，心與物、精神與色身，到底是不可分割的。

原始聖典——阿含經，提供了佛弟子對改良世道人心的靈感泉源。我人可以想見的，歷代的佛弟子們，在虔誠地酣飮這無盡的泉源之後，或發出會心的微笑，或凝成潸潸熱淚，或高歌，或

㉛同前書，頁二一五——二一六。
㉜同前書，頁二一〇——二四二。
㉝同前書，頁二一〇。

低吟，或起而參與社會的改革運動，以致開展出多彩多姿的大乘法門。其中，大乘的淨土法門（特別是彌勒淨土）有其特殊的政治意味，在古代印度那種低沉的政治氣氛下（古代中國也是一樣）它給予人們一種永不磨滅的希望！

（作者按：本文綱要，曾在民國七十年六月初，宣讀於中國佛教會所舉辦的「佛教思想、三民主義、共產主義」的座談會上。）

※主要參考書目※

(1)四阿含經，大正藏卷一、卷二，臺北新文豐出版公司影印。
(2)南傳大般涅槃經，巴宙譯，臺北慧炬出版社六一年初版。
(3)大薩遮尼乾子受記經，大正藏卷九第二七二經。
(4)佛說彌勒下生成佛經（唐，義淨譯），大正藏卷一四第四五五經。
(5)三民主義，孫文講，臺北三民書局六八年七版。
(6)大乘佛教思想論，木村泰賢著、演培法師譯，臺北慧日講堂六七年重版。
(7)佛世時印度十六國的政治形勢，憍桑比著、巫百維譯；收錄於張曼濤編「佛教與政治」（現代佛教學術叢刊(61)）頁一——二七，臺北大乘文化出版社六八年初版。
(8)論前後期佛教對解脫境的看法，楊惠南著；文史哲學報第二九期，臺北國立臺灣大學文學院六九年出版。

中觀的思想

引子

大乘佛法的精華以「法空」爲主，此乃針對小乘教的「法有」思想而提出的，亦是古來學者們所共識者。大乘佛法雖有所謂「有宗」，如唯識、眞常（如來藏）者，然而，此所謂「有宗」，無非以異門而闡述「法空」思想。例如，楞伽經卽說：

心性本清淨，猶若淨虛空，令心還取心，由習非異因。

執着自心現，令心而得起，

所見實非外，是故說唯心。（七卷本卷六）

此明顯地把「法空」（所見實非外）定義爲「唯心」。——「法空」的確是大乘佛法中，任一宗任一派所共同的主張。

然而，首先闡揚、特別努力闡揚「法空」思想的，恐怕非般若經羣（最早期的大乘經）莫屬了。而將般若經加以消化、整理，而成爲龐大體系的，則是被大乘各宗派公推爲「共祖」的龍樹菩薩（A. D. 150-250）。

本文希望透過大小乘思想史的探討，來說明「法空」思想之如何興起，乃至其眞實的意義何在。筆者希望因爲「法空」思想的探討而體會到大乘佛法的眞正偉大之處，此或有助於我人了解佛法在印度的興衰，以做爲未來中國佛教發展之借鏡。

般若經與起的時代背景

般若經流傳於印度，約在佛元四、五百年（西元一、二世紀）左右；此時亦是大乘佛法初興之期。在此之前，是小乘佛教，所謂「部派佛教」最盛的時代。

小乘佛教基於「假必依實」的理論主張，發展出「我空法有」的思想；他們說：自我、靈魂、神等等可以是空的，但是構成自我的元素——五蘊、十二處、十八界等，却不是空的。因爲假我必須依靠着眞實的蘊、處、界才能建立起來，就像由士兵所構成的軍隊固然是假有，但是士兵却不能是假的。

世間法乃由蘊、處、界此所謂「三科」所組成的，因此，既然三科是實，連帶着世間法，乃至世間法之無常相、苦相也是眞實地存在。而覺悟到無常相、苦相等之涅槃，當然也跟着是眞實存在了。因此，就小乘教來說，世間與涅槃都是實有的，而世間之無常苦、涅槃之常住樂也是實有的。這種世間、涅槃實有，無常苦、常住樂實有的思想，史家稱之爲「法有」，它是小乘教之所以爲「小」，之所以爲「悲心不足」的原因。因爲，旣然世間苦實有、涅槃樂亦實有，則表現在外的必然是「厭生死苦、欣涅槃樂」的遁世行爲了。

這種「厭苦欣樂」的遁世行爲一旦廣行於教界，佛法必與現實社會脫節，這當然不是佛教之福音。一分大乘的拓荒者有見於此，於是起而批駁這種自了的小乘教，般若經羣是此中最有力的心聲，而龍樹則是其極大成者。

爲了批駁「厭苦欣樂」的法有主張，般若經提出了「諸法畢竟空」的法空思想。小乘教的主張是世間實有、涅槃實有，而般若經則正好相反地主張世間如幻空、涅槃亦如幻空。例如，大般若經卽說：

> 修習甚深般若波羅蜜多❶，不爲厭離生死過失，不爲欣樂涅槃功德。所以者何？修此法者，不見生死，況有厭離；不見涅槃，況有欣樂！（卷五七四）

做爲一個大乘的行者（菩薩），由於存之於內的是「世間空、涅槃空」的法空思想，因此，

---

❶般若，此云智慧；一般是指體證「諸法畢竟空」的空慧。波羅蜜（多），此云到彼岸，有圓滿澈底的意思。因此，所謂「般若波羅蜜（多）」意思是「圓滿澈底的空慧」。

形之於外的必然是「不厭生死、不欣涅槃」的入世行爲。因爲一個人是不可能厭怖或欣樂如幻空、根本不存在的東西。就早期的大乘行者看來，「厭苦欣樂」是罪過，是邪道。（此稍有不同於後期大乘佛法者。）因此，大般若經又說：

菩薩以處生死爲樂，不以涅槃爲樂……若觀生死而厭怖、欣樂涅槃，則墮非道，不能利樂一切有情，通達如來甚深境界。（卷五七二）

般若經不但指出生死、涅槃之虛幻性，而且指出一切法的虛幻性。一切法雖多，無非是蘊、處、界三科；無明乃至老死之十二因緣（包括流轉的十二支，以及無明盡乃至老死盡之還滅的十二支）；苦集滅道四諦；以及各種智慧、各種證得等等。這些，般若經都一一予以否定：

是故空中無色無受想行識（五蘊），無眼耳鼻舌身意、無色聲香味觸法（十二處），無眼界乃至無意識界（十八界），無無明亦無無明盡、乃至無老死亦無老死盡（流轉、還滅之十二因緣），無苦集滅道（四諦），無智亦無得，亦無所得故！（心經）

這樣地否定一切諸法，在般若經中處處可尋，此處所舉心經的例子，只是其中最簡明者而已。

綜上所說，我們可以大膽地假定（待證）：法空思想的興起，最初可能僅僅是漫無頭緒地爲了對治小乘人「世間、涅槃實有」的遁世思想，因而提出了「世間、涅槃皆空」的入世主張。漸漸地，由於深思熟慮的結果，進而全盤否定所有存在物的眞實性（具體的以及抽象的）；這是因爲世間、涅槃的虛幻性，必須建立在三科乃至智、得等諸法的空假之上的關係。最後，爲了實行上的需要，更進而發展出類似龍樹「中觀論」所說的空觀(中觀)，利用這種無所得的特殊禪定，以做爲菩薩出汙泥而不染的修行法門。

菩薩有了無所得的般若空觀（中觀），就像服了一帖妙藥一樣，忘記了世間的生死苦，也忘記了涅槃的解脫樂。他們不再害怕生死輪廻之苦，他們立下了「地獄不空誓不成佛」的弘願，他們寧可永刼受沉淪也不從諸聖求解脫！這種一反小乘遁世、悲觀的思想，而成爲積極、入世的偉大情操，不能不說是般若空慧這帖妙藥的功效。故大品般若說：菩薩摩訶薩行般若波羅蜜，於諸法無所見；是時不驚不畏不怖，心亦不沒不悔（卷二）。心經也說：依般若波羅蜜多故心無罣礙，無罣礙故無有恐怖。

空，是這麼一帖積極、極積極的妙藥。它像一望無垠的草原，又像萬里無雲的晴空，使人看了就忘記憂愁，心滿意足。使人看了就忍不住要多讚嘆幾句。然而不識者却說它是不究竟的、消極悲觀的。嗚呼！

龍樹的二諦論

消極地說，世間與涅槃都是空幻不實的，此已如上節所說。從積極面來看，世間的眞相卽是涅槃相。此二者雖有所謂消極、積極之分，然其共同的結論則是：菩薩不應厭生死苦欣涅槃樂；相反地應該深入世間，在度衆當中自求解脫。本節着重於「世間卽涅槃」這一積極面的說明；這就牽涉到龍樹菩薩的二諦論了。

二諦，卽世俗諦與第一義諦（眞諦、勝義諦）；乃般若經所本有的：

菩薩摩訶薩修行般若波羅蜜多時，安住二諦爲諸有情宣說正法，謂世俗諦及勝義諦。（大般若經卷三九二）

菩薩摩訶薩住二諦中爲衆生說法：世諦、第一義諦。舍利弗，二諦中衆生雖不可得，菩薩摩訶薩行般若波羅蜜，以方便力故，爲衆生說法。（大品般若卷二八具足品八一）

所謂世俗諦，乃指一般常識中所知所見的無常世間法；此無常之世間法乃衆生共業所造，依「此有故彼有，此生故彼生」的因果律而運轉，自然有其客觀的眞實性，故稱爲「諦」（道理、眞理）。然而緣起的諸法，既是衆生共業所造，當然不是最眞實存有的東西；從解脫者的聖智所證來說，緣起之世俗諸法，無非是虛妄不實的幻現，此卽第一義諦。故經云：

世諦故，分別說有果報，非第一義。第一義中不可說因緣果報，何以故？是第一義實無有相，無有分別，亦無言說……。（大品般若卷廿七四攝品七八）

這樣地分別二諦，則凡夫人所見是眞實無常的世俗法，而聖者所見則是一切如幻之勝義法；如此一來，世俗與第一義似乎水火不容，似乎在世俗外別有勝義，在勝義外別有世俗；因此，推到最後，則在世間生死法外別有解脫之涅槃，在解脫涅槃法外又別有世間之生死。這與小乘人之執有無常苦痛之生死與常恒安樂之涅槃，在思想上並沒有什麼基本上的差異。大乘佛法之開路先鋒——般若經，當然反對這種說法。因此，解釋了二諦之後，經上又說：

非異世俗別有勝義，何以故？世俗眞如卽是勝義。諸有情類顚倒妄執於此眞如不知不見，菩薩摩訶薩哀愍彼故隨世俗相顯示諸法若有若無。（大般若經卷三六四實說品）

世諦，第一義諦無異也，何以故？世諦如卽是第一義諦如，以衆生不知不見是如故，菩薩摩訶薩以世諦示衆生若有若無。（大品般若卷廿四道樹品七一）

這兩段同一意趣的經文告訴我們：世間法的眞象（世俗眞如）卽是涅槃（的眞象）。因此，從眞象（如、眞如）來看，世間就是涅槃，想求得涅槃卽非要深入世間不可。龍樹菩薩就是依據這種觀點，寫出了底下的千古名句：

諸佛依二諦，爲衆生說法，一以世俗諦，二第一義諦；
若人不能知，分別於二諦，則於深佛法，不知眞實義；
若不依俗諦，不得第一義，不得第一義，則不得涅槃。（中論觀四諦品二四）
涅槃與世間，無有少分別，世間與涅槃，亦無少分別；
涅槃之實際，及與世間際，如是二際者，無毫釐差別。（中論觀涅槃品二五）

在第一段三首頌文當中，明白地告訴我人：世俗諦（世間道理）的全面深入了解，是得到第一義諦乃至涅槃的必要手段。世間道理甚廣，四諦、十二因緣的差別相固然是，而理化、醫術、邏輯、修辭等所謂「四明」（加佛學——內明，即成「五明」）當然也包括在裏面。故經上說：

總一切法皆是菩薩摩訶薩道，若不學一切法不能得一切智智❷。

龍樹的二諦文以及這段經文給我人很大的感慨：教內某些人士以爲一心如何如何即可成佛，對世間的一切事務充耳不聞，以致荒廢事業、學業。這種人不但不能依佛菩薩所教導的去做，反而害了佛教，使佛教蒙上了消極、悲觀、遁世的不白之寃。我人應該如何地警惕自己，千萬不要荒廢世間事務，否則是不得第一義、不得涅槃、不得一切智智的！

世間是生滅無常的，而第一義的涅槃法却是不生不滅的，此二者在般若空慧中，竟然能夠等同起來。這是基於底下的邏輯：世間之有爲法乃依無爲之涅槃法而有，無爲之涅槃法亦依世間之有爲法而有；世間有爲法是空幻的，因此依有爲而有之無爲的涅槃法亦是同一空幻的；世間、涅槃同一空幻，因此，世間卽是涅槃。

這種邏輯，建立在兩個前提之上：㈠一切法，包括有爲之世間法及無爲之涅槃法，都是相互

---

❷見大般若經卷三九三，嚴淨佛土品。又，大品般若經卷二九、淨佛國品八二，亦有類似之經文。

依恃、不可分割的；㈡世間法是不生不滅的、是空幻的。

第㈡個前提，我們將留在下節說明，此處先說明第㈠點：

一切法都是相互依恃、不可分割的說法，學者稱之爲「緣起性空」；它雖是龍樹「中論」所特別闡揚的，却是般若經中本有的思想：

一切諸法中定性不可得，但從和合因緣起法故，有名字諸法。（大品般若卷廿九淨佛國品八二）

離有爲法無爲法不可得，離無爲法有爲法不可得。須菩提，是有爲性、無爲性，是二法不合不散，無色無形無對，一相所謂無相，佛以世諦故說，非以第一義……（大品般若卷廿九平等品八六）

龍樹依此經文，寫出了他那最有名的偈頌：

衆因緣生法，我說卽是空，亦爲是假名，亦是中道義；

未曾有一法，不從因緣生，是故一切法，無不是空者。（中論觀四諦品二四）

從這兩首頌文看來，「空」意味着「因緣所生」。一切法都是相依相成、沒有獨立自主性的緣生法，因此，一切法都是空。這樣的「空」當然不是什麼都沒有的「空」，因此絕沒有墮入頑空、斷滅空的危險；既沒有墮入頑空、斷滅空的危險，也就不必（像天台家那樣）再在空、有（假名）之外別立一個「中道」諦。說得更清楚一點：空、假、中三諦是同一詞的重覆，這是頌文卽可清楚地看出！

正因爲一切法都是相互依恃、不可分割的緣生法，因此，涅槃不可離開世間而求得，個己也不可能脫離羣衆而獨得解脫。所有脫離社會、羣衆而獨得解脫的涅槃，都是虛幻的化城。故經云：非實有法名爲涅槃，可說無生無滅、非化！（大般若經卷三九七無動法性品）大品般若亦云：以是智慧斷一切結使煩惱，入無餘涅槃，是世俗法，非第一義。何以故？空中無有滅，亦無使滅者。諸法畢竟空卽是涅槃。（卷廿八實際品八十）

筆者必須再次指出：菩薩之所以能夠不厭生死、不欣涅槃，正是這種世間、涅槃假有（消極說），乃至世間不異涅槃（積極說）的法空思想所致。我們應該如何讚嘆「法空」的美妙、殊勝！

龍樹的八不中道

另一個導致「世間卽涅槃」的前提是：世間相是不生不滅的、空幻的。這就涉及龍樹菩薩那有名的「八不中道」了。

龍樹將世間相歸納爲四對：生與滅、斷與常、一與異、來與去。

世間相
- 總相——生與滅（存在與非存在）
- 別相
  - 常與斷（時間之永恒與非永恒）
  - 一與異（數量之統一與差別）
  - 來與去（時空中之來去運動相）

這四對八法，可能並未窮盡世間的萬象，然而却是其中最重要的八法。而龍樹則一一予以否定：

不生亦不滅，不常亦不斷，不一亦不異，不來亦不出；
能說是因緣，善滅諸戲論，我稽首禮佛，諸說中第一。

這是「中論」一書的開頭兩頌（歸敬頌），也是全論的總綱；此後各頌無非是這「八不」的詳細說明而已。

般若經中證明生滅等世間相的虛幻性，乃基於諸法皆空的預設下而得到的結論。「若法本性空，則不可施般若生若滅、若住若異。」（大般若經卷六八無所得品）經文中有許多美妙的譬喻，例如夢、幻（魔術）、泡、影、響（空谷回響）……。世間法像夢、像幻一樣的虛假，因此，生滅等世間相當然也像夢、像幻一樣的空幻！故經云：

色不異幻，幻不異色，色卽是幻，幻卽是色。世尊，受想行識不異幻，幻不異受想行識，識卽是幻，幻卽是識……佛告須菩提：於汝意云何，幻有垢有淨不？不也，世尊。須菩提，於汝意云何，幻有生有滅不？不也，世尊。若法不生不滅，是法能學般若波羅蜜當得薩婆若不？不也，世尊。（大品般若卷四幻學品十一）

一切法既是如夢、如幻一樣的虛假，那麼，一切法之垢淨、生滅、常斷、一異、來去，乃至解脫得薩婆若等，當然也是如夢、如幻一般地虛假。——這是般若經的推論。

龍樹證明無生滅乃至無解脫得薩婆若的方法，却比般若經更加直接、澈底。他說：如果世間相眞有生滅乃至來去等現象，則一定會導出與事實不符的矛盾結論；因此，世間沒有生滅等現象。世間的眞象應該是不生不滅乃至不來不去的。這種推論，基本上是「歸謬法」（reductio ad absurdum）的應用。❸底下將着力於生滅與來去的說明，以明瞭龍樹所用的推論。

（一）不生亦不滅——生滅相之否定

龍樹將諸法的生起分成了四個可能：自生、他生、共生、無因生。這「四生」應是窮盡了所

---

❸龍樹的著作中，最常用的論證除了歸謬法（間接證法）之外，還有「窮舉證法」（又名「分類證法」proof by cases）。歸謬證法是從A導出矛盾，以否定A。而窮舉證法則將可能的情況一一列舉，然後一一證明結論成立。龍樹的論證往往是這兩種方法的合用，例如下文中將「生」分成可能的四種——自生、他生、共生、無因生；然後從自生導出矛盾以否定自生，再從他生導出矛盾以否定他生，共生、無因生亦如是；如此，可能的四種生都導出矛盾，因此沒有「生」存在。

有可能的生起現象。

生（存在）
- 自生（自己生自己）┐
- 他生（他物所生）├ 有因生
- 共生（自他和合而生）┘
- 無因生（自然存在）—— 無因生

這四種形式的生（存在），龍樹一一用歸謬法予以否定；最後則必然歸結到諸法皆不生的結論❹：

諸法不自生，亦不從他生，不共不無因，是故知無生。（中論觀因緣品一）

在龍樹的中論中，並沒有證明這四生的錯誤❺。然而，在龍樹的另一著作「十二門論」中，對前面的三生則有詳細的評破。十二門論中，評破「自生」（因中有果論）至少提出了十四個

---

❹月稱的「入中論」中，將此四生分別配對四宗，月稱顯然以爲龍樹的破四生是破此四宗；這當然不盡然，却可做爲參考：

四生
- 自　生：因中有果之僧佉耶（數論Sāṅkhya）
- 他　生：因中無果之毘舍迦（勝論Vaiśeṣika）及小乘、唯識
- 共　生：因果亦一亦異之耆那教（Jainas）
- 無因生：諸法自然生之順世外道（世論Lokāyatika）

❺中論有頌文與長行兩部分。頌文是龍樹本人所造，而長行乃解釋頌文的註文，有靑目釋、清辨（分別明）釋等版本。因此，只從龍樹本人所造的頌文，看不出龍樹如何證明四生的錯誤。

理由；而中論青目釋則把「自生」的錯誤簡化成爲三點：㈠同一存在物分裂成所生與生者（能生）二法的錯誤；㈡自己生自己等於是無因無緣而生，因此亦犯了無因生的過錯；㈢自己既然能在此時生自己，則亦能在任何時候生自己，如此則有生生不已之無窮生的過錯：

> 若從自體生，則一法有二體，一謂生（所生），二謂生者（能生）。若離餘因從自體生者，則無因無緣。又生更有生，生則無窮！（中論青目釋卷一）

十二門論評破「他生」（因中無果論）至少提出了五個錯誤，其中最嚴重的錯誤當然是因果律的破壞：

> 若謂因中先無果而果生者，是亦不然。何以故？若無而生者，應有第二頭、第三手生；何以故？無而生故。……復次，若因中先無果而果生者，則一一物應生一切物；如指端應生車馬飲食等；如是縷不應但出疊，亦應出車馬飲食等物。何以故？若無而能生者，何故縷但能生疊，而不生車馬飲食等物！以俱無故。

十二門論這段文的論證是這樣的：如果甲中沒有乙，却從甲可生出乙來，那麼丙中沒有乙，乃至丁、戊、己中沒有乙，也應該可以生出乙來；如此則一切物都可生乙，因果律即爲破壞！故甲生乙，甲中不能沒有乙。這種推論與中論是類似的：

> 若謂緣無果，而從緣中出，是果何不從，非緣中而出！（觀因緣品一）

十二門論評破「共生」（因中亦有果亦無果論）也有一個理由，它是從「共生」（因中亦有果亦無果）的語意來評破；龍樹指出「亦有果亦無果」這一詞是自相矛盾的概念，因爲有與無是不能同時存於因中的：

若謂因中先亦有果亦無果而果生，是亦不然。何以故？有無性相違故，云何一處！如明闇、苦樂、去住、縛解不得同處。

另外，中論青目釋則指出「共生」一方面犯有自生的過錯，一方面又犯了他生的過錯，因爲「共生」是指自、他和合而生；也就是說，自生、他生既然都不可能，那麼，既自生又他生的共生，也就變成不可能。這「如一胡麻能有油出，則多胡麻亦有油出；若沙礫雖多，終不能出油！」（月稱「入中論」卷四）

站在主張因果律的佛教來說，「無因生」變成不可思議的見解。也許這已成了佛法中的常識，因此龍樹的著作中（中論、十二門論、智論等）看不出有什麼强而有力的評破。即使有所評破，也都是情緒意義的，而不是理性的；例如中論青目釋說：

若無因有果者，布施持戒等應墮地獄，十惡五逆應當生天，以無因故。（觀因緣品一）

這意思無非說：無因而生的主張，破壞了善有善報、惡有惡報的因果律。至於這因果律爲何成立，却不曾有强而有力的證明，只是把它當做已知的預設罷了。

(二) 不來亦不去——來去的否定

來來去去的運動相必須預設有時間與空間的存在。因爲運動牽涉到已運動、正運動與未運動之三時；同時，從此地運動到彼地，亦必須有空間（智論卷六所說的「動處」）的預設。因此，評破來去的運動相，等於間接評破了時間、空間的眞實性。

中論用了一品（觀去來品第二）廿五頌的篇幅，來評破來去運動相的眞實性。然而，其中最重要的、提綱挈領的乃是開頭的一頌：

已去無有去，未去亦無去，離已去未去，去時亦無去。（觀去來品二）

這一頌前兩句文意清楚易懂，它說：已經運動（已去）完畢的時候，沒有所謂的運動（去），因爲運動已經停止了；尙未運動（未去）的時候，也沒有所謂的運動，因爲運動還沒有開始。後兩句說：正在運動的時候（去時），也沒有所謂的運動；這就不容易了解，而需要解釋了。

首先，「正運動時有運動」（去時有去）一語是一種「循環論證」（petitio principii）；換句話說，它以待證的結論，做爲推論的前提，就像以甲證明甲成立一樣的錯誤。說得更清楚一點，「正運動時有運動」一語，乃是以「正在運動」（去時）爲前提，來證明「運動」（去）存在。這當然是一種循環論證，因爲「運動」這一結論已經蘊含在「正在運動」這一前提當中。

其次，中論指出，如果「去時有去」，則有兩種「去」（運動）的錯誤，其一是「去時」（正運動着的時間），其二是「去時去」（正在運動時的運動）：

若言去時去，是人則有咎，離去有去時，去時獨去故；

若去時有去，則有二種去，一謂為去時，二謂去時去。（觀去來品二）

這兩首頌說：如果「去時有去」（運動時有運動），等於說「盤中有果」一樣，盤子與水果成為二物，去時與去也成了二物，如此就有了去時與（去時）去這兩種去的謬誤。在龍樹看來，宇宙中並沒有獨立於實物的運動，也沒有獨立於實物的時間；時間與運動，原只是依附於人、獸、車、馬等實物而虛設的概念；龍樹說：

若離於去法，去時不可得。（觀去來品二）

因物故有時，離物何有時，物尚無所有，何況當有時！（觀時品十九）

運動的來去相與空間也有密切的關係，然而中論却沒有特別評破空間的存在。智論卷六則有底下的疑問：

虛空實有法，何以故？若虛空無實法者，若舉若下，若來若往，若屈若申，若出若入等有所作應無有，以無動處故。

這段疑問是說：如果沒有空間（虛空），則舉下、來往、屈伸、出入等運動相，即無法存在，因為沒有一個地方（動處）讓物體運動故；然而，眼見有舉下乃至出入等運動相，因此應有空間存在才對。

智論評破這種說法可歸納成為兩大點：㈠虛空（空間）如果是實有物，應有「住處」（應占有空間），然而虛空實際上沒有住處，因此沒有實存的虛空。㈡虛空沒有相狀，故非實物，因為凡是實物必有相狀（顏色、形狀等）。

第㈡理由非常明顯；而第㈠點，證明虛空無住處，智論說明如下：虛空如果有住處，只有兩個可能：其一是住在實物當中（如石壁當中），其二是住在孔隙當中（如空杯當中、鑰匙孔當中）。然而，說虛空住在實物當中是錯誤的，因爲所謂「實物」，意思是說沒有空間；其次，說虛空住在孔隙當中也是錯誤，因爲這等於說虛空住在虛空（孔隙）當中：

若虛空在孔中住，是爲虛空在虛空中住，以是故，不應孔中住。若在實中住，是實非空，則不得住，無所受故。復次，汝言住處是虛空，如石壁中無有住處，若無住處，則無虛空。

（智論卷六）

八不中道，指出世間生滅乃至來去等無常相是多麼的虛妄。小乘人所了解的世間是無常的世間，是生滅對立、斷常對立、一異對立、來去對立，乃至世間與涅槃對立的無常世間；因此小乘人要拋棄這無常的世間，遁入與之對立的常住涅槃。然而，龍樹在八不中道中，用「歸謬法」指出，世間的無常相，世間的生滅、斷常、一異、來去相是外表的、虛幻的，世間的眞象（世間如）應該是：不生亦不滅，乃至不來亦不去的涅槃相。因此，世間卽涅槃，我人沒有任何理由拋棄世間、拋棄苦難的人們！

結論

空，是難懂的，以致最容易被曲解。一般人容易把「空」解釋成「什麼都沒有」，相反地，也容易把「空」了解成爲一宇宙萬法之「本體」。然而，龍樹告訴我們：所謂「空」是「因緣生」的意思；因緣所生法當然有其假體假用，就像夢中的事物能使我人哭笑不已一樣。這當然不是「什麼都沒有」。空，不但不是要破壞一切法，相反地，唯有在如夢、如幻的空中，一切生滅，乃至來去等現象，才有可能成立。龍樹說：以有空義故，一切法得成，若無有空義，一切法不成！（中論觀四諦品二四）

其次，龍樹還告誡我人：千萬不要把「空」當做實體之法把持着，因爲「空」只是爲了破除煩惱薪（諸見）而燃起的一把智慧火，一旦薪柴燃盡，空火亦應跟着熄滅才對。他說：大聖說空法，爲離諸見故，若復見有空，諸佛所不化！（中論觀行品十三）

因此「空」不是什麼都沒有，也不是宇宙萬法的「本體」。把「空」當做本體（清淨心、如來藏），可以生起山河大地等法，那是後期大乘經典的說法，決不是早期大乘經論的本意！

法空的眞正本意是爲令菩薩能在汙泥當中而不染於汙泥。菩薩由於修習般若空慧，一者了知世間、涅槃的虛幻性、不異性，如此卽能不厭生死、不欣涅槃；二者了知煩惱、菩提的虛幻性、不異性，如此卽能自求解脫、不受繫縛。在此意義下，法空是實踐的、樸實的、積極的。

然而，却有人站在空談形上學、宇宙論（存有論）的立場說：般若經只是憑藉已有之法，而說般若之妙用，未曾予一切法一根源的說明❻。又說：般若之圓只是不捨不着之妙用的圓，尚不是存有論的圓，此卽表示空宗尚非眞圓敎❼。這種批評當然有它的道理，因爲，萬法之起源，般若經、龍樹的著作中的確不曾談到；但是，我人應該追問的是：做爲度脫衆生出於苦海、改善人類生活於安樂的佛敎，有必要去空談宇宙萬法的起源嗎？空談形上學、存有論當然能夠滿足某些人的好奇心，因此自有其大用在，然而以此來評破般若經（別忘了，是佛敎的般若經）卻有欠公允，也是不諳佛敎「法空」發展史的。從這些批評，筆者覺悟到，佛敎史的研究，在某些地方遠較義理的研究更爲重要。

還有人說：緣起法的自體自性，除通過數而成的現象義的自體自性，尚可有通過意志因果或天道性體而成的超越義的自體自性。超越義的自體自性是由於意志因果或天道性體將緣起實法定然而實然之……此是儒家義。……但超越義的自體自性，佛家不能承認。因爲緣起性空，並無超越實體以創生之故。卽使言如來藏清淨心，此清淨心並無道德的內容，卽無道德意志之定向與創生，所以緣起法仍只是緣起而如幻如化之假名（似有無性，依他起攝）。但吾不以爲如來藏清淨

❻牟宗三「佛性與般若」頁七八；臺北，臺灣學生書局六六年六月初版。
❼同上書頁七九。

心必排斥道德意志之定向。排斥者只是教之限定，並非清淨心本身如此……因此，性空與超越義的自體自性亦不相排拒。此將是儒佛之大通⑧。

從「一切法及諸有情皆不出過平等法性」⑨，以及「如是法性無量無邊，爲諸煩惱之所隱覆……長夜輪轉」⑩的法空思想，搖身一變而成「如來藏具足恒沙諸佛法」的眞常主張，再搖身一變而成具有道德意志之「超越的自體自性」的玄思。這種「法空到如來藏，再到具有道德意志之天道性體」的玄想過程，自有其美妙、偉大之處；然而，我人仍不禁要追問：做爲救度衆生、去除煩惱的佛教來說，這種一而再、再而三的玄想過程，有助於佛法的推廣？有助於佛法的實踐嗎？——也許，這對某些儒者來說是必要的，因爲他們熱衷於一元化、道統化（一以貫之），他們企圖把佛法（以及其他學問）當做儒學下不究竟的一個分枝。然而，這絕不是以實踐爲主之佛法所需要的。筆者更深深地疑懼：有朝一日，法空會不會再而三、三而四地變成「大梵天、神、上帝創生宇宙萬法」？因爲，具有道德意志的「天道性體」與大梵天、神、上帝已經很接近了（只差一個「人格化」罷了）！那時候，恐怕不只是「儒佛之大通」，而且是佛教的俗化、神化的「神佛大通」、「梵佛一體」了！

⑧同上書頁一三七。
⑨大般若經卷三九七、勝義瑜伽品。
⑩同上經卷五六九、法性品。

佛法應該是適應時代思想的，然而那却是有限度的；一再地流變只落了個消滅而已（如印度佛教）。隨着法空思想的流變，佛教已經漸漸喪失它原先「不厭生死、不欣涅槃」的眞義。未來之中國佛教何去何從？是繼續走向玄思，以解釋宇宙起源的問題呢？（這些問題在原始佛教中被當做十四無記或六十二見爲佛所拒答。）還是懸崖勒馬，回向實踐的、樸實的、積極的般若思想？此誠然是這一代每一個佛子所應深思的問題。

般若心經釋義

般若波羅蜜多心經，屬於般若經的一種。般若經是許多經的通名，其他有名的般若經還有金剛經、大品般若經、大般若經等等。

般若經，顧名思義就知道是闡揚「般若」思想的經典。「般若」乃印度原語的音譯，如果勉强義譯成中文，那就是「智慧」。因此，般若經可以說是「智慧之經」；它告訴我人如何求得大智大慧。

說到「波羅蜜（多）」，至少有兩個意思，其一是「目的的澈底、圓滿達到」，其二是「達到目的之方法、步驟之圓滿無缺」。前者着重在目的「本身」的圓滿，後者却着重在達到目的之「過程」的圓滿。然而，不管是前者或後者，都是「圓滿無缺」的意思，類似中國人所說的「到家」。例如，我們中國人說一個裁縫師手藝好，我們就說「手藝到了家」，意思是裁縫師的手藝已經到了圓滿無缺的地步；而印度人此時則說「手藝波羅蜜（多）」。所以，所謂「般若波羅蜜（多）」，意思是「圓滿無缺的智慧」。般若經，或般若波羅蜜多經，也就成了獲得圓滿無缺之大智大慧的經典了。

「圓滿無缺的智慧」（般若波羅蜜多），應該既能夠救度自己的煩惱苦厄，又能夠救度所有衆生的煩惱苦厄。換句話說，只能解除自己之苦痛，而不能解除衆人的苦痛，這種智慧是有缺陷的，不能稱爲「波羅蜜多」（圓滿無缺）；同樣地，雖然能夠幫助衆人解除苦痛，而自己却不能獲得究竟的安樂，這種智慧也是有缺陷的，也不能稱爲「波羅蜜多」。而目前所要說的「般若」智慧，它既能照顧到羣衆，又能夠照顧到自己，應用般若智慧可令全體人類、全體衆生獲得圓滿、澈底的救度，它才是眞正的「波羅蜜多」。所以，「波羅蜜多」在中國把它譯成「度」（救度），而「般若波羅蜜多」則譯成「般若度」或「智度」。

總之，般若（波羅蜜多）經一者告訴我人如何幫助全體衆生解脫苦厄、獲大安樂，二者也告訴我人如何在幫助他人當中自求解脫、自求多福。而本經——般若波羅蜜多心經，由於是般若經的「心要」，也就是最根本、最中心、最重要的精華，所以叫做「心」經。心，意味着根本不可或缺的意思；換句話說，只要我人澈底了解本經的精神，也就能夠把握所有般若經的精神；這可見本經之所以特別流行於中國的原因。

本經是佛對他的弟子舍利子所講的一部經，經過唐朝的高僧玄奘法師譯成中文。

般若經所闡揚的無非是個「空」字。中國的佛敎徒或文人一定知道佛敎是講「空」的；然而，「空」是難了解而易誤會的。

從前，我看過底下這麼一則故事：有一次，佛陀手中捧着一顆如意寶珠問大衆說：「你們看我手中的寶珠是什麼顏色？」有人說是青色，有人說是黃色，也有人說是紅色、白色。於是佛陀將寶珠收回，空手伸向天空問說：「現在你們再看看我手中的寶珠是什麼顏色？」衆人面露疑惑地說：「世尊手中空的，如何說有什麼顏色的寶珠！」佛陀略帶責備的口吻說：「剛才我把粗俗之珠捧在手中，你們強要說有青黃赤白；現在我把眞正的稀世寶珠顯示給你們看，你們却說沒有寶珠！」據說，衆人受了佛陀的責備，全部都開悟了！（詳見「指月錄」卷一）

我知道這則故事是在闡述般若經的「空」義，但是看了這則故事，我們仍然很難體會什麼叫做「空」。甚至還會把「空」誤解成「虛無」。

也許，正面地回答「什麼叫做空？」是困難的，然而，我們却可以先問：爲什麼佛敎要講「空」？「空」有什麼作用？爲什麼般若經要不厭其詳地闡揚「空」？要回答這些問題，就必須先從佛敎史入手。

一、般若經興起的時代背景

佛在世時，就提出諸行無常、諸法無我、涅槃寂靜這「三法印」，做爲佛敎的根本理論（「印」是印信，代表三種不可更易的道理。）「諸行無常」印說：諸種由因緣條件所組合成的東西（諸行），都是變動而無常的。例如一張木頭做的桌子，十年、二十年後必定朽壞而不存在。然而，十年、二十年後的這張桌子是突然在一夜之間朽壞的嗎？答案當然是否定的。科學家告訴我們，桌子的朽壞是分分秒秒的風化、分分秒秒的蛀壞，然後突然間，舊有的桌子形態不能繼續支持下去，於是垮下來了。這樣，從一張新桌子到一張朽壞的桌子之間，是經過無數的變化而完成的。桌子是這樣，山河大地是這樣，我們的從生到死何嘗不是這樣！任何存在着的事物，都是經過生、住、異的過程而歸於滅，中間沒有一分一秒是停留不變的。這就是「諸行無常」印所告訴我們的。

「諸法無我」印說：諸種事物（諸法）當中，並不存在着「我」。「我」，指的是獨一、常恒、自主的東西，通常指身心中所隱藏着的「靈魂」。因此，「諸法無我」印事實上否定我人身心中有一獨一、常恒、自主的靈魂。佛陀說，我人的身心除了肉體（色）、情緒（受）、思想（想）、意志或動機（行）、以及認識作用（識）這五者之外，並沒有所謂的「我」（靈魂）。這五種元素或作用，經論上叫做「五蘊」。這五蘊，每一蘊都是沒有獨一、常恒、自主性的。例如肉體的「色」蘊，乃依靠着精神（其他四蘊）才能存在、活動，一離開精神作用，即成了死屍，它那裏會有「獨一」（不依靠其他東西而獨存）性？肉體的「色」蘊，時時在變化當中；孩童時那麼小、青年時那麼大；醫生說，血液七天要全部換一次，最後則終歸老死；這樣的「色」蘊裏會有「常恒」性？而「色」蘊的肉體既是依靠着精神而存在、活動，如何可能有「自主」（自由自在）性？所以，肉體的「色蘊」當中決不可能有獨一、常恆、自主的「我」存在！至於受、想、行、識這四蘊更不必說了。情緒、思想的時刻變化，意志、動機的時堅時弱、時好時壞，乃至認識作用的鮮明、晦暗或正確、錯誤，這再再都說明沒有一個獨一、自主、常恆的「我」（靈魂）存在。所以佛說「諸法無我」。

至於第三「涅槃寂靜」印則說：一個行者，只要按照一種特定的方法（所謂的「道諦」），必可消除身心的煩惱，達到清涼、寂靜、安樂的解脫——涅槃。這種特定的方法雖多，但不外「八正道」，卽：正確的見解、正確的志向、正直的言語、正直的行爲、正當的職業、正當的勤勞、正當的思惟、正當的靜定（正見、正思惟、正語、正業、正命、正精進、正念、正定）。

在根本聖典——阿含經中，佛陀像上面那樣地解釋了「三法印」。然而，佛滅後的弟子們，却有不同的兩種瞭解。第一種人叫做「小乘人」，他們死守「三法印」的字面意義，主張眞有世間、眞有世間的無常苦（諸行無常印）；主張眞有涅槃的寂靜樂（涅槃寂靜印）。歷史上稱這種世間、涅槃實有，世間苦、涅槃樂亦實有的思想爲「法有」思想。小乘人的人生觀既然是「法有」思想，那麼表現在實際行爲上的必然是「厭世間苦、欣涅槃樂」了。小乘人心裏想：世間、世間苦實有，世間當然是可怖、可厭的；涅槃、涅槃樂實有，涅槃當然是可欣可樂的！因此，小乘人視世間如火宅，不肯在世間多留下一分一秒。他們修觀、修禪，想盡辦法逃避人羣、脫離社會，最後則遁入涅槃。他們對「火宅」中呼天搶地，企求他人援救的同胞視若無睹，不肯伸出同情之手。之所以使他們變成這種「悲心不足」的行者，原因無非是他們的「法有」思想。這種以「法有」爲中心思想的佛敎，從佛滅後延續了四、五百年而不衰，史稱「小乘佛敎」或「部派佛敎」。

佛滅度後四、五百年間，有一批佛敎徒不滿小乘人這種「厭苦欣樂」的「法有」思想，起而整理、結集流傳在當時印度南方的經典。這些經典有個共同的特色，那就是强調犧牲自己、救度別人的「菩薩精神」，以有別於小乘人那種只求個己解脫的行徑，因此，這些經典被稱爲「摩訶衍經」（大乘經）；「摩訶衍」意味着它能像大車子（大乘）那樣，裝載無數的衆生，它們包括般若經與華嚴經。般若經針對小乘的「法有」思想，提出「畢竟空」做爲批判，這是思想上的、人生觀上的改革，也是早期大乘經典的主流。華嚴經則强調心力、願力的廣大，要我們透過犧牲自己、救度別人的廣大「菩薩行」，共同建造一個理想的世界（華藏世界）；這種强調「心力、願力」的大乘思想，後來成了唯心佛法的前鋒，而其理想的「華藏世界」，也與淨土思想（尤其是西方淨土）息息相關。

般若經就這樣被一分佛敎的改革者所結集起來、傳揚開來，而它之所以能超過華嚴思想，成爲早期佛敎的主流，這與佛滅後五、六百年的印度大學者，龍樹菩薩（西元一五〇——二五〇）有關。龍樹繼承般若的思想，寫了「中論」、「大智度論」（智論）、「十二門論」等書，轟動於當時的印度思想界，這從他被大乘各宗各派同尊爲「共祖」即可見其一斑！他那精闢的思想，底下我們當會談到。

般若經所闡述的無非是「畢竟空」，這在前文已屢屢說到。「畢竟空」是爲了對治小乘佛教的「法有」思想而提出來的主張。因此，「畢竟空」所空却的雖多，然不外空却世間與涅槃的眞實性。而般若行者之所以能够達到「畢竟空」的思想，乃是對「三法印」，尤其是「諸法無我」印的別解。

「諸法無我」，在小乘教看來，只是告訴我們五蘊當中沒有獨一、自主、常恒的靈魂；這在前文已說過。而大乘的般若行者却進而將「諸法無我」印解釋成爲：五蘊等諸法本身，並沒有獨一、自主、常恒性。小乘教所注重的「我」是諸法所組合成的「我」（靈魂），而般若行者所注重的「我」，則是一一諸法「自身」那種獨一、自主、常恒性。換句話說，小乘教固然否定由五蘊等諸法所組成的身心中的「我」，但對一一蘊本身却不曾否定；他們以爲，由五蘊構成的「我」可以是假的，但構成「我」的五蘊却不能是假的！就像由一一軍人所組成的軍隊可以是假有的，但是一一軍人本身却不能是假有的，因爲假有的軍隊（我）必依眞實的一一軍人（五蘊諸法）才能顯現。這種「假必依實」、「五蘊眞實而人我假有」的思想，歷史上稱爲「我空法有」，它是小乘佛教的特色。

但是，大乘的般若行者說，不但由五蘊諸法組成的「我」是空的，而且五蘊本身也是空的。因此，「諸法無我」印中的「我」，不但可了解爲「靈魂」，而且也可抽象地僅僅了解爲「獨

一、自主、常恒性」。這種「獨一、自主、常恒性」，通常被稱爲「自性」。因此，「諸法無我」印被般若行者更進而了解爲「諸法無自性」，亦即一一諸法本身都沒有獨一、自主、常恒性。所以，「諸法無我」印變成有兩層意思：

諸法無我
- 由一一法所組成的事物當中並沒有靈魂——大小乘共有（我空）
- 一一法本身並沒有獨一、自主、常恒的「自性」——大乘獨有（法空）

本經着重在第二層意思——「法空」的說明。前文說過，「法」，無非是世間與涅槃（出世間）。本經提到的世間法有五蘊、十二處、十八界、流轉的十二因緣、苦集二諦；而提到的出世間法則有還滅的十二因緣、滅道二諦、智、得等。這些術語目前我們無暇一一解釋，只好先將它們列出來：

法
- 世間法：五蘊、十二處、十八界、流轉之十二因緣、苦集二諦。
- 出世間法：還滅之十二因緣、滅道二諦、智、得。

這世間、出世間兩種法，本經都一一予以否定而加個「無」字，例如說「是故空中無色、無受想行識」。被否定的「法」雖多，然不外否定世間與涅槃的實在性。因爲沒有獨一、自主、常恒的世間，也沒有獨一、自主、常恒的涅槃。世間依涅槃而有，涅槃也依世間而有。因此，決沒有離開世間而獨存的涅槃。這種世間、涅槃相依、相成、如夢、如幻的「法空」思想，表現在外的必然是「不厭世間苦、不欣涅槃樂」的菩薩行，所以經上說：

> 修學甚深般若波羅蜜多，不爲厭離生死過失，不爲欣樂涅槃功德。所以者何？修此法者，不見生死，況有厭離？不見涅槃，況有欣樂？（大般若經卷五七四）

也許有人會懷疑，菩薩煩惱未斷、生死未了，本身是「泥菩薩過江自身難保」，如何能夠不厭生死苦、不欣涅槃樂地留在世間度衆？難道生死輪迴不可怕、不可厭嗎？然而，一個觀空的般若行者是不害怕這些的！本經說：「依般若波羅蜜多故，心無罣礙；無罣礙故，無有恐怖。」大般若經也說：

> 菩薩修行般若波羅蜜多時，於一切法都無所見。無所見時，其心不驚、不恐、不怖，於一切法心不沉沒，亦不憂悔。（卷三十六）

正由於菩薩了知生死輪迴都是如夢如幻的空假，因此菩薩才能夠不害怕生死地發下「我不入地獄誰入地獄」的弘願！姚秦時代有一僧肇法師，他是鳩摩羅什門下被譽爲「解空第一」的學生。僧肇法師最後因爲觸犯國法而被處砍刑，臨刑前他唱了一首詩：

> 四大元無主，五蘊本來空，將頭就白刄，猶似新春風！（指月錄卷五）

這是何等灑脫，然而，沒有「四大無主、五蘊本空」的般若空觀，這種轟轟烈烈的精神是不可能顯發的！「空」是這樣的積極、入世，而不識者却說他消極、悲觀！這唯有怪怨一分佛教徒不能澈底依「空」而行了！

二、何謂空？何以空？

上文偏於「空」之功能、作用的說明，對於什麼叫做「空」這最重要的問題，並不曾深談。因此，底下我們將着重在「空」義本身的闡述。

大品般若經說：「諸法和合因緣生，法中無自性；若無自性，是名無法。」（卷二四）這段經文很明顯地將「空」（無法）定義爲「無自性」，又將「無自性」定義爲「因緣生」。因此，所謂「空」就是「無自性」，也就是「因緣生」。

所謂「諸法因緣生」，意思是：宇宙間的萬事萬物都是相依、相成，因待而有、因待而生的，也就是「此有故彼有，此生故彼生」。諸法既是相依相成、因待有因待生，那麼諸法必無獨一、自主、常恒之「自性」；蓋因獨一、自主必不能因待有、因待生，亦卽不能依靠其他事物而存在；依靠他物而存在的諸法，必沒有獨一性，也沒有自主性。同樣地，因待有、因待生的諸法也沒有常恒性，蓋因組成諸法之事物都是生滅無常的緣故，所謂「緣聚則生，緣散則滅」。因是無常因，由無常因而組成的果也必然是無常果。像這樣，因待有、因待生的諸法，既是無獨一、不自主、常恒的「自性」，因此，依般若經或龍樹的定義，我們卽知它是「空」的。

空、無自性、因緣生這三者雖是一而三、三而一的，但對初學空觀的行者而言，却以觀一切法相依、相成的「因緣生」入手較為方便。人類學（Anthropology）家告訴我們，任一個文明都不是一天造成的，也不是一個民族、一個國家所造成的，而是全體人類所造成的。我們目前讚嘆美國文明的偉大、輝煌，好像美國文明是美國人在短短的三百年間所造成的一樣。但是，人類學家說，美國文明，美國之所以有今天的文明，乃因遠古以來可能在非洲或歐洲某地發明了火，在中國發明了火藥及印刷術等等所累積成的，換句話說，美國的今日文明，乃是遠古以來所有人類共同創造出來的奇蹟。個人不能脫離當前的文明及全體人類，也不能脫離遠古以來的任一文明及人類。每一個人都與過去、未來及現在的每一個人息息相關。人類學家稱這種相依、相成性為「全體觀」（holistic view）。

像這樣，人創造文化，又被文化所影響的事實，人類學家舉了一個有趣的例子（詳見中央研究院民族學研究所集刊第廿六期，「麼些族的故事」一文）：中國雲南、西康有一少數民族叫做「麼些族」。麼些族的青年談戀愛很自由，然而却也有不能終成眷屬的。這些失戀的情侶，時常相偕去大雪山中跳「情死谷」自殺。麼些族人則諷頌一部「大祭風經」來超度這些自殺的亡魂。然而，由於這部「大祭風經」太哀艷、太動人了，以致流傳在整個麼些族人當中，也吸引了更多的麼些情侶去投谷自殺。最後這種因諷頌「大祭風經」而自殺的情侶越來越多，政府只好明令禁止「大祭風經」的傳頌。底下是這部經的一小段：

開美尤美極，你的眼睛太痛苦了，到這裏來看草場上的鮮花吧！

你的脚太疲倦了，到這裏來踏如茵的尤姝芳草吧！
你的手太疲倦了，到這裏來安心地取犛牛的奶汁吧！
你到這裏雲霞世界中來居住吧！
你到這裏來飲高山的清流吧！
你到這裏來把愛之花挿滿頭吧！
你到這裏來吃樹上的蜂蜜和樹下的清流吧！
你到這裏騎紅虎、牧白鹿、取鹿乳吧！
你到這裏來織天上的白雲地上的白風吧！

這則動人的故事，告訴我們：人創造了文化（大祭風經等），而人也受自已所造出來的文化所影響。因此，一朝人不能離開文化而獨存，一朝人卽不能離開人羣而獨存。人的獨一、自主、常恒性在那裏呢？人不過是大文化中的小分子而已！這種彼此相依、相成的「全體觀」，也正是般若經所說的「因緣生」、「無自性」與「空」。所以龍樹說：

因緣所生法，我說卽是空，亦爲是假名，亦是中道義。
未曾有一法，不從因緣生，是故一切法，無不是空者。
（中論觀四諦品二十四）

宇宙萬法是這樣地相依相成，而萬法之一的世間與涅槃當然也是這樣地相依相成。沒有離世間而獨有的涅槃，也沒有離涅槃而獨有的世間。所以龍樹又說：

涅槃與世間，無有少分別，世間與涅槃，亦無少分別。

涅槃之實際，及與世間際，如是二際者，無毫釐差別。

（中論觀涅槃品二十五）

本節到此爲止着重在諸法相依相成的說明之上，亦卽着重在世間「相」與空「性」的相卽不離、因待而有之上。然而，僅限於這種「世間卽涅槃、涅槃卽世間」，乃至「因緣生之色等諸法卽是空、空卽是因緣生之色法」這種「相卽性、性卽相」的「融相卽性觀」是不夠的。因爲，這就像「有錢卽有洋房、有洋房卽有錢」，問題不在有錢與有洋房的相卽不異上，而在是否有錢或是否有樓房；如果有了錢，必定有樓房；沒有錢就沒有樓房了；所以重要的是在有沒有錢。同樣地，僅僅了解因緣生的諸種「相」（例如色受想行識等）與空「性」相融不異是不夠的，經論上說，這只是正證前的準備工作——「加行」（加功用行）而已；最重要的是如何從諸法之因緣生證入空性當中——就像如何從使自已有錢而進於有洋房。像這樣，從「相」、「性」的不一不異，進而由「相」入於空「性」的階段，稱爲「泯相證性觀」。在這「泯相證性觀」（空觀）當中，萬法的諸種差別相，諸如色受想行識的差別相、生與滅的差別相、垢與淨的差別相，乃至有增、有減的差別相等等，都在「空」中泯除掉了。就像百川入於大海而同一鹹味，色等諸法相入於「空」中而同一「無相」。因此，在「泯相證性觀」的「空」中，色受想行識固然沒有，生滅、垢淨、增減等差別相也沒有，而因緣果報、六道輪迴、乃至涅槃還滅也成了如夢如幻的虛假了！所以經上說：

世諦故，分別說有果報，非第一義。第一義中不可說因緣果報。何以故？是第一義實無有相，無有分別，亦無言說，所謂色，乃至有漏、無漏法。（大品般若卷二十七）

我說佛道如幻如夢，我說涅槃亦如幻如夢，若當有法勝於涅槃者，我說亦復如幻如夢。何以故？諸天子，是幻夢、涅槃不二不別。（同上卷九）

因此，修學般若的過程應該是這樣地：首先從世俗的諸法入手，不管是物理、化學、工程、政治、經濟、哲學、醫學、或心理學等，甚至是佛法中的四諦、十二因緣，都能廣泛地學習它們的大用，透徹地了解它們之間的相因、相待性（以上融相即性觀）。最後則證入無諸法相的畢竟空中（泯相證性觀），了知它們的如夢如幻。龍樹將此兩個步驟所學得、證得的道理，分別稱爲世俗諦與第一義諦。他說，要得到不生不滅、無諸法相的第一義諦，必須透過世俗諸法的廣泛學習與深刻體悟（所謂「世俗諦」），第一義諦才能得到：

諸佛依二諦，爲衆生說法，一以世俗諦，二第一義諦。
若人不能知，分別於二諦，則於深佛法，不知眞實義。
若不依俗諦，不得第一義，不得第一義，即不得涅槃。
（中論觀四諦品二十四）

這種「涅槃必依第一義，第一義必依世俗」的說法，乃「涅槃不離世間」或「不厭生死苦、不欣涅槃樂」等菩薩精神的發揮。有許多佛教徒，不能體會這種大乘的精神所在，惑於第一義諦的深奧玄妙，却對世事、世學不能持以同情、愛護的態度，這不但徒增世人對佛教的誤解（說佛教徒是方外之士，不問世事、悲觀、消極），對自己的解脫也有阻碍。菩薩要度衆固然要遍學一切法，那些一心一意只想「當生成就」、「卽身成佛」的人，也逃不了要遍學一切法的！故經云：

無有法菩薩所不應學者，何以故？菩薩不學一切法，不能得一切種智！

（大品般若卷二十九）

三、「空」乃諸法實相

有幾個顧忌，所以古來有某些學者將「空」視爲不了義的方便說：其一是，把「空」看成什麼都沒有的虛無；其二是，把「空」看做離開諸法而獨存的實體。然而，這兩種看法和顧忌都是錯誤的，因此，「空」並不是不了義的方便說，而是諸法的實相。

首先，「空」並不等於「無」，因爲它的定義是「因緣生」。「空」可以被看成「無」，經論上也將諸法比喻成「如夢、如幻、如虛空」，這其中當然帶有虛假性、虛無性。然而，般若經中所要「空却」，所要「無掉」的，決不是諸法外表的生滅、垢淨、增減等幻相，而是要空却、無掉諸法的「自性」（獨一、自主、常恒性）。諸法可以有外表的生滅等幻相，却沒有實自性的生滅等相。這就像電影中的人物、景色，雖宛然有生滅、垢淨等相，却沒有其眞實的自性在。因此，「空」可以看成「無」，經上也說：「無色、無受想行識……。」但必須知道所「無」的不是諸法的幻相，而是諸法獨一、自主、常恒的「自性」。而這「自性」是衆生的執着所產生的，並不是事物自身所本有的。

由於執着諸法有實在的自性，因此就會產生圖想佔爲己有、圖想常恒保持其美妙等等的慾望，這些慾望乃衆生痛苦的病本，而追根到底乃在衆生執有實自性的諸法。所以，爲了去除衆生的痛苦，必須去除有「自性」的病本。然而，萬物本身沒有所謂痛苦不痛苦，我們之所以因萬物而痛苦，起因在衆生的「自性」執，而不在萬物身上。例如甲、乙兩人一同看風景，風景雖一，但所感却未必相同；甲心情好，看了風景就說：「我心素已閒，清川澹如此！」而乙心情不好，却說：「感時花濺淚，恨別鳥驚心！」風景只是一個，而甲乙的感觸却不同，這可見影響我人歡樂或痛苦的，不在外物，而在衆生自己的執着。而我們要去除的並不是外物，而是對外物的執着——自性執。所以，淨名經說：「但除其病，而不除法。」又說：「說身無常，不說厭離於身；說身有苦，不說樂於湼槃；說身無我，而說教導衆生；說身空寂，不說畢竟寂滅。」（問疾品五）這再再都告誡我們：所謂「空」不是什麼都沒有的虛無，而只是空却諸法有實在自性的痛苦「病」

本而已。這樣的「空」是不破壞一切法的「空」，（所破壞的只是諸法之「自性」而不是其因果井然的幻像，）也是不離世間而成就佛道的「空」，有什麼可顧忌的！所以經上說：

是菩薩摩訶薩行般若波羅蜜，不作是念，我當壞諸法相……菩薩摩訶薩以方便力故，於諸法亦不取相、亦不壞相。何以故？世尊，是菩薩摩訶薩知一切諸法自相（自性）空故。

（大品般若卷一十九）

其次，「空」也不是離開諸法而獨存的實體。本經說：「色不異空、空不異色，色卽是空、空卽是色……。」這說明「空」必須在色等諸法上才顯出它的意義來；沒有離諸法而獨存的「空」。空，像一把烈火，能燒盡煩惱的柴薪；然而，當柴薪燒盡後，灰飛煙滅，空火自然也熄掉了。沒有離煩惱薪而獨存的空火，空火與煩惱薪是一體而不可分割的！所以說「色卽是空、空卽是色」。龍樹還警告我人，如果離諸法而執有獨存的「空」法，亦卽，破除了煩惱（諸見）之後，還執有獨存的「空」法，那麼就病入膏肓，無可救藥了：

大聖說空法，爲離諸見故，若復見有空，諸佛所不化！

（中論觀行品第十三）

沒有離開諸法而獨存的「空」法，依此，也沒有離世間而可得的涅槃，因爲證得涅槃是必須預設證得諸法畢竟空的。這樣，「空」既不是離諸法而獨存、不是離世間而證得的小乘「空」，那麼，般若空慧有什麼可畏懼，可顧忌的！

有人說，諸法畢竟空恐怕不是佛陀一代敎法的絕唱；佛陀的絕唱應該是高揚「眞常妙有」的「妙有」思想。「妙有」的思想的確有經論可據，然而，就本經說本經，「空」是最澈底究竟的，因爲諸法實相就是「空」。諸法畢竟空，不是因爲般若行者修習般若空觀才變成空的，而是諸法原本就是空的。所以本經上說「以無所得故。」大般若經也說：

色自性空，不由空觀故色空、非色；色不離空、空不離色，色卽是空，空卽是色。受想行識自性空，不由空觀故受想行識空、非受想行識；受想行識不離空、空不離受想行識，受想行識卽是空、空卽是受想行識。（大般若經卷四）

經上還說，如果一切法不空（妙有等），而是我人因般若空觀而使之成爲空，那麼就是「先有後無」，使原本存在的諸法變成不存在，這是破壞因果法則，是「壞諸法相」，此時空觀的諸佛菩薩就變成破壞因果的罪人了。然而，「空」是諸法實相，諸法原本就是空的，因此行者因觀空而證入空性，不但不是罪過，而且是眞正的解脫：

若衆生先有後無，諸佛菩薩則有過罪；諸法、五道生死亦如是，若先有後無，諸佛菩薩則有過罪。舍利弗，今有佛無佛諸法相常住不異，是法相中尙無我、無衆生、無壽命、乃至無知者、無見者，何況當有色受想行識！（大品般若卷二十八）

這種「不壞假名」、「先有後無則有過罪」的般若精神，從禪宗的一則公案可以看出來：洪州百丈懷海禪師每次上堂說法都有一個老人隨着大衆聽法。有一天，說法完畢，大家都散了，只有老人留下不退。百丈禪師向前問說：「你是何人？有什麼貴事嗎？」老人感嘆地說：「我不是凡間的人。過去迦葉佛時，我就住在這座山上修行。當時有人請敎我說，一個大修行人是否還落因果，受因果法則的自然支配？我當時回答說，不會落入因果的支配當中。就這樣，我五百生墮入野狐身，至今仍未脫此野狐身。我知道我當時說錯了話，現在請您慈悲指點，到底應該怎樣說才對？」禪師毫無疑慮地說：「應該說不昧因果，不被因果法則所欺蒙才對！」老人聽完禪師的話，就大澈大悟地說：「我現在已脫離野狐身了！」（指月錄卷八）這則公案是眞是假無關緊要，最能啓發我人的是：修行者不是不落入因果，而是不昧於因果！有許多佛弟子以爲修行後可以成仙做神、長生不老，可以百病不生、大顯神通，甚至還會飛牆走壁、穿山鑽地的，判斷出家人有沒有道行，也端看他是否身體無病。這些如果不是謊言就是外道！別忘記，連釋迦牟尼佛最後也因吃了不淨食物而腹瀉入滅，「神通第一」的目犍連則被他的仇家所謀殺，其他被牛牴死、被蛇咬死的阿羅漢也大有人在。這再再都告訴我們：佛陀所强調的解說，決不是怪力亂神的「不落因果」，而是平平實實、不壞假名的「不昧因果」。解脫者雖落入生死的因果法則當中，却不爲它們所欺騙，而能够以慧眼洞見其中的虛幻性、空性，如此，雖仍然受生死法則的支配，却不因其支配而起不自在的諸種煩惱。就這點說，解脫者由於不畏生死、不畏輪迴，因此經論也方便說無生死、無輪迴；而實際上，並不是說解脫者眞的是個無生死、輪迴、「不落因果」的大怪物！經論所謂「無」生死、輪迴，所「無」的是那種有實自性的生死、輪迴，而不是連生死、輪迴的假相也「無」掉了。我們應該牢牢記住：涅槃是不離世間而有的，是卽世間而涅槃的。既然這樣，怎麼會有「不落因果」的解脫者？怎麼會有長生不老、穿山鑽地的修行者？我衷心祈求所有佛弟子們，千萬別把佛陀的通俗寓言當眞，別把老師在調劑學生煩悶時所講的童話故事當眞！方便接引愚夫愚婦是可以的（其實，隨着敎育的普及，這種方便漸漸只會引起聽衆的反感，而不會產生預期的效果），但是，如何在方便接引之後，更讓他們純化、淨化，以步步趨向智慧的、正覺的佛道（而非迷信的佛道），這才是當前所有弘法者所最應當注意的課題！

四、六波羅蜜——「空」的實際修練

般若空慧的實際修練，已在第(二)節稍微提到，那就是要從世俗諦入手進到第一義諦，也就是從「融相即性觀」的加行進到「泯相證性觀」的正證。而其中所含有的精神是：廣泛深入社會各個階層，而又能超類拔萃、出汙泥而不染。

在大乘經論上，我們時常可以看到所謂的「六波羅蜜」。這不過是上述這種般若修練的更具體方法罷了。六波羅蜜，顧名思義，即知是六種讓我們從生死此岸到達涅槃彼岸的方法。它們是：布施、持戒、忍辱、精進、禪定、般若。在般若經中，這六度除了仍然保有原來的意義之外，還加上了發揮、引申的意義。例如大般若經解釋「持戒波羅蜜」時說：

若諸菩薩安住聲聞獨覺作意，是名菩薩非所行處，決定不能攝受淨戒波羅蜜多，是爲菩薩犯戒。（卷五八四）

這是告誡我們說，如果退失大乘心，墮入小乘行，即使一切戒律都奉持得非常嚴謹，仍然稱爲犯戒，不是「持戒波羅蜜多」（最澈底圓滿的持戒）。又如大品般若對禪定波羅蜜則有底下的解釋：

菩薩摩訶薩，行般若波羅蜜，不起聲聞、辟支佛意，及餘不善心，是名菩薩摩訶薩禪那波

羅蜜。（卷四）

這也是告誡我們，所謂最澈底圓滿的禪定（禪那波羅蜜），乃是不退大乘心、不墮小乘行。從這些經文看來，六波羅蜜的眞正精神乃在卽世間而修行、出汙泥而不染的大乘思想。菩薩不忍衆生之匱乏、受苦，所以行布施；不忍傷害衆生，所以行持戒；憐憫衆生的煩惱、無知，所以行忍辱；一方面爲廣度衆生、一方面爲自求解脫，所以行精進；爲求無上正等正覺的大智大慧以度衆生、以自求解脫，所以行禪定。而這一切，如果要達於澈底圓滿，却非般若空慧不可！所以經上說，布施等前五度像盲人，般若却是能指引它們的眼目（五度如盲，般若爲導）。

大乘佛法無非是深、廣二字。一般的慈善家，廣而不深；他們在廣度衆生當中，或許也能少分修習布施乃至禪定等前五度，然而，他們一者不能究竟超拔衆生生死之苦，二者也不能救度自己得解脫，故廣而不深。小乘人則深而不廣；雖能深入法性，證得實際，却對廣大無邊的衆生，不能伸出同情之手。這種廣而不深、深而不廣，都是因爲缺少般若空慧的關係，因此也都是盲行，不能獲得眞正的安樂。因爲，廣而不深，只是頭痛醫頭、脚痛醫脚，不過是暫時性的安樂；深而不廣，只是孤芳自賞，站在一切衆生與我相輔相成的因緣觀，那不過是不澈底的解脫。

然而，如何利用般若空慧而達於旣深又廣的菩薩行呢？這就要說到「三輪體空」了。就布施來說，所謂「三輪」，指的是布施者、所施物、以及受施者。一個般若行者，必須要體悟這三者是沒有獨一、自主、常恒的自性，這叫做「三輪體空」。分別來說，體悟布施者無自性空，可以去我執，這是我空；體悟所施物空，可以去慳貪；體悟受施者空，可以廣泛而平等地行布施，不會分別親疏、恩怨；這後二空則屬於法空。如此，所謂「三輪體空」所要闡述的，無非也是我、法二空的大乘精神。

經論上用各種方式、故事、比喻來說明這三輪體空。例如「菩薩於法，應無所住行於布施，所謂不住色布施，不住聲香味觸法布施。」（金剛經）「說法者無法可說，是名說法。」（同上）「我無所論說，乃至我不說一字，亦無聽者。」（大品般若）這再再都是闡明「三輪體空」的精義。又如有一次，須菩提在山洞裏打坐修般若，感動得天神散花讚嘆。須菩提說：「是誰在散花讚嘆我呢？」衆天神說：「是我們聽了您在宣說般若，法喜充滿而散花讚嘆的。」須菩提說：「我正在打坐，對般若未曾說一字一句，你們怎麼說我正在說般若呢？」衆天神說：「正是，正是！正因爲您無說，我無聽，這樣無說、無聽，才是眞正的般若！」（指月錄卷二）這固然是個開玩笑式的故事，但是眞正的般若，就是要體悟無說、無聽這種「三輪體空」的精神。

當然，「空」是容易誤解成爲「無」的，這在前面我們已破斥過。底下的寓言更說明了這點：有一天，大衆聽了佛陀說法之後，都個個發下度盡一切衆生的大願。最後輪到了魔王，魔王則說：「佛陀不是說過，在度衆時應該體悟衆生空嗎？現在，我等待一切衆生都被你們度盡，衆生都空了，我才發下願度一切衆生的大願！」（見「指月錄」卷一）明顯地，魔王誤把「衆生空」當做「沒有衆生」了，這當然是極大的誤解！

嚴格說來，前面須菩提的故事，也多少把「空」誤以爲「無」，因爲「空」應該是「說而無說、聽而無聽」，而不僅僅是「無說、無聽」而已！——這才是前面所謂的「但除其病，而不除法」。

總之，般若空慧的實際修練，乃在布施以至禪定這前五度的澈底應用、純熟應用。換句話說，菩薩奉獻（布施）自己所學，可能是物理，可能是工程，也可能是政治、經濟、心理、哲學，廣泛地與民衆接觸，盡力地（精進）改善社會的不公平、不合理的地方，使衆生離於貧苦、罪惡當中。此時，由於自己的奉獻、盡力，或有開罪權貴、受人嫉妒、陷害、折辱，甚至有生命危險的情形；菩薩在這逆境當中，由於般若空慧，能心平氣和、不亂方寸（禪定）地應付自如，也能忍受各種的折騰、羞辱（忍辱），而不起一絲一毫瞋恨、報復之心（持戒）。這樣久而久之，究竟圓滿，既能度人又能自度，這就是所謂的「人成卽佛成」。我願不厭其詳地抄錄一段經文，來做爲本節的結論。這段經文具體地告訴我們，一個菩薩應如何地深入社會各階層當中，而又能「人成佛成」：

入治政法，救護一切；入講論處，導以大乘；入諸學堂，誘開童蒙；入諸淫舍，示欲之過；入諸酒肆，能立其志。若在長者，長者中尊，爲說勝法；若在居士，居士中尊，斷其貪着；

若在利利，利利中尊，教以忍辱；若在婆羅門，婆羅門中尊，除其我慢；若在大臣，大臣中尊，教以正法；若在王子，王子中尊，示以忠孝；若在內官，內官中尊，化正宮女；若在庶民，庶民中尊，令與福力……。（淨名經方便品第二）

五、釋經文❶

甲一　標宗

觀自在菩薩，行深般若波羅蜜多時，照見五蘊皆空，度一切苦厄。

這是本經提綱挈領的一句經文，也是本經最重要的一句經文。大意是說，有一個（或許多個）名叫「觀自在」的菩薩，由於修習微妙甚深的般若波羅蜜多，因此了了見到色等五蘊諸法都是無自性空，而度脫了一切的煩惱苦厄。

在此，「觀自在」是指那些因為修習般若空慧（空觀）而得自在的菩薩，可以是特定的一個，如一般所說的觀世音菩薩，也可以是一羣菩薩；可以是那些證入空性的地上菩薩，也可以是初學般若的菩薩。

「行」與「深」是本句經文最重要的地方。般若不是單單關在房子裏面或躲在深山裏就可修

❶本科判謹依印順法師「般若經講記」（妙雲集上篇第一冊）一書而製。

成的，般若應該是在廣泛深入社會、羣衆當中才能修成的！這在前面幾節我們已說過很多。所以「行」是「廣行」，廣行於社會、羣衆當中，却又能深觀諸法的空性。「深」是指般若之微妙難了。所以經上說：「深奧處者，空是其義。」（大品般若卷十九）般若的「深」，乃在卽世間相而涅槃、卽一切法而空如，也就是說，要在生滅、垢淨、增減等等差別相中，了知它們的不生不滅等相。所以經上又說：「一切法亦是深奧義。」（同上）就度衆來說，要了知能度者、所度法、受度者這三輪都是體空。這就像要在空中搭建樓閣一樣，其道理甚深，而其行爲却甚難；難與深原本是如影隨形的。所以經上說：「知衆生畢竟不可得而度衆生，是乃爲難。」（同上卷廿一）

「照見」兩字也是重要的。「五蘊皆空」是親身體會的，而不僅僅是概念上的了解。照見，就像黑暗中點燃了明燈，燈下的景色歷歷分明，這是親身所經驗到的，也意味着「五蘊皆空」是宇宙的眞相，否則無法親身體驗（照見）到。而概念上的了解却可能是虛妄的。我們很容易卽可設想「最完美」這個概念，也很容易可以設想「最好吃」這個概念，但是當我們設想出它們的當時，我們並不一定獲得了它們。同樣地，透過我人的推理，我人也不難了解「五蘊皆空」的道理，但是，了解這個道理，並不一定親身「照見」五蘊皆空，也因此不一定能度一切苦厄。所以，「照見」不只是概念的（推理的）了解，而必須進一步透過戒、定等步驟，在社會各階層中廣行布施、持戒、乃至禪定，了解一切法都是相因相成的因緣生（融相卽性觀），如此久久純熟，才能「照見」五蘊皆空。這過程是長遠的（三大阿僧祇刼），也是甚深、甚難的。

最後，「苦厄」雖多，無非是「四識住」所引生的苦厄。有情的生命體乃由物質的色蘊及精神的受、想、行、識四蘊所組成。後四蘊雖都是精神作用，却以識蘊爲主，而受、想、行三蘊成了識蘊的附屬作用。所以經論上說，識蘊是「心王」，而受、想、行三蘊則爲「心所」（心所有，附屬於「心王」的意思）。

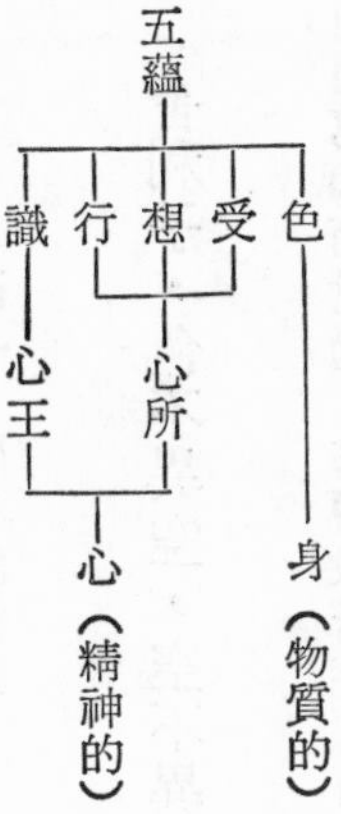

這是從心、物二分法來看有情。如果從能認識的主體與被認識的客體來看，則色、受、想、行這四蘊都是被認識的對象，只有識蘊是能認識的主體，這樣，主體的識執着（住）於色、受、想、行，就是所謂的「四識住」。我人的認識主體——心識，不是執着在色法上，就是執着在受、想、行這三法之上。執着色蘊的美醜等等，執着受蘊的苦樂等，執着想蘊所幻想出來的幻想，執着行蘊（意志）所決定的事情。衆生之所以苦厄不息、流轉不停，這無非都是衆生永遠在這四蘊上「住」（執着）的緣故。修習甚深般若的菩薩，能夠以般若空慧照見五蘊皆空，發現沒有獨一、自主、常恒的五蘊，只有一切相因、相持的身心，一切執着自然放下。此時正是古德所說的「匾擔驀折兩頭脫，一毛頭上現乾坤」（指月錄卷一），一切苦厄都雲消霧散了。

甲二 顯義

乙一 正爲利根示常道

丙一 法說般若體

丁一 修般若行

戊一 廣觀五蘊空

己一 融相卽性觀——加行

舍利子，色不異空，空不異色，色卽是空，空卽是色，受想行識亦復如是。

前面第㈡節說過，修習般若空慧有兩個階段：融相卽性觀，泯相證性觀。目前這段經文乃本經「融相卽性觀」的具體說明。觀自在菩薩，修習甚深般若的時候，如何照見五蘊皆空，度一切苦厄呢？首先必須要觀察色法與空性的不一不異。色，不過是諸法的代表，色固然不異空、卽是空，受想行識乃至下文的智、得等等諸法，也是不異空、卽是空。所以說「色不異空、卽是空」，只是在無量無邊的諸法當中舉出一例以便說明罷了。

「融相卽性觀」的特點是：體悟宇宙中萬事萬物之間是相依相成、相因相待的「全體觀」(holistic view)。沒有一法能脫離另一法而獨存，要考查一法也必須關心到其他諸法。有色受想行識等各種法相，乃是常識性的（世俗諦的）說法，也是凡夫的看法；了知色等法相沒有獨一、自主、常恒的「自性」，而是因緣生、因緣滅的「空」，這是自在者、解脫者的看法，也是所謂的「第一義諦」。因此，在世俗諦看來，有色等法相；在第一義諦看來，則知一切皆空，了無自性可得。這似乎是矛盾的，因此也是不相容的——有世間卽不能有涅槃，有涅槃卽不能有世間。這似乎說：要證得空性、入於涅槃，非要遠離色相、厭棄世間不可。然而，經上却狠狠地對這類想法敲了一記！世間不異涅槃、涅槃不異世間，所以經上說：「色不異空，空不異色。」世間卽是涅槃、涅槃卽是世間，所以經上說：「色卽是空，空卽是色。」

「色卽是空，空卽是色」的「卽是」是本段經文最重要的兩字。這「卽是」，是「相等」、是「同一」。凡夫與聖者所見、所聞的是同一世界；凡夫所能見、能聞的必是聖者所欲見、欲聞的，反之，聖者所欲見、欲聞的也是凡夫所能見、能聞的。（其中當然也有差異，例如有人見得分明，有人見得模糊等等。）此中沒有怪力亂神的成分在內！然而，世界雖一個，所見、所聞的「內容」却不同。凡夫見山、見水而執山、執水，聖者却了知它們的空無自性。我不敢說，除了凡夫所見、所聞的世界之外，沒有其他的「神秘世界」；也不敢說，除了凡夫所見、所聞的世界之外，聖者不能見、不能聞其他的「神秘世界」。但是，我敢說，卽使有這些「神秘世界」，也是聖者所不「欲」見、不「欲」聞的！因爲就「世間卽涅槃、涅槃卽世界」，乃至「色卽是空、空卽是色」來說，這種不卽世間、不卽是色的「神秘世界」，是諸佛菩薩所不「欲」證入的。也許它只是小乘人所證得的「化城」吧！

修習般若的行者，是多麼以自己能「平凡」而自傲！怪力亂神不但違背般若精神，也不能契合世人要求「現代化」的決心；這只有徒遭譏誹，對佛法的傳揚實在沒有絲毫用處！這種「平凡」的般若精神，最能在禪師的對話當中體會到：有一法師口中唱頌臥輪禪師所作的一首歌：「臥輪有伎倆，能斷百思想，對境心不起，菩提日日長。」六祖慧能聽到了，也回了一首歌：「慧能沒伎倆，不斷百思想，對境心數起，菩提作麼長！」（壇經機緣品）這種不求伎倆，不斷心數、思想的精神，實在值得所有那些高談神秘、高談證悟的中國佛教徒好好地學習！

己二　泯相證性觀——正證

舍利子，是諸法空相，不生不滅，不垢不淨，不增不減。是故空中無色、無受、想、行、識。

這是修般若空慧的第二階段——泯相證性觀，也是修般若者最後所證得的情景。前文說過，修般若者最初必須觀照色、空相卽不離，乃至世間、涅槃的相卽不離。但是，若永遠僅止於諸法的相卽不離上面，而不能進而證入空性是不够的。就像要努力地賺大錢，好用來買洋房，不能僅止於「有錢卽有洋房」的「相卽」上面。因此，目前經文已從色、空的相卽不離，進而會歸到諸法的空無上面。在空性當中，一切法相歸於平等，生滅、垢淨、增減沒有了，受想行識沒有了，其他像斷常、一異、來去，乃至六道輪廻、涅槃還滅也都沒有了！所以大般若經說：「空無一二三四五六七八九十別異之相。」(卷六十)

所應注意者，這「無」是「無自性」的意思，而不是「無幻相」；這「不」也是「不自性」的意思，而不是「不幻相」。所以，「不生不滅」應該是「不自性生、不自性滅」，而非「不幻生、不幻滅」；而「無色，無受想行識」，應該是「無色自性，無受想行識自性」，而非「無色幻相，無受想行識幻相」。因此，宇宙的眞相，不管有佛無佛，都是生生不息，充滿了各種山山水水的差別相；凡夫這樣看它，解脫的聖者也這樣看它；所不同者，凡夫在山山水水的差別相中起自性執、起實有執，就像嬰兒見鏡中像而狂笑、獼猴見水中月而撈採一樣；而聖者却能了知這一切差別相，本無自性，如幻如化，只是水中月、鏡裏花而已！

這樣的「無」，這樣的「不」，是卽諸法、不離諸法而「無」、而「不」；也正是前面我們數數引證的「但除其病，而不除法」。這種「除病不除法」或「無自性不無幻相」的般若精神，是難把握的。龍樹的「中論」上在這方面給了我們許多啓示。「中論」一開頭就提出了有名的

「八不中道」：「不生亦不滅、不斷亦不常、不一亦不異、不來亦不去。」（觀因緣品第一）龍樹說：這世界如果眞有生，那麼必有矛盾產生；如果眞有滅，也必有矛盾產生；斷常、一異、來去也是一樣。既然從生滅乃至來去等諸法相的假設，會導出矛盾，可見這些假設都是錯誤的；換句話說，世界的眞相應該是不生不滅，乃至不來不去的。龍樹的論證相當複雜，我們無暇在這裏詳細介紹，整部「中論」共六卷廿六品都無非反反復復地做這種論證。這種論證在邏輯上叫做「歸謬證法」(reductio ad absurdum) 或「間接證法」(indirect proof)。它的特點是：指出一個假設的矛盾，然後推翻它、否定它。例如從「生」的假設，指出它的矛盾，最後歸結到「不生」。所以，龍樹的貢獻在告訴我們生滅等差別相都是經不起深究的，一深究下去就知道它們是矛盾的。經論上也時常透露這種「矛盾」的消息；金剛經說：「世界非世界，是名世界。」大品般若也說：「無所得卽是深，以是得無所得。」（卷廿三）底下一首禪詩（傅翕詩）更透露這種消息：「空手把鋤頭，步行騎水牛，人從橋上過，橋流水不流。」（指月錄卷二）

戊二　略觀處等空

無眼、耳、鼻、舌、身、意，無色、聲、香、味、觸、法。無眼界，乃至無意識界。無無明，亦無無明盡；乃至無老死，亦無老死盡。無苦、集、滅、道。無智，亦無得。

上面三段經文是以五蘊，尤其是色蘊爲例，說明如何透過「融相卽性」及「泯相證性」這二觀，而證得無諸法相的空性。本段則推廣而說，不但色等五蘊是空的，而且眼、耳乃至智、得等諸法相也是空的。經文雖只是將一一法相加個「無」字而泯除之，看來似乎只有「泯相證性觀」；而實際上經文是省略了「融相卽性觀」的加行文。換句話說，在這段經文的前面，照理應該還有底下的一段：「眼耳鼻舌身意不異空，空不異眼耳鼻身意……得不異空，空不異得，得卽是空，空卽是得」。

眼耳鼻舌身意是我人認識的器官——六根。這「六根」當然不是指肉眼、肉耳、乃至肉團心，而是指微細難知的認識功能，有人說是類似今日醫學所說的視覺神經等。肉眼、肉耳等，佛法稱爲「扶塵根」，而微細難知的認識功能則稱爲「淨色根」或「勝義根」。所以，六根指的是淨色根或勝義根，而不是扶塵根。眼，是視覺功能，乃至舌是味覺功能。而身呢？身是皮膚的感覺功能，例如感覺冷、熱等功能。最後的意根則是能記憶、推理、判斷的功能。

色聲香味觸法是六根所認識的對象，叫做「六塵」或「六境」，它們一一對應於眼耳鼻舌身意。色塵是眼根所認識的對象，有青黃赤白的「顯色」，也有長短方圓的「形色」等等。聲塵是耳根所認識的對象；而香、味二塵分別是鼻、舌二根的認識對象。觸塵包括堅、濕、暖、動，乃至饑、渴等感覺，乃對應於身根而有。法塵則包括一切法，因爲任何法都是意根的認識對象。六根、六塵合起來叫「十二處」或「十二入」，它們是我人之所以有感覺、有認識的原因。我們依靠它們延續生命，也因爲它們而流轉、還滅。它和五蘊不同之處乃在五蘊是就心、物二分來說明有情，而十二處却着重在認識主體（六根）與客體（六塵）之間的關係來說明有情。

有情之所以生死流轉，乃因有情在見色、聞聲等認識當中起實有執、自性執。因此，要去除煩惱、「度一切苦厄」，必須了知我人所認識的無非是根、塵相對而幻生的假相。這是本經說「無眼耳鼻舌身意，無色聲香味觸法」的眞正本意。

把十二處說得更詳細的是「十八界」，也就是在十二處根、塵之外，再加上六識：眼識、耳識、鼻識、舌識、身識、意識。六識是由六根、六塵相對而引生的，例如眼根對色塵卽生眼識，乃至意根對法塵則成意識。這根、塵、識之「十八界」，也是從認識主體與客體之間的關係來說明有情的。佛陀希望我們透過十八界的深入觀察，了知它們之間的相對待性，進而證得如幻如化的空性。所以經上說：「無眼（根）界乃至無意識界。」佛說，如果能像觀自在菩薩一樣，以甚深的般若空慧，照見十八界皆空，那麼必能度一切苦厄。這從底下的故事可以看出來：一次，一個叫黑氏的梵志（出家人）手拿兩朶合歡梧桐花去供養佛。佛叫梵志放下，於是梵志放下了左手的梧桐花。佛又叫聲放下，梵志又放下了右手的花。最後佛又叫梵志放下，梵志大惑不解地說：「我已兩手俱空，還叫我放下個什麼？」佛說：「我不是叫你放下梧桐花，而是叫你放下外六塵、內六根、中六識。這樣一時放到無可放處，就是你放身命處！」（指月錄卷一）度一切苦厄的「放身命處」是人人欣求的，然而還是從放下根、塵、識這十八界入手吧！

「無無明，亦無無明盡；乃至無老死，亦無老死盡」是否定了「流轉的十二因緣」，以及「還滅的十二因緣」。「無明乃至老死」是流轉的十二因緣，而「無明盡乃至老死盡」是還滅的十二因緣（「盡」是斷盡的意思）；這兩種十二因緣，共二十四支，經文一一加個「無」字予以否定。十二因緣是：無明、行、識、名色、六入、觸、受、愛、取、有、生、老死。它們是說明衆生流轉生死與涅槃還滅的因果法則。有了無明卽有行，有行卽有識，乃至有生卽有老死；這是流轉生死的法則，所以稱爲「流轉的十二因緣」。斷了無明則斷了行，斷了行卽斷了識，乃至斷了生卽斷了老死；這是還滅涅槃的法則，所以稱爲「還滅的十二因緣」。

佛陀經過現實人生的觀察，發現有情之所以有「老死」等苦痛，乃因有「生」命的存在，沒有生就沒有老死；所以佛說「生緣老死」（以「生」爲緣而有「老死」的生起）。而有情爲什麼會有「生」命呢？什麼原因促使有情甘冒老死之苦痛，而繼續生存下去呢？這其中是自願的或不得已的？古來的許多哲學家、宗教家都試圖回答這個問題。而佛陀站在一切法都有原因的「緣起」立場，認爲「生」之所以爲「生」，乃因有情過去行爲的結果，此中自願的成分雖有，但却帶有極大成分的不得已、不自由。佛陀認爲，有情的行爲可以影響其目前以及將來的生活形態；有情生活的苦與樂、貧與富、幸與不幸等等，都決定在他個人當時或過去的行爲。佛陀這種「緣起」的思想，主要是反對當時印度傳統婆羅門教的有神論。婆羅門教高唱吠陀天啓、祭祀萬能、婆羅門至上這所謂「婆羅門三綱」，主張宇宙萬事萬物乃天神——大梵天所創造，人應該透過祈禱、祭祀等儀式，求取神的讚美而與神合一獲得解脫。佛陀出世，一反這種「祭祀萬能」之說，而力倡「諸法因緣生、諸法因緣滅」的「緣起」說，主張一切事物都有因有緣（不像天神乃一切之因，而天神自己却無因而生），而且，人應該替自己過去或現在的行爲負責，因爲人的幸與不幸都是自己造成的，而不是天神的意旨。十二因緣所要顯示的就是這種「自力」的精神。

因此，「生」之所以爲「生」，乃因有情過去的行爲的結果；可以說，有情前一刻的行爲隱隱之中成一「潛力」影響着下一刻的生活形態，而下一刻的生活形態所顯現出來的實際行爲，又影響下下刻的形態，如此卽構成了永無止息的生命鎖鍊。這種能够影響下一刻的行爲「潛力」，佛陀稱之爲「業力」，而十二因緣中則稱爲「有」。所以，「生」之所以爲「生」，乃因「有」支的隱隱潛力所致。

然而，這種潛力式的「有」支，無疑的是有情行爲的潛力。如果有情的行爲是智慧的行爲，有情的「有」支或生命，必然也是智慧的、合理的；但是，有情的行爲通常是帶有煩惱的，尤其是以自我爲中心的自私行爲，這就是所謂的「愛、取」兩支了。愛與取都是執着或圖想佔爲己有的意思，其間只有輕（愛）、重（取）之分而無實質的差別。因此，有情的「生」命「有」支，之所以必然地趨向於「老死」等痛苦，乃因有情盲目的、以自我爲中心的「愛」與「取」所致。

愛與取通常是有情爲改善自己的生命形態、生活方式而有的行爲，然而却反而添增自己更多，更無休止的生死煩惱；其中關鍵所在乃在有情的智慧不够，不能大處着眼，只一味地以自己爲考慮的焦點（我執）。

如果進一步追問有情何以會有愛、取，那麼佛陀一定會說那是因爲有情的認識器官（六入）與外界（六塵）接「觸」時，產生了苦、樂等感「受」，因此而有愛、取的執着。所以，六入、觸、受這三支是愛、取兩支的更根源性的說明。然而，六入、觸、受三支是有情認識外境的活動，這種活動必以我人身心爲場所，所以佛陀進而提出了識與名色兩支。「名」是精神的或心靈的作用，這些作用（例如思想）不是具體可見、可聞的，非要活動者（有情）用文字語言（名）表達出來，別人是不得而知的，所以稱爲「名」。而「色」指身心中物質的（肉體的）部分。因此，「名色」卽一般所謂的「身心」。有情以身心爲依、爲場所，而有六入乃至受的諸種認識活動，所以佛陀提出了「名色」支。而身心的「名色」，雖說心不離物、物不離心，精神與肉體是不可分割、不可獨存的，但是，一切的活動仍以精神爲主，肉體的行動——擧手低頭等，都是精神在發號司令，所以更根源的說明，在身心中應以精神的「識」爲主，所以佛在「名色」之上又提出了「識」支。然而，這只是說明的方便，不要以爲精神的「識」能與身心（名色）分離；經上說，識與名色「如二束蘆」，相依相持，不可分割。其實十二因緣的每一支都不可與其他任何一支分割開來；沒有離六入而有的觸、沒有離觸而有的受，也沒有離生而有的老死；說它有十二支只是爲了說明的方便。

如果再進一步追問：我人爲什麼會有識與名色？亦卽，爲什麼會有以精神爲主、爲導的身心？那麼這就非要說到前面說過的「業力」論了。有情的「行」爲通常帶有煩惱，這煩惱起因於對自己以及週遭環境的觀察不够（無明）。有情往往以「我」爲中心來思考一切事物，而不能更客觀、更廣泛地觀察一切，他不能了解萬事萬物都是相依相成的，不能像人類學家那樣作「全體性的」（holistic）觀察。這樣帶有煩惱、以自我爲中心的觀察，自然是帶有歪曲性、錯誤性的，佛稱爲「無明」（沒有智慧），表現在外的行爲也必然是不合理的行爲，佛稱爲「行」。這「行」就像前文的「有」支，能引生未來的生（老）死，也就是未來的生命體，此卽識、名色、六入等五支。所以無明與行是更根源性的說明，與愛、取（無明）、有（行）三支類似，只是無明與行更傾向於原則的說明而已。

也許有人會繼續追問：有情的「無明」怎麼來？這個問題是不可能有答案的！首先，十二因緣的提出，並非要解釋生命的起源（這是最容易被誤解的）；十二因緣似乎說從無明而有行，最後則有生命、有老死。然而，與其這樣地分割十二因緣，不如說：有情的任一個行動，都含有以無明爲主的十二支在內；例如當一個人正在殺生的時候，他必定有識、名色等身心的活動，必定有六入、觸、受的認識過程，必定有愛、取的煩惱在內，或更根本的無明、行在內，也必定有所造作（有支）在內，因此，也必定有生（命）、有老死在內（有情是刹那生、刹那老死的，最後的老死只是「大」死而已）。因此，與其把十二因緣分割式地、直線式地說明，不如將這十二支看做一個行爲的十二面，只是這十二面有重要、有不重要，有根本、有非根本的差別，以致必需依次序而說明罷了。有這樣地認識，就不會追問「無明」從何而來這個問題了，因爲十二因緣並不企圖回答這種生命起源的問題。事實上，任何這種問題的追問，不是不了了之，就是擡出類似上帝之類的創造者出來，這不是主張「諸法因緣生、諸法因緣滅」的佛法所樂見的結論。所以龍樹說：「若無明因緣更求其本，則無窮，卽墮邊見，失涅槃道，是故不應求，若更求則墮戲論，非是佛法。」（智論卷九十）

其次，更深一層地說，一個修習般若的菩薩在探求無明從何而來的時候，不得到答案則已，一旦得到答案，必定了知「無明」體相的虛妄不實；旣是虛妄不實，也就沒有再追問其從何而來的必要（事實上也不可能有答案）。所以龍樹說：「菩薩欲斷無明故，求無明體相；求時卽入畢竟空。」（智論卷九十）

更深入地說，了知無明體相虛妄不實、畢竟空，不但沒有再追問無明從何而來的必要，而且實際上已求得無明從何而來的答案！因爲，諸法虛妄不實、畢竟空卽是世界的眞相，旣是世界眞相，不就探求到無明乃至其他萬事萬物的本源問題了嗎？所以龍樹又說：「菩薩求無明體，卽是明，所謂諸法實相，名爲實際，觀諸法如幻如化。」（智論卷九十）

深入地觀察無明，卽知無明體相乃虛妄不實、畢竟空，此時卽得智慧（明），卽得諸法實相，而能度一切苦厄。其實，不但觀察無明會得到這種結果，觀十二因緣的任何一支也會得到虛妄不實的畢竟空，所以本經說「無無明，乃至無老死」。十二因緣是如幻假有的十二鎖鍊，對未解脫的凡夫，它能束縛他、牽引他上天堂、下地獄。然而對那些體悟諸法實相的解脫者，雖鎖鍊幻相仍在，却不能有實質的束縛與牽引，因爲其間沒有實自性的無明乃至實自性的老死，此所謂「落於因果而不昧於因果」，或所謂「但除其病、而不除法」，能致於此，關鍵乃在般若空慧。所以龍樹說：「諸法相雖空，凡夫無聞無智故，而於中生種種煩惱（無明、愛、取）。煩惱因緣作身口意業（行、有）。業因緣作後身，身因緣受苦受樂（識、名色、六入、觸、受、生、老死）。是中無有實作煩惱（無無明等），亦無身口意業（無行、無有），亦無有受苦樂者（無識等）。」（智論卷六）

以上是偏向於「流轉十二因緣」的說明。「還滅的十二因緣」也類似。了知無明體相卽是明，無明則滅；無明滅則行滅，乃至生、老死也滅；之所以能滅，無非是這十二支是虛幻不實的鎖鍊，就像夢中被縛而已。這就是「無無明盡，乃至無老死盡」；盡，卽滅也。

十二因緣的畢竟空，乃在告訴我們，有情的流轉生死（流轉的十二因緣）是虛幻不實的，而還滅解脫（還滅的十二因緣）也是虛幻不實的。沒有實自性的生死輪廻，也沒有實自性的涅槃解脫，一切只不過是如夢如幻的因緣起、因緣滅而已。生死、涅槃是如此，一切法何嘗不是如此！

經文再下來是「無苦、集、滅、道」。苦、集、滅、道是所謂的「四諦」或「四聖諦」，乃佛陀在鹿野宛對五比丘初轉法輪時的教法，也是佛法的中心所在。

四諦
- 苦諦 ┐
- 集諦 ┘ 現實的（流轉的）世間原理
- 滅諦 ┐
- 道諦 ┘ 理想的（還滅的）出世間原理

苦諦告訴我們現實的（流轉的）世間是不完美的、苦的（「諦」是原理、道理的意思）。集諦告訴我們世間苦之所以爲苦的原因（「集」合成苦的原因）。這二諦是就流轉的現實世間而說的；一個是事實的描述（苦諦），一個是原因的說明（集諦）。佛說，世間之所以爲苦、爲不完美，乃因有情無明的、帶有煩惱的行爲所造成的；用術語說，是由「惑」（無明、愛、取等）進而「業」（行、有），再進而「苦」（識，乃至老死等支）。這惑、業、苦三者，是苦、集二諦的具體說明，所以很多學者都把十二因緣放在集諦下來說明。

其次，滅諦告訴我們世間的流轉苦是可以止息的，惑、業這十二因緣是可斷盡的，此即寂靜的涅槃。而道諦則告訴我們止息苦痛、獲得涅槃的具體方法（無非是前文所說的「八正道」）。

這「四聖諦」是佛親口說的，是眞實不虛的，所謂「月可令熱，日可令冷，佛說四諦，不可令異。」（佛遺教經）然而現在却一一給予否定，說「無苦、集、滅、道」！衆生的苦是虛幻惑、業所造出來的虛幻果，就像前面智論說的：「是中無有實作煩惱，亦無身口意業，亦無有受苦樂者。」雖有苦、集的幻相，却無苦、集的實自性可得。同樣地，由虛幻「道」得虛幻「滅」（涅槃），沒有實自性的道與滅。菩薩以般若慧，觀四諦如夢如幻、了無自性可得，卽知生死、涅槃亦如夢如幻、了無自性可得，一切法都歸於一諦，所謂畢竟空。所以龍樹說：「聲聞人以四諦得道，菩薩以一諦入道；佛說四諦皆是一諦，分別故有四。」（智論卷八六）

經文最後說：「無智，亦無得。」智，是能證的智慧；得，是所證的眞理。所證的眞理，可以指空性，也可以指涅槃；換句話說，以能證的般若智慧，證入諸法畢竟空中以得涅槃。這能證的般若智與所證的空性與涅槃，都是虛幻不實的；所以大品般若說：「修般若波羅蜜如修虛空，如虛空中無般若波羅蜜。」（卷十四）龍樹也說：「一切法畢竟空，是畢竟空亦空。」（智論卷卅一）在畢竟空中，能證的般若智與所證的實相理是不可分別的，就像火焰與光明不可分別一樣。所以經文對智與得都加一「無」字否定它們。

從「是諸法空相，不生不滅……」一直到本段經文「……無智亦無得」，都在說明依「融相卽性觀」進而「泯相證性觀」所證入的空性。在這證入的空性當中，生滅、垢淨，乃至智得等諸法相都是虛妄不實的，都是空的，因此都一一加一「無」字予以否定。然而，我們一再的强調，本經所「空」、所「無」的只是諸法獨一、自主、常恒的「自性」，而不是外在宛然而有的假相。事物的生滅、垢淨、增減，乃至依十二因緣、四諦而有的流轉與還滅、生死與涅槃都是宛然存在的。一切雖畢竟空，却像電影中的人物、劇情仍有感人肺腑的實際作用存在。這是「不壞法相」、是

「但除其病，而不除法」的精神，也是「湼槃卽世間、世間卽湼槃」的精神。因此，一個般若的行者，應該像古人所說的：

修習空華萬行，宴坐月水道場，
降伏鏡裏魔軍，大作夢中佛事！

戊三　結顯空義

以無所得故。

經文只這麼五字，却隱含着無限深義！在前文第㈢節中，我們特別强調「空」不是方便手段，而是諸法實相；本句經文正是顯示此種深義。

在般若空觀當中，菩薩以智慧證得不生不滅乃至無智亦無得的空性；這似乎是說，不生不滅的空性，只是菩薩依智慧而證得的，不必一定是世界的本來面目。然而本經說，生滅、智得等諸法相，本來就空「無所得」，而不只是般若空觀的假想而已。所以智論說：「般若波羅蜜者，是一切諸法實相，不可破、不可壞。若有佛、若無佛常住諸法相法位，非佛、非辟支佛、非菩薩、非聲聞、非天人所作，何況其餘小衆生。」（卷四十三）又說：「摩訶衍空門者，一切諸法性常自空，不以智慧方便觀故空。」（卷十八）

菩薩觀空，主要是觀生死、涅槃的如幻假有，以便達到「不厭生死、不欣涅槃」的目的。從這一觀點看，空乃爲成全悲心而施設，因此多少帶有方便、手段的色彩。然而，從另一角度看，諸法實相就是空，菩薩雖爲成全悲心而觀空，然而最後却也成全了自己，使自己證入了畢竟空的諸法實相當中；所以「空」不再是一個方便的手段。然而，爲菩薩者，其悲心的顯發，不是爲求個己的證入實相、獲得涅槃，而是純粹爲悲心而悲心，爲度衆而度衆。所以智論說：「菩薩行善道爲一切衆生，此是實義；餘處說自利亦利益衆生，是爲凡夫人作是說，然後能行菩薩道。」（卷九十五）又說：「若自利益又爲衆生，是爲雜行。」（同上）因此，雖說觀空能令自己證入空性、獲得解脫，但這只是「恰巧」拾得的便宜，菩薩觀空的目的，還是爲成就悲心，達到「不厭生死、不欣涅槃」的目的；這是我們應該深深牢記的！

丁二　得般若果

戊一　得涅槃果——三乘共果

菩提薩埵，依般若波羅蜜多故，心無罣碍；無罣碍故，無有恐怖，遠離顚倒夢想，究竟涅槃。

本段的大意說：菩薩因爲修習般若空觀，最後則會得到究竟的解脫——涅槃。

涅槃是三乘共證的；小乘的聲聞、辟支佛固然要依般若而證得涅槃，大乘的菩薩也可以依般若而證得涅槃。所以本段經文的科判標明「三乘共果」，而經上也說：「是般若波羅蜜中廣說三乘，是中菩薩摩訶薩、聲聞、辟支佛當學。」（大品般若卷三）像這種「廣說三乘」、「三乘當學」的般若，古德稱之爲「共般若」。然而，是不是還有「不共般若」，唯菩薩能學的呢？就般若經來說，並沒有菩薩能學而二乘不能學的東西；然而，由於二乘人悲心不足，却有二乘人不願學而菩薩願學的東西。菩薩爲度一切衆生，不但要觀「我」空，而且要進而觀「法」空，尤其觀生死、涅槃皆空；而二乘人悲心不足，只觀我空，而不再進一步觀法空，這並不表示二乘人沒有能力觀法空，只是他們不願意而已。依般若經的看法，我、法是相依相成、相因相待的，要眞正證得我空，非要得法空不可。法不空而我能空那是不可能的。因此，小乘人不得法空，不是能不能的問題，而是願不願的問題。

小乘人證我空、入涅槃之後，不願進而觀涅槃等諸法空，所以小乘人把涅槃當做最極究竟的安息處。而菩薩了知涅槃也是空的，了知「若當有法勝於涅槃者，我說亦復如幻如夢」（大品般若卷九），因此，菩薩證得究竟涅槃，却不受涅槃所縛，而能够「從空出假」（通常是七地或八地的菩薩）。所以涅槃雖是三乘共證，然其意義却大不相同，這關鍵所在乃是般若的是否方便巧用（能巧用者古德卽稱爲「不共般若」）。因此經上說：「大悲般若力所任持，不怖法空，不證實際。」（大般若經卷五八七）

經文中的「菩提薩埵」，簡稱爲「菩薩」。菩提，漢譯成「覺」，亦卽成就佛道的智慧、方法；所以智論說：「菩提名諸佛道。」（卷四）「薩埵」譯成「有情」或「大心」；前者是一般所謂的衆生，而後者則特指具有堅忍不拔之精神的有情。因此，所謂「菩薩」可譯成「覺有情」或「覺大心」。就「覺有情」來說，有兩層意思：其一是「自己已覺悟的有情」，此時的「覺」是形容詞；其二是「能令他人覺悟的有情」，此時「覺」是動詞。所以，「覺有情」是「自覺、覺他的有情」。其次，「覺大心」是說那些能够自覺又能覺他的「大心」（堅忍不拔）的有情；因此，智論說：「薩埵名成就衆生，或大心。是人諸佛道功德盡欲得，其心不可斷不可破，如金剛山，是名大心。」（卷四）

經文的「罣碍」是牽掛、執着的意思；而最大的牽掛、執着莫過於身心中執有「我」、身心外執有「法」。所以罣碍卽是我執、法執。蓋執有實我、實法，卽有障碍，不能自在。

而罣碍是一切恐怖的原因。例如我們在身心中執有實我，對生命有所貪愛，則遇到危難必有恐怖；如果沒有我執，必能像僧肇法師那樣，臨刑前還高歌「將頭就白刄，猶似斬春風」！

這段經文以及底下一段，是修般若行所必然得到的結果；所以這兩段經文的科判叫做「得般若果」，而前面各段則稱爲「修般若行」。

戊二　得菩薩果——如來不共果

三世諸佛，依般若波羅蜜多故，得阿耨多羅三藐三菩提。

「阿耨多羅」譯爲「無上」，最高超的意思；「三藐」譯爲「正等」或「正」，正確無誤的意思；「三菩提」，又叫「三佛陀」，譯爲「正覺」或「徧知」，爲一切智慧所集的意思。所以「阿耨多羅三藐三菩提」漢譯爲「無上正等正覺」或「無上正徧知」，乃最高無上、正確無誤、無所不知的一種智慧，亦即佛智。在某些經論中，這種佛智有時候又叫「一切智」或「一切種智」。

本經說，過去、現在、未來的所有佛，都必須修習般若波羅蜜多，才能得到這種至高無上的佛智；因此經論中說，般若是「諸佛之母」。其實，般若就是佛智，只是般若通常還不够純熟、圓滿，屬菩薩所有，佛智最極圓滿，爲區別起見，不再稱爲般若而已。所以龍樹說：「是般若波羅蜜，在佛心中變名爲一切種智。菩薩行智慧求度彼岸，故名波羅蜜。佛已度彼岸，故名一切種智。」(智論卷十八)又說：「是般若波羅蜜，菩薩成佛時轉名一切種智，以是故般若不屬佛……但屬菩薩。」(同上卷四十三)

本段及上段經文都說修習般若會有所得——得涅槃或得佛智。然而經文再前一段却說「無智亦無得」。這似乎是矛盾的！般若經難解的地方也就在這裏，眞是朝三暮四的！然而，經文「無智亦無得」是指實自性的智、得，而這兩段經文的得涅槃、得佛智是無自性的、如夢如幻的得。所以智、得的幻相是有的，只是無自性罷了！就像空中飛鳥雖不留痕跡，却不能說它不曾飛過。所以

經上說：「無有義是菩薩句義……譬如鳥飛虛空，無有跡，菩薩句義無所有亦如是。」（大品般若卷四）

丙二　喻讚般若德

故知般若波羅蜜多，是大神咒，是大明咒，是無上咒，是無等等咒，能除一切苦，眞實不虛。故說般若波羅蜜多咒。

以上已經把般若的最中心，最重要的內容（般若體）解釋完畢了。本段經文則讚嘆般若的大功用，說它像大明咒、大神咒等等一樣的威力十足、能够去除一切的苦厄。最後則說，正因爲如此，我們才要說般若經、才要說底下一段的咒文。

「咒」譯爲「總持」或「眞言」。能全部地含持一切功德，故稱「總持」。就本經說，底下的咒語能全部地含持前面各段的意思，所以底下的咒語稱爲「總持」。「眞言」是眞實不虛之言；般若乃眞實不虛的故稱爲「眞言」。

「大神咒」是說這種般若波羅蜜多有大神力能除一切苦的意思。「大明咒」是說它能放大光明得大智大慧，斷盡無明煩惱。「無上咒」是說它是至高無上的咒語。而「無等等咒」則說它是無法與其他咒語比擬。這四種咒都是用來讚嘆般若的偉大。

乙二　曲爲鈍根說方便

即說咒曰：揭諦，揭諦，波羅揭諦，波羅僧揭諦，菩提薩婆訶。

有的人聽了上面的經文，可能仍然無法領會般若的眞正精神；有的人雖能領會般若的精神，却希望有一簡便的原則把握，以便處處依之修習般若；因此本經最後附加了「般若波羅蜜多咒」。這就像老師對那些不甚能了解的學生說：只要你們記住，活用某某原則，你們即可解答這個題目。這是咒語之所以稱爲「總持」的原因。然而，這畢竟是不得已的一個方便，所以科判說，這是「曲爲鈍根說方便」。所有般若行者，應該努力地去體會前面經文的精神，而不要只留在唸咒上面。

咒語古來是不解釋的，因爲它只是依音聲而令行者入定發慧的方便而已，重要的不在意義，而在熟誦。然而我們也不妨略解如下：揭諦是「去」的意思，「波羅」是「度」或「到（涅槃）彼岸」的意思，「僧」是「和合衆」（大家一同）的意思，「菩提」是「覺悟」的意思，「薩婆訶」是「速疾成就」的意思——它是許多咒語最後都有的。因此，合起來說，就是：去吧！去吧！去到彼岸吧，大家共同去到彼岸吧！願正覺地疾速成就！

也談「中期中觀哲學」

一、前　言

誠如「鵞湖」二卷七期吳汝鈞君所譯日人梶山雄一氏所作「中期中觀哲學」所說，印度中期中觀學大分為「歸謬論證派」（應成派）與「自立派」（自續派）二系❶，此是向來西藏學者所盛傳的；宗喀巴（十四世紀人）在其「菩提道次第廣論」十七——廿一中，曾極詳盡地介紹了此二派的思想。

吳君所譯梶山氏文（以下簡稱梶文）以清晰嚴密的筆調敍述了此二派的主張，並指出他們在論理上的困難，而其結論則是雙非的，他認為此二派皆未能暢述龍樹學的本意。

本文希望提出論據以說明此二派應以佛護、月稱的「應成派」較能闡發龍樹的本意，此是宗

❶應成、自續二名乃依法尊法師中譯的「菩提道次第廣論」（宗喀巴著，臺北新文豐版）而來。

喀巴的結論，亦是今人印順法師的主張❷。

二、排中律與第一義諦

梶文對於應成派的批評必須預設傳統邏輯的排中律（Law of Excluded Middle）；此容後再說，因此，我們有重新檢討排中律是否成立的必要，尤其在龍樹所說的第一義諦中（卽眞實的世界中，亦卽吳文所謂的「最高貴的眞實」中），我們更應該檢討它是否成立。

隨着康托（G. Cantor）集合論（set theory）的發展，傳統的亞里士多德邏輯也被熱烈地反省着，直覺主義（Intuitionism）的邏輯家，諸如 L. E. Brouwer, H. Weyl, A. Heyting 等人，都一致認爲排中律不是自明的，特別是當它應用在無限集合（infinite set）的時候，例如，當底下的(1)、(2)中的S是無限集合的時候，底下的排中律卽顯得不自明：

(一) 所有的S都是P；或：

(二) 並非所有的S都是P。

直覺主義者說：由於S集的無限，以致吾人將可能永遠無法知道(1)和(2)的眞假，因爲(1)、(2)中都是冠有「所有」一詞的全稱命題（universal proposition）——更精確地說，(1)是全稱命題A，

❷散見於他的「妙雲集」（臺北慧日講堂版）；尤其是其中的「中觀論頌講記」及「中觀今論」。

(2)是其否定句「非A」❸。

很湊巧地，在眞實的第一義諦中，龍樹亦有否定排中律的傾向❹，例如「中論觀涅槃品」有頌說：

如來滅度後，不言有與無，亦不言有無，非有及非無；
如來現在時，不言有與無，亦不言有無，非有及非無。

另外，觀三相品第三一，三二頌，觀有無品第五、六、七頌，觀成壞品第十六頌，以及上引頌文的前面數頌，都有類似的說法。這些頌文似乎只說到第一義諦之中沒有「有」，「無」（非有）的差別，但就龍樹的本意看來，凡是互相觀待的概念（不一定非要矛盾不可），諸如生與滅、斷與常、一與異、來與出，乃至是非、善惡、美醜等等，都在否定之列；排中律的不成立，在第一義諦當中是具有普遍有效性的，因此，龍樹說：

若法因待成，是法還成待，今則無因待，亦無所成法；
若法有待成，未成云何待，若成已有待，成已何用待！（破然可然品）

---

❸有關直覺主義者的邏輯請參看 A. Heyting's *Intuitionism, an introduction* Chap. VII. North Holland Pub. Co., 1966.

❹事實上第一義諦中所有世俗智都用不上，不僅限於排中律。

顯然，龍樹較直覺主義者，更是澈底的反排中律者！

三、歸謬論證與排中律

常識中的歸謬論證（reductio ad absurdum）是：從某一命題如果可以導出矛盾，那麼此一命題卽爲假，因此，歸謬論證有底下兩個可能的形式：

(一)從A可導出矛盾，因此A假；

(二)從「非A」可導出矛盾，因此「非A」假；

如果排中律成立的話，「A假」卽等於「非A」（眞）；而「非A假」卽等於「非非A」，又等於A，因此，預設排中律的傳統邏輯中，(1)的最後是「非A」，而(2)的最後則爲A。但是，如果像龍樹那樣反排中律的話，A假僅僅是A假，決不可說是「非A」眞；類似地，「非A」假也不能說是A眞。很湊巧的，直覺主義者的邏輯中，A與「非非A」（非A假）也是不相等的。❺龍樹和直覺主義者都是常識主義者，在他們的體系中，決沒有玄之又玄的形而上假設。

❺詳見❸所引參考文獻頁一〇〇。

四、小結

這樣地了解排中律及歸謬論證法，即可發現：佛護和月稱等應成派，並不如梶文及其他反對者所說的那樣困難重重。梶文說：由於佛護的歸謬論證中有一個前提是「事物的生起是無用的」，因此佛護卽(可能)間接主張「事物的生起是有用的」❻；其次，由於佛護的歸謬論證得到結論「事物不由自體生」，因此佛護卽間接主張「事物由其他東西而生」。顯然，梶文認爲「無用」的否定就是「有用」，而「自生」的否定就是「他生(或共生、無因生)」；但是，這樣認爲必須預設傳統邏輯中的歸謬論證，也就是說，必須預設排中律的。

其次，梶文說佛護的四個歸謬論證法可能產生「不由自體生」與「不由不是自體的東西生」(非不由自體生)的矛盾；這是因爲佛護從四生的假設一個個地導出矛盾的關係。事實上，從「自生」導出矛盾固然可以得到「不由自體生」的結論，但是從「他生」、「共生」乃至「無因生」的導出矛盾，我們充其量只能得到「非他生」、「非共生」、「非無因生」的結論；從這三者我

❻梶文並沒有說明佛護何以有此間接的主張，筆者猜測其原因是依於一條邏輯原理：由二前提導出矛盾，則此二前提必有一爲假。如此，佛護的論證既可導出矛盾，而「事物的生起是無用的」又是前提之一，故此前提可能爲假；再依排中律，「事物的生起是有用的」卽爲眞。

們並得不到「非不由自體生」的，除非預設傳統排中律的成立。

甚至也有人說，所謂四生僅僅是劃分實有自性凡夫的執着，四生並未窮盡所有的生起現象，四生之外還有一種「緣生」❼；緣生才是龍樹或佛教所要主張的生，如此一來，四生的否定僅僅爲了顯出緣生的道理，有何矛盾可言！如果連緣生也否定那才會產生梶文所說的矛盾呀！

總之，龍樹的論證不完全是傳統式的，但也決不能像梶文那樣把它看做是謬誤的或僅僅是辯證法，我們可以說，龍樹乃站在第一義諦的立場，修正了某些世俗現象中所能修正的觀點（例如否定排中律、修改歸謬法），但却仍然相當尊重世俗中的理性；他希望能透過這種修正後的世俗智，了解到世俗的眞相，進而引導我們進入眞實的第一義諦，因此，他說：

諸佛依二諦，爲衆生說法，一以世俗諦，二第一義諦；

若人不能知，分別於二諦，則於深佛法，不知眞實義；

若不依俗諦，不得第一義，不得第一義，則不得涅槃！（觀四諦品）

五、清辯的困難

清辯等自續派認爲因明的論式可以成立自宗。因明的論式，如梶文所說的，本質上是亞里士

❼詳見印順法師的「中觀論頌講記」頁六二——六三。

多德的定言三段論（的一部分）。定言三段論及其他非歸謬式的「直接推論」（direct inference）有一特色是：唯有前提是敵我雙方共同認可的命題，才能達到「悟他」（說服敵者）的目的；用術語說，那就是因支必須具有「徧是宗法性」而喻支必須不是「無合」，不是「倒合」的。然而，這種最起碼的要求，在清辯的論式中都無法成立。

定言三段論（及其他演繹邏輯 deductive logic） 的最大特色是：結論所能告訴我們的消息決不超過前提所能告訴我們的。因此，如果前提僅僅是世俗諦的命題，那麼結論決不可能是勝義諦的；前提如果是不空論者所認可的，那麼結論也必須是不空論者所認可的。這樣一來，如果立量者是一個性空論者或是站在勝義立場，而敵者却是不空論者或世俗中人，那麼，立量者如何可能找到一個敵我共許的因、喻？敵我共許的因、喻必須既是性空又是不空的，或必須既是勝義又是世俗的，這樣的因、喻是不可能找到的！清辯企圖用因明的論式正面的、直接的告訴敵者一些自宗的道理，但是，敵我之間沒有共同的語言，沒有共同的預設，沒有共同依靠的「悟境」，這種「悟他」法註定要失敗的！

此是總說，如分別說，宗喀巴的「菩提道次第廣論」卷二一引述月稱的「明句論」（明顯句論、明晰的語言）說：清辯的論式犯了宗不成，因不成、喻不同等過錯。例如站在第一義諦的人可能立量說⑧：

⑧此例出自「菩提道次第廣論」卷二一頁十七，新文豐版。

宗：諸種物質體都不是自體生的（色處無自生）。

因：諸種物質體都是眼見存在的（有故）。

喻：凡眼見存在的都不是自體生的（如現前瓶）。

由於立量者站在無顛倒的第一義諦，因此他所了解的宗有法「物質體」（色處）也一定是空無自性的色處，但是，敵對的世俗中人所了解的「物質體」却是錯亂眼識所認識的實有色處。「物質體」成了歧義的名詞；敵我之間並沒有極成共許的宗有法（卽小詞minor term）。類似的情形也發生在因支上面，因此，明句論說：「若許破生爲所立法，爾時眞實所依有法，唯是顛倒所得我事，悉皆失壞是此自許，倒與非倒互相異故……如是顛倒與不顛倒而相異故，無顛倒位其顛倒事皆非有故，豈有世俗眼爲有法，是故宗不成過及因不成過仍未能遣。」（同❽）

又如清辯在「大乘掌珍論」卷上對唯識家立了一量說❾：

宗：在勝義諦中，有爲法是空的（眞性有爲空）。

因：有爲法都是因緣生的（緣生故）。

喻：凡因緣生的都是空的（如幻）。

儘管唯識家可能會承認「有爲法是因緣生的」因支，但他們決不會承認「如幻」的喻支是恰

❾此例引於印順法師的「中觀今論」頁五〇。清辯的原文是一首頌，此例是前半頌：眞性有爲空，如幻緣生故；無爲無有實，不起似空華。

當的。幻象在唯識家看來是不空的（雖然它是緣生的），因爲幻象是由幻師（魔術師）利用各種材料所幻化出來的。幻化出來的車馬可以是空的（喻如偏計執），然而幻師與材料却不可是空的。幻師與材料是「依他起性」（生無自性性），受着因果律的支配，依他起是不空的。因此，解深密經說：「譬如幻象，生無自性性當知亦爾。」

既然幻象是不空的，那麼「如幻」的喻支就犯了「所立法不成」過，換句話說，「凡因緣生的都是空的」喻支，唯識家並不承認它的正確性。

六、總　結

「空」或「無生」、「無自性」等不應該被視爲論理上或哲學上的一個主張；這些概念或命題只能看做是破除「有」或「有自性」的暫時手段，一旦「空」等被視爲一種主張而緊緊把持着，「空」卽成了被破的對象。這在龍樹的「中論」中說得很清楚：

大聖說空法，爲離諸見故，若復見有空，諸佛所不化！（破行品）

這樣地了解「空」，「空」卽不能像清辯那樣做爲論理上的自家主張，空是爲了破有而立的，一旦「有」被破了，「空」也失其所空，何須別立一個「空」法！金剛經說：「說法者，無法可說，是名說法！」應成師也說：「觀勝義時，若許無性或以無生爲所立者，則須受許自續宗因；

然不許彼，故無過失。」⑩

像清辯那樣過分强調「空」性在論理上或哲學上的意義是非常危險的，因爲那會使人走向「偏空」或「斷滅」的死路；而緊接着反響則是：「空」不是了義的！像天臺家那樣地以龍樹學自居，都需要在空、假二諦外另立一個「圓融的」中諦，更無怪乎宋儒的出佛入儒了！這與「空」理在中國的不正常發展難道無關嗎？

今天，當龍樹學重新被熱烈討論着的時候，我們應該還龍樹一個平實素樸的面目！「空」不是執着的對象，「第一義諦」也決不是高不可就的！別忘了龍樹的教誨：「若不依俗諦，不得第一義！」「涅槃與世間，無有少分別；世間與涅槃，亦無少分別！」（觀涅槃品）如此說來，出世有何可貴？入世有何可懼？離開世俗又有何涅槃可求？

⑩「菩提道次第廣論」卷二〇頁九。

中國早期的般若學

一、中國早期佛教的特色

佛教傳入中國，遠在西漢末年。「三國志」裴注，曾引述魚豢所撰之「魏略西戎傳」說：「昔漢哀帝元壽元年，博士弟子景盧，受大月氏王使伊存，口授浮屠經。」這是說，西漢哀帝元壽元年，西元前二年，大月氏國王派遣使節伊存，口授佛經（浮屠經）給我國的景盧。

然而，最初傳入中國的佛法，做爲「齋戒祭祀」者多，做爲義理之研究者少。後漢書本傳說，漢光武帝之子楚王英，「晚節更喜黃老，爲浮屠齋戒祭祀」。這可見佛法的初傳，是被看做與「黃老」相同的祭祀方術。而慧皎的「高僧傳」，對早期來華的西域高僧，也多描述爲精通祭祀方術之士。例如，描述安清（安世高）時說：「七曜、五行、醫方、異術，乃至鳥獸之聲，無不綜達」；描述康僧會時說：「天文圖緯，多所綜涉。」（以上皆見高僧傳卷一）這些文獻的點滴記載，都證明早期的中國佛法，是與黃老之術合一的方術之學。梁啓超說得好：「楚王英楷時代，蓋以佛教與道教同視，或逕認爲道教之附屬品，彼時蓋絕無教理之可言也。」（「佛學研究十八篇」第八）這批來自異域的高僧，對於純正佛法的傳佈也許沒有什麼供獻，甚至有所阻礙，但却對佛法的宗教信仰面，打下了牢固而深遠的基礎。他們帶來了新的科學知識，堅定了中國人對佛法的好感和信心。這和十六世紀以來的基督教傳教士，在傳佈新知識方面，有其相似之處，然其影響却不可比擬。因爲，十六世紀以來的傳教士，挾其洋槍大砲，「主臨萬邦」，却以帝國主義者的姿態打家刼舍、毀寺拆廟；而古代的西域高僧，雖仍然以方術等新知識來吸引中國人，却是和藹慈祥，以德服人。其間差異，可謂天壤之別！

正因爲初傳之佛法，做爲「齋戒祭祀」者多，做爲義理研究者少，因此，不但諸多高僧被視爲方術之士，就是在教義方面也被列入「道書之流」。例如，「後漢書」西域傳論就說：「至於佛道神化，與自身毒（印度）……漢自楚英始盛齋戒之祀，桓帝又修華蓋之飾。將微義未譯，而但神明之邪。詳其清心釋累之訓，空有兼遣之宗。道書之流也。」查，後漢書的作者是南朝的范曄，乃活躍於五世紀中葉的學者，他所說的「淸心釋累」「空有兼遣」，屬於「道書之流」的佛法，應指流傳於當時或稍早的安世高禪學以及支讖、支謙的般若學；它們都是最初傳入我國的佛法，也與老莊思想或道家方術密切結合。

安世高，東漢建和元年，西元一四七年來華，譯出佛說大安般守意經、陰持入經等禪門經典。就安般守意經來說，那是闡明「數息觀」的一種禪經。按，安般，全譯爲「安那般那」或「阿那波那」，梵文是 Anāpāna 就是「數息觀」。安般守意經說：「安名出息，般名入息。」俱舍論卷二十二說：「言阿那者，謂持息入，是引外風令入身義。阿波那者，謂持息出，是引內風令出身義。」而大乘義章卷十二則說：「安那般那，觀自氣息，繫心數之，勿令忘失，名數息觀。」也就是說，在靜坐中，把注意力集中在自己的呼吸上面，而出息叫「安」，入息叫「般」。這樣的禪觀，無疑地，很容易和中國本有的方術，像道教的食氣、胎息、或吐納相結合。吳，陳慧所撰之「陰持入經注」，就曾以道教的「元氣」等名詞，來注解「五陰」；如說「五陰種，身也。身有六情，情有五陰……滅此生彼，猶谷種朽於下，栽受身生於上。又猶元氣，春生夏長，秋萎冬枯。百谷草木喪於土上，元氣潛隱稟身於下……。」而經題的「陰」字，更直取道家「陰陽」一詞中的「陰」字。

那麼，支讖、支謙所傳的般若學呢？不必說，它更與魏晉南北朝的玄學密切地結合，以致於不可分割。

東漢和平元年，西元一五〇年，支讖（支婁迦讖）來華後，隨即譯出了「道行般若經」十卷。接着，支讖的再傳弟子，支謙，又譯出了「大明度經」六卷。這是兩部最早譯成中文的般若經。隨後，又有放光般若、光讚般若，乃至摩訶般若鈔等般若經的譯出，使得般若學盛極一時，成了這一時期佛教義學的特色。在這時期，對於般若學的研究，相傳有「六家七宗」之多。按，「六家七宗」一詞，出自陳朝慧達所著之「肇論序」。唐，元康所著之「肇論疏」，曾解釋這一詞說：「宋，莊嚴寺釋曇濟，作『六家七宗論』，論有六家，分成七宗。第一本無宗，第二本無異宗，第三卽色宗，第四識含宗，第五幻化宗，第六心無宗，第七緣會宗。本有六家，第一家分爲二宗，故成七宗也。」（大正四五、一六三）這是說，六家是：本無家、卽色家、識含家、幻化家、心無家、及緣會家。而七宗則是把本無家分成本無及本無異兩宗，其他五家保留，卽成七宗。依據湯用彤在其「漢魏兩晉南北朝佛教史」第二分第九章的考證，這六家七宗的代表人物是：(1)本無宗，道安；(2)本無異宗，竺法汰、竺法深；(3)卽色宗，支道林、郗超；(4)識含宗，于法開、于法威、何默；(5)幻化宗，道壹；(6)心無宗，支愍度、竺法蘊、道恒、桓玄、劉遺民；(7)緣會宗，于道邃。

就筆者的考察，這六家七宗的般若學，玄學化的程度極深，幾幾乎喪失了印度般若學的眞精神。從早期這些般若學者的作品當中，我人就可以了解到：爲什麼極具積極入世精神的大乘般若學，傳入中國後，成了後代那種煩瑣的、學院式的、消極出世的學風了！

二、般若經的一般思想

般若經所闡揚的，無非是個「空」字。空，是否定色心諸法的眞實性（自性）。道行般若經對於色心諸法之空幻，有底下的一段問答說明：「幻與色有異無？幻與痛痒思想生死識有異無？須菩提報佛言：爾天中天！幻與色無異也，色是幻，幻是色；幻與痛痒思想生死識等無異。」（大正八，四二七）依般若經的立場，不但色心諸法都是空幻，甚至連至尊至貴的佛陀和涅槃（滅度），也與凡人一樣地空幻不實；如說：「諸天子復問：乃至佛亦如幻如人乎？曰：乃至滅度亦如幻如人。諸天子言：滅度亦復如幻如人乎？曰：設使有法過於滅度者，亦復如幻如人矣！善業告諸天子：是幻、是人、泥洹（滅度或涅槃）皆空，俱無所有。」（大明度經；大正八，四八三）從道行、大明度這兩段經文看來，般若經的「空」，是無所不空的！這就是大明度經所說的「本無」或「本空」。這種「無」或「空」，是什麼都否定的「無」和「空」；當一切都空無了之後，空無也在否定之列；所以大明度經又說：「一切皆本無，亦復無本無……是爲眞本無。」（大正八，四九四）

考「無」之一詞，乃道家的用語，一向被視爲宇宙的根源；如說：「無，名天地之始。」（道德經）「何晏、王弼等，祖述老莊立論，以爲天地萬物皆以無爲本。」（晉書王衍傳）然而，道行、大明度等般若經中的「無」和「空」，却是遮遣詞（否定詞），不可視爲宇宙本源的實體詞，亦即不可視爲從「無」可以生起萬有的那種道家式的「無」；這從「一切皆本無，亦復無本無」一詞，卽可看出。般若經的「無」或「空」，是「因緣生」的意思；如說：「諸法和合因緣生，法中無自性，若無自性，是名無法。」（大品般若卷二十四）在「因緣生故無」的這種定義下，般若經的「無」，當然不像道家那種能够做爲「天地之始」的「無」了。

至於「無」的宗教功能，依般若經說，它能使一個修習菩薩道的人「不厭世間苦，不欣涅槃樂」；如說：「修學甚深般若波羅蜜多，不爲厭離生死過失，不爲欣樂涅槃功德。」（大般若經卷五七四）這是修學菩薩道時，大無畏的、積極入世的精神顯露。然而，也許是早期般若學的過分玄學化，也許是當時般若經論傳譯得不够（大品般若、大般若都是較晚的譯本），以致我們只看到它那煩瑣的、詭辯的學理，却無法看出它有什麼積極入世的功用！（卽使有，也只限於和當時寄生於貴族階級的清談之士的來往。）

三、彌天道安的本無思想

本無宗的代表人物是彌天道安（西元三一二——三八五）。道安曾爲陰持入經、道地經等作註，可以說是出入於安世高禪法與般若學之間的人物；一般相信，他早年熱衷於安世高的小乘禪，晚年則宗重支讖、支謙的大乘般若。他對「本無」的主張，已無第一手資料可考，却可以從後人的作品中窺其一二。例如，隋朝吉藏的「中觀論疏」卽曾說：「一者釋道安明本無義，謂無在萬化之前，空爲衆形之始。夫人之所滯，滯在末有，若宅心本無，則異想便息。」（大正四二，二九）而「名僧傳抄」曇濟傳，也曾引述曇濟所撰之「七宗論」說：「（曇濟）著七宗論，第一本無主宗曰，如來興世，以本無弘教……夫冥造之前，廓然而已，至於元氣陶化，則羣像稟形，形雖資化，權化之本，則出於自然。自然亦爾，豈有造之者哉！由此而言，無在元化之前，空爲衆形之始，故謂本無，非謂虛豁之中能生萬有也。夫人之所滯，滯在末有，宅心本無，則斯累豁矣。夫崇本可以息末者，蓋此之謂也。」在吉藏和曇濟的作品中，我人都看到了道安的一個重要主張，那就是：「無在萬化（元化）之前，空爲衆形之始」。而在曇濟的作品中，我人還看到另一重要的文句，那就是：「非謂虛豁之中能生萬有也」。這後面一句，雖然否定了「無」能生起萬有，因此也與道家那種能爲「天地之始」的「無」區分開來；但是，第一句，乃至曇濟的全文，都從宇宙生起論（存有論）的觀點來論「無」。這樣的「無」，能逃過道家「無」的嫌疑或誤解嗎？

本無家的異宗，以竺法琛（深）、竺法汰爲代表，他們所說的「無」，更是道家化的、玄學化的、能生萬有的「無」；如說：「琛法師云，本無者，未有色法，先有於無。故從無出有，即無在有先，有在無後，故稱本無。」（吉藏「中觀論疏」；大正四二，二九）「復有竺法深即云，諸法本無，壑然無形，爲第一義諦，所生萬物，名爲世諦。故佛答梵志，四大從空而生。」（安澄「中論疏記」；大正六五，九三）這樣的「無」和道家那種「天地萬物皆以無爲本」的「無」，並沒有什麼實質上的差別了。

總之，如果從「因緣生故空」的般若經觀點來看本無宗的思想，本無宗的「無」，是道家的

「無」，而不是般若經所說的「無」！

四、竺法蘊等人的心無義

心無宗的代表人物是竺法蘊（溫）等人。吉藏的「中觀論疏」曾作這樣的介紹：「溫法師用心無義。心無者，無心於萬物，萬物未嘗無。此釋意云，經中說諸法空者，欲令心體虛妄不執，故言無耳。不空外物，即萬物之境不空。」（大正四二，二九）這是說，外在的萬物並不是空幻不實的，但是，只要我人「令心體虛妄不執」，也就是不讓虛妄的心念生起執着，那麼外境卽成空幻不實的「無」。所以安澄的「中論疏記」也解釋心無義說：「經所謂色爲空者，但內止其心，不滯外色，外色不存，餘情之內，非無如何？豈謂廓然無形而爲無色乎？」（大正六五，九四）這樣的「空」，顯然也與般若經所說不合。諸法「因緣生」，故空。——般若經的這種「空」，是諸法的本性，並不是透過修行者的「內止其心」或「智慧方便」才變成空的。所以，大品般若經的註釋——龍樹菩薩的「大智度論」卷十八說：「摩訶衍空門者，一切諸法性常自空，不以智慧方便觀故空。」而卷四十三也說「空」是：「若有佛，若無佛，常住諸法相法位。非佛，非辟支佛，非菩薩，非聲聞，非天人所作，何況其餘小衆生！」這再再說明，「空」並不是我人把不空的外境觀爲空，而是萬法的自性本來就是「空」。在中國，甚至稍晚的僧肇，也知道心無宗的這種錯誤，所以他批評說：「此得在於神靜，失在於物虛。」（「肇論」不眞空論第二）而明朝的憨山大師，在其「肇論略注」卷二則注釋說：「以心不附物，則不被外境搖動，故得在於神靜。以不了萬物緣生性空，故失在於物虛。以心空境有，非中道也。」這正可說明心無宗不從「因緣生」來解釋「空」的錯誤。

五、卽色、識含、幻化、緣會義

卽色乃至緣會等四宗的共同主張是：「色不自有，雖色而空」（萬法並不是自己存在的，而是有因有緣才存在的，所以萬法皆空）。就這一共同的主張，四宗却有各自不同的理由。

卽色宗的代表人物是支遁（支道林）。文才的「肇論新疏」曾說：「東晉支道林，作卽色游玄論……彼謂青黃等相，非色自能，人名爲青黃等。心若不計，青黃等皆空。以（此）釋經中色卽是空。」（大正四五，二〇九）這是說，外色之所以不空，乃因我人內心的顚倒計度。而安澄的「中論疏記」，有更詳細的說明：「其製卽色論云，吾以爲卽色是空，非色滅（而後）空，斯言矣。何者？夫色之性，不自有色。色不自有，雖色而空。知不自知，雖知恒寂。然尋其意，同不眞空，正以因緣之色，從緣而有，非自有故，卽名爲空。不待推尋破壞方空。」（大正六五，九四）安澄的說明分成兩段：「其製……非自有故」是引述支遁的主張——「卽色是空，非色滅空」，亦卽，外色的空幻，並不是把外色泯滅了，它才變成空幻，而是卽外色的本性而空的。然而，引文中並不曾說明外色之所以空幻的理由。「然尋其意」以下，就是安澄對其理由的猜測，大意是：外色之所以空，是因爲外色都從因緣所生。安澄的猜測如果對的話，那麼，支道林的卽色義，應該是合於般若經「因緣生故空」的本義。這是在六家七宗當中，唯一稍與般若經相合的一家！然而，如果依文才的解釋——「心若不計，青黃等皆空」，那麼，支遁的卽色義，其實仍然不脫心無宗的錯誤，因爲它仍然有「外色不自空，却依『內止其心』的觀力而空」的嫌疑。

識含宗的代表者是于法開。安澄介紹說：「于法開著惑識二諦論云，三界爲長夜之宅，心識爲大夢之主。若覺三界本空，惑識斯盡，位登十地。今謂其以惑所覩爲俗，覺時都空爲眞。」（中論疏記；大正六五，九四）這是把凡夫所見，視爲「有」之「俗諦」；把解脫者所見，視爲「空」之「眞諦」。換句話說，凡夫所見的萬法都是不空的「有」，只有聖者所見才是「空」。這種主張，就修證的實際情形固然不錯，但作爲萬法皆空的說明或理由，却有違般若經的本義。般若經以爲「一切諸法性常自空」，此「空」「非佛，非辟支佛，非菩薩，非聲聞，非天人所作」（詳前）。依此，「空」並不是只有聖者才有，凡夫位的萬法也無非是「空」才對。

道壹的幻化宗呢？安澄說：「釋道壹著神二諦論云，一切諸法皆同幻化。同幻化故名爲世諦，心神猶眞不空是第一義。若神復空，敎何所施，誰修道？隔凡成聖？故知神不空。」（中論疏記；大正六五，九五）這是境空心（神）不空的一流，顯然與般若經那種色心乃至泥洹皆空的本義不合。

最後，于道邃的緣會義，雖與般若經「因緣生故空」的本義稍合，但却有成實論那種「拆法明空」（吉藏「三論玄義」語）的嫌疑；如說：「緣會故有是俗，推拆無是眞。譬如土木合爲舍，舍無前體，有名無實。」（安澄「中論疏記」；大正六五，九五）這樣地「拆法明空」，與般若經那種不必「推拆」即空無的原義，顯然並不相合。

六、結　論

佛法，與其他文化一樣，會隨着時代與地域而流變；這是有爲法的特色，不值得驚怪。然而，正因爲它會隨着時空而流變，因此也可能喪失佛陀立敎的本懷。如果成佛的目標是固定的一個方向，那麼，稍微的差謬，即可能「失之千里」而落入外道。

兩漢的佛法是「齋戒祭祀」之流，是「道書之流」，盡失佛陀原義。魏晉南北朝的佛法是「清談之流」、「玄學之流」，即使像道安這樣的一代高僧，也沒能體會般若經那種「不厭世間，不欣涅槃」的眞精神。像這種方術的或「格義」的佛敎，使得中國佛法一開始就顯得先天營養不良，以致流變而成「大乘心，小乘行」（太虛大師語）的現今佛法！

這情形要到鳩摩羅什（西元四〇一年來華）的譯經工作展開之後，才稍稍有所改善。不過，那應該屬於第二期的佛法，已經超出本文所要討論的範圍了。

唯識的思想

一、唯識思想之源流

以四阿含經爲代表的原始根本佛法，乃大、小乘一切經論的本源，却有着濃厚的重「心」傾向；無明乃至老死等十二支的業果緣起論，卽是這種傾向的最佳說明；心或識，成了佛法中最重要的概念之一。瑜伽宗，卽是此一重「心」思想的集大成者。

部派興起後，心或識在佛法中愈加顯得重要；這主要是根本佛法中的「無我論」與「業果輪廻觀」之間，似乎存在着難以自圓其說的矛盾。經上處處說到「有業報、無作者」；許多論典也以燈焰、水流爲喻，來說明不必預設「我」，亦能維繫業果於不斷。然而，這種「不必任何主體（我），卽可承受業報」的思想，到底難以爲一般凡夫外道所信受，人們仍禁不住地追問：如果沒有不變的「我」，那麼誰在造作？誰在輪廻？誰在記憶？誰在修道？誰在解脫？——部派佛敎以心識為主的「有我論」，就在這一連串的追問下應運而生了。

部派佛教的小乘學者們，承繼根本佛法重「心」的傳統，深入探討心識在「無我論」與「輪廻說」之間可能扮演的角色，最後他們紛紛提出底下的主張：「一種微細難知的心識或五蘊，是我人輪廻諸趣的主體」。這種輪廻之主體、微細難知的心識或五蘊，學界一般稱為「細心」、「細意識」或乾脆稱之為「我」（以別於原始聖典中的無我思想）。

部派學者們的「有我論」，品類雖多，然不外底下兩種形式：

（一）做為輪廻主體、業力貯藏所的「我」

這包括說轉部的「一味蘊」（相對於死後即不能相續的「根邊蘊」）、「勝義補特伽羅」，上座部經分別論者的「有分識」，化地部的「窮生死蘊」等❶，以及犢子部的「不可說我」。此中最明顯，因此所受批判也最嚴厲的「有我論」者，莫過於犢子部的學者。底下是世友之「異部宗輪論」對其思想的描述：

其犢子部本宗同義，謂補特伽羅（我）非即蘊離蘊，依蘊、處、界假施設名。諸行暫住亦有刹那滅；諸法若離補特伽羅，無從前世轉至後世；依補特伽羅可說有移轉。

明顯地，犢子部提出「我」（補特伽羅）的目的，乃因為世間眼見一切都是生滅無常的，即

❶詳見「成唯識論」卷三或窺基之「述記」卷廿一。

使眼等六識乃至肉體亦無非「暫住亦有剎那滅」。這些暫住無常的身心，是不可做爲業果之依持者的，因爲隨着它們的消散，業果也會跟着喪失。爲了建立起確定不移的業果輪廻說，犢子學者就這樣提出了一種既非五蘊亦非離五蘊的「補特伽羅」來做爲輪廻的主體。

(二) 一切身心所依的「我」

這主要指的是大衆部的「本識」論。大衆部的學者主張，我人身中有一微細難知的細心，它是一切精神作用、一切認識功能的所依。異部宗輪論有底下的描述：

此中大衆部、一說部、說出世部、鷄胤部❷本宗同義，謂四部同說……五種色根肉團爲體，眼不見色、耳不聞聲、鼻不嗅香、舌不嘗味、身不覺觸……如是等是本宗同義。此四部末宗異義者，心遍於身，心隨依境卷舒可得……

這段論文，前半是大衆部本宗的主張，後半則是其末流的說法，將這兩段合說卽是：眼等五根是不能起認識作用的（因爲它們只是肉團而已），由眼等五根生起五識的認識作用，必須依靠遍於身體、執持根身的細心才能生起，這在無着的「攝大乘論」及玄奘糅譯的「成唯識論」說得很清楚：

於大衆阿笈摩中，亦以異門密意說此名根本識，如樹依根。（奘譯攝論所知依章）

❷一說部、說出世部、鷄胤部都是大衆部的子部。

謂大衆部阿笈摩中，密意說此名根本識，是眼識等所依止故，譬如樹根是莖等本，非眼等識有如是義。（成唯識論卷三）

二、唯識何為？

遠承根本聖典之重「心」傳統，近納部派佛教之兩種不同意義的「有我論」，唯識學者結集、發展出代表其思想的經論，它們是：解深密經、楞伽經、密嚴經、厚嚴經、瑜伽師地論、辯中邊論、攝大乘論、佛性論、唯識二十頌、唯識三十頌等，年代約在佛後七〇〇年、紀元三〇〇年間；而玄奘將十大論師（主要是護法）的思想糅譯而成的「成唯識論」，則代表後期唯識，傳入中土的傳統。

唯識學者一方面吸取部派佛教的兩種「有我論」，另一方面則提出阿賴耶識❸、種子識、阿陀那識或藏識等名詞，來取代部派佛教中所慣用的諸種細心或「我」。因此，阿賴耶等這些新名詞，雖扮演着新的角色，然而却仍然帶着舊部派的色彩，那就是：阿賴耶等，一者是輪廻、記憶

❸「阿賴耶」一詞部派時期之上座部經典中已本有；例如攝論（所知依章）曾說：「聲聞乘中亦以異門密意已說阿賴耶識，如彼增一阿笈摩說，世間衆生愛阿賴耶、樂阿賴耶、欣阿賴耶、憙阿賴耶。」而成唯識論卷三則說這是說一切有部的增一經。

之主體，二者是執持身心、諸識生起之所依。

做爲輪廻諸趣之主體的阿賴耶識，無着之「攝大乘論」曾引「阿毘達摩大乘經」的偈頌來說明：「無始時來界，一切法等依，由此有諸趣，及涅槃證得。」（奘譯攝論所知依章）成唯識論卷三也說：「又契經說，有情流轉五趣四生，若無此識彼趣生體不應有故。」而其所以能做爲流轉五趣之主體，乃在它是「實有、恒（無間斷）、遍（遍三界九流）、無雜」（同上）；這些理由，無疑地，與部派所說的理由是大同小異的。其意義無非是：世間眼見的一切，包括身心，都是生滅無常的，隨着一期生命而消散的，它們不能做爲業力的貯存所，也不能做爲業果的承當者。唯有微細難知的細心——阿賴耶識，方能扮演這種「去後來先作主公」的角色。

其次，做爲執持根身、生起諸識之所依的阿賴耶識，楞伽經也有詳細的說明：

藏識海常住，境界風所動，種種諸識浪，

騰躍而轉生。……………譬如海水動，

種種波浪轉，藏識亦如是，種種諸識生。（七卷楞伽卷二）

依於藏識故，而得有意轉，心意爲依故，而有諸識生。（同上卷六；❹）

唯識思想的提出，除了像上面所說的，是爲了說明輪廻主體、業力的貯藏所，乃至心識生起

---

❹在唯識學中心指阿賴耶識；意指我執的中心，又稱爲「末那識」；而識指眼、耳、鼻、舌、身、意等六識。（詳見下文「特論唯識的唯心思想」一節。）

之所依，另外還有一個重要的目的，那就是爲了說明「諸法空無自性」的大乘傳統思想。

「諸法畢竟空無自性」的說法，是早期大乘經典般若經羣所努力闡揚的思想；其目的是爲了對治小乘佛教厭生死欣涅槃的「法有」思想。這種「法空」思想，經過龍樹等所謂「中觀學者」的發揚光大，成了大乘佛法的標籤。沒有一本大乘經典不談空，也沒有一個大乘學者不闡揚空。無着、世親等唯識學者，在這種「法空」的大乘傳統薰陶下，當然，也不能不牽就這一強而有力的思想。——儘管他們對「空」深具戒心，所謂「寧起我見如須彌山，不起空見懷增上慢！」（七卷楞伽卷四）

於是，阿賴耶識除了是輪廻主體、身心所依之外，又承擔了另一個艱巨的任務，那就是：變現山河大地！

阿賴耶識承擔了這個新任務，使得唯識宗成了道地的唯心論者，這是根本佛教，部派佛教所沒有的思想；佛法從「重」心，進入了「唯」心的新階段，這還得歸功於般若經羣的「畢竟空」思想。此徵之於許多唯識經論都大談「三無性」的事實，即可證實。（詳見下文）而楞伽經更明白地說：「身及資生器世間等，一切皆是藏識影像，所取能取二種相現，彼諸愚夫墮生住滅二見中故，於中妄起有無分別。」（七卷末卷二）經上還說，如果「不知生死涅槃差別之相一切皆是妄分別有」，則會像聲聞人那樣，「畏生死妄想苦而求涅槃」。（詳見卷二）這與般若經所强調的「畏空者卽厭生死欣涅槃」的說法是何等一致！——空，原本是要令聲聞人了知生死、涅槃之虛妄性，進而不厭生死、不欣涅槃地行菩薩行；如今，說「萬法唯心所現」，也無非是要對治聲聞人的自私心態。在這個觀點下，唯識是那麼地與中觀相似；我們也可以說，中觀是那麼地大大影響唯識！因此，楞伽經說：「我言境界唯是假名不可得者，以了但是自心所見外法有無，智慧於中畢竟無得。」（七卷本卷四）——外在世界之所以假名空，原來是因爲唯心所現的關係。

總之，唯識學的提出，一者乃承繼佛法中傾向心識的一分，以調和「無我論」與「輪廻說」間的表面矛盾；二者乃融會般若經系的「畢竟空」精神，而致力於菩薩道的闡揚。唯識，眞是一門含攝大乘佛法而開展出來的龐大思想！

三、以業果輪迴為主的唯識思想

既然唯識思想乃承繼重心系與般若經系兩派的思想，因此，在底下的行文當中，我們也大分成這兩方面來討論。本節先討論重心系的唯識思想；底下兩節，一節特論唯識的唯心思想，另一節則特論唯識的空義（三無性）；唯心，如前所說，乃唯識空義所必須預設的基礎理論，因此，後面的兩節都屬於般若系的思想闡發。

做爲業力貯存所、輪廻主體之阿賴耶識，其扮演的角色可分成三個階段來說明：

（一）　現行熏種子

原始佛法說，我人善惡行爲，必遺留一股潛在的力量，稱爲「業力」，此業力能因我人所造善惡行爲而決定當來的苦樂果報。部派佛法中，有說此業力潛存於一味蘊（如說轉部）、有說潛存於窮生死蘊（如化地末派）等等不一而足。唯識學者繼承經部所說，主張善惡行（現行）可化成一股微細難知的潛力（心法的一種，叫做「種子」），貯存於我人的阿賴耶識當中。這種貯存的過程，就像以香花熏染衣物一樣，能使衣物留下花香，因此叫做「熏習」；而整個過程，從善惡行（現行）化成種子潛存於賴耶中，則稱爲「現行熏種子」；阿賴耶識成了貯藏業力種子的地方，因此又叫做「藏識」或「種子識」❺。

（二）　種子生現行

貯存在阿賴耶識當中的諸種子（業力），經過蘊釀、轉變、成熟，（就像植物的種子一樣，唯識學者稱之爲「異熟」）最後一遇機緣，卽從隱含的潛能，產生顯明的力量，變現新生命體

❺種子有名言種子與業種子兩種。色心諸法現行時，馬上自然然地回熏成種子，此卽名言種子。以善惡業而熏成的種子，則稱爲業種子，乃第六意識相應之思心所熏成的。變現心物諸法之親因種子爲名言種子，然必須有業種子之助緣才能現行，如植物種子必須有陽光、泥土、水分之助緣才能發芽、茁壯一樣。此處爲說明方便起見，着重在業種子的說明，其實還應有名言種子。（詳見成唯識論卷八）

（有情世間）及其所依之山河大地（器世間）。此階段古德稱爲「種子生現行」。

這第二階段，從種子變現心物諸法，乃唯識學被世人稱爲「唯心論」的關鍵所在，我們將在底下一節詳論。

（三）　新現行再熏成新種子

這其實與第一段相同。賴耶中的舊種現行之後，此現行將再回熏成新種子，寄存於賴耶當中。

所可注意者是，這「現行熏種子、種子生現行」的過程，看來似乎有三個階段，實際上却是同時之間進行着。換句話說，現行熏習成爲種子是同時因果，而種子生起現行也是同時因果。這就像燈火燒燈心，而燈心在被燒的當時也助長燈火的繼續燃燒——燈火與燈心被燒是同時間，並不是一前一後的異時因果。因此，成唯識論說：

> 能熏識等（即現行）從種生時，即能爲因，復熏成種，三法展轉，因果同時，如炷生焰，焰生燋炷，亦如束蘆，更互相依，因果俱時，理不傾動。（卷二）

這種因果同時，沒有過去、未來二世，只有現在一剎那的時間觀念，是難以令人了解的。它像燈焰一樣地念念生滅却又念念相續，也像瀑流一樣地時時流逝而又不休不斷。因果之間似有前念後念之別，而實際上却像天平的兩頭低昂同時。故解深密經說：「阿陀那識甚深細，一切種子如暴流。」（心意識相品第三）成唯識論也說：

前因滅位，後果卽生，如秤兩頭，低昻時等。如是因果相續如流，何假去來方成非斷！（卷三）

如此，藏識中的種子，刹那現行、刹那回熏；阿賴耶識成了徹底的生滅無常法。（此所以經上處處警告我人，不要以爲阿賴耶識就是「我」的原因。）雖然阿賴耶識是生滅無常的，但却能在現行、回熏當中，保持業力於未來，這就像長江的流水時刻變化流逝，然而我們仍然看到它似乎是一條不變的河流一樣。

四、特論唯識的唯心思想

如果把「唯心論」定義成爲「心與物都是心的不同顯現」，或定義成爲「心與物都從心所衍生」，那麼，唯識學是道地的唯心論。

唯識學者把我人之精神作用（心），分成八類，那就是：認識外在世界的眼、耳、鼻、舌、身等前五識；能做綜合、歸納、演繹、判斷、記憶、推測等較精密思考的第六意識；恒常誤認有個主體的「我」，並以此「我」爲第一優先（所謂「自私心」、「自我中心主義」）的第七末那識；以及業力（種子）貯藏所、輪廻主體的第八阿賴耶識。我人之精神作用（心），雖大分爲這八分，然而前七分都是依第八阿賴耶識而生起的。也就是說，阿賴耶識當中貯藏着前七識的種子，一旦機緣成熟，這些種子就會現行而生起前七識❻；這樣，從藏識中前七識的種子，變現前七現行識的過程，成唯識論（卷二）叫做「因變」。楞伽經也說：「依於藏識故，而得有意（末那識）轉，心（藏識）、意為依故，而有諸識（前六識）生。」（七卷本卷六）又說：「意從賴耶生，識（前六識）依末那起賴耶起諸心，如海起波浪。」（同上卷七）

前七識既然依第八識而轉，而所有的精神作用又無非是這前七識或第八識；因此，所有的精神作用（心）都可化歸為第八阿賴耶識的不同顯現或不同衍生。如此，心是歸於心了。而物又如何歸於心呢？這就牽涉到唯識的「三能變」或「果能變」了。

「三能變」或「果能變」是世親的「唯識三十頌」所致力說明的思想。所謂「三能變」指的是第八阿賴耶識、第七末那識、以及前六識。這三類八種認識作用，都能變似主觀的認識者與客觀的被認識物兩分；唯識學者分別叫這主、客二分為見分與相分。因此，所謂「見分」是能把相分當做對象，當做外物而認識的主體；而「相分」則是為見分所認識的對象（客體）。例如，就

---

❻前七識正在作用，稱為「現行識」（第八識亦有現行識），它們都是由賴耶中的七識種子所現行的。然而此中前六識可以間斷，例如眼不見色眼識卽斷、深眠中連意識也不現行；但第七末那識却常常時、恒恒時地現行，所謂「恒審思量」，此有不同於前六識者。至於第八識當然也是常常時、恒恒時地現行，但是否由第八「種子識」中的種子現行成為第八「現行識」，則有許多爭論。

前五識來說，見到青黃赤白長短方圓的認識作用叫做眼識的見分；而被看到的青黃赤白等外物則稱爲眼識的相分。就第六意識來說，能記憶過去、推測未來、乃至能做判斷等等工作的稱爲意識的見分；而那些被記憶、被推測、被思考的對象則稱爲意識的相分。唯識學者還說，第七末那識的見分，把第八識（的見分）當做認識的對象——相分，而誤以爲它就是「我」。因此，唯識學者認爲，末那識乃吾人「我執」的中心、生死流轉的淵藪。而第八識的相分則是吾人之身心（有根身）、山河大地（器世間）、以及各式各樣貯藏在其中的種子；換句話說，我人之身心、器世間、種子等都是第八阿賴耶識所變現的，也是其見分的認識對象。

這種由心識變似二分的思想，雖是唯識三十頌所致力說明的，却也是唯識根本聖典所本有的。楞伽云：「能取（見分）所取（相分）法，唯心無所有，二種皆心現，斷常不可得。」（七卷本卷四）又云：「譬如鏡中像，雖現而非實，習氣心鏡中，凡愚見有二；不了唯心現，故起二分別，若知但是心，分別則不生。」（同上）解深密經彌勒菩薩問佛：在止觀中所見到的各種影像，到底與心識有差別或沒有差別？佛肯定地回答說：沒有差別！佛還肯定說：「此中無有少法能見少法，然卽此心如是生時，卽有如是影像顯現！」不但止觀中所見影像與心無異，就是平時散心的時候，所見到的山河大地等，亦與心識無異。（詳見解深密經分別瑜伽品第六）從這兩段經文我們可以肯定，世親所致力闡發的三種能變，只不過是這些經文的具體化、詳細化而已！

由於三類八識的三種能變，相對於藏識中的種子（因）是「果」，因此，三類八識變似見、相二分的過程，成唯識論就稱之爲「果能變」或「果變」。果變，將能認識的見分與所認識的相分，一律化歸爲心識的兩分，如此，認識者與被認識的外在世界無非都是心識的不同顯現，心與物都無非是心，這使得唯識學成了道地的唯心論了。楞伽云：「執着自心現，令心而得起，所見實非外，是故說唯心。」（卷六）——這是唯心論的最佳定義。

五、特論唯識空義

空，是般若經所闡述、龍樹所發揚、而普爲一切大乘學者所主張的思想。唯識，做爲大乘佛法重要的一支，也必然努力地於中發明。龍樹有名的頌文：「因緣所生法，我說卽是空」，告訴我們他以「因緣生」（萬事萬物互相依持、相待）來做爲「空」的定義；無有一法不是互相因待、互相依持的緣生法，因此，無有一法不是空。然而，唯識學者却從萬法唯心、唯識所現的觀點，來定義般若經中所說的「空」。楞伽經，將一切萬法本來皆空，只是衆生爲迷惑所覆，而從藏識中幻起世間萬法的過程說得很明白：

說衆生身中，所覆之性質，迷惑令幻有，非幻爲迷惑；由心迷惑故，一切皆悉有，
以此相繫縛，藏識起世間；如是諸世間，惟有假施設，諸見如暴流，行於人法中，
若能如是知，是則轉所依，乃爲我眞子，成就隨順法。（卷六）

或有人說，世間諸法由於唯識所現，固然可以說是空無自性、如夢如幻的，但是，變現萬法的阿賴耶識本身應該是實有才對。這種說法是錯誤的！成唯識論鄭重地警告我們：「為遣妄執心心所外實有境故，說唯有識；若執唯識眞實有者，如執外境亦是法執。」（卷二）可見物是空、心是空、變現心物萬法的阿賴耶識無非也是空。——這諸法皆空的理論，原本是建立在唯識無義之上的。「唯心」一詞不過是「空」一詞的同義語而已。

然而，有宗終究是有宗！唯識的空義畢竟不能與一切皆空、連空也空的中觀空宗相比。這就牽涉到唯識的重要理論——三性、三無性了。

（一） 三性（三相）

所謂「三性（三相）」是指徧計所執性、依他起性、圓成實性。（相當於世親「佛性論」的分別性、依他性、眞實性。）

宇宙中的萬法，遠至外太空、山河大地，近到個己的衣物乃至身心，無非是依阿賴耶識（當中的種子）所生起；這些萬事萬物是依我人過去世所造善惡業、漏無漏業而異熟生起的，因此稱為「依他起性」。就此觀點，依他起，顯然是依十二因緣的因果原則而運轉的緣生諸法，故深密云：「云何諸法依他起相？謂一切法緣生自性，則此有故彼有，此生故彼生；謂無明緣行，乃至招集大苦蘊。」（一切法相品第四）

所謂「徧計所執性」乃在依他起的緣生法上執有執無、執常非常、執一執異乃至生起諸種煩惱等。依他起法本是唯心所現，本性空無所有，而凡愚却在無所有中分別靑黃赤白長短方圓諸相，並進而執着有實存的瓶等諸法。所以楞伽經卷五，將「妄計性（徧計所執性）」定義爲「名及相是妄計性」，並將「名」、「相」定義如下：「此中相者謂所見色等形狀各別，是名爲相；依彼諸相立瓶等名，此如是此不異，是名爲名。」

圓成實性乃聖者所證得之境，亦卽不生不滅的眞如體。要證得此眞如實體之圓成實性，一者要了解徧計所執性之諸種名、相都是虛妄顚倒的，二者要了解依他起之諸法唯心所現，沒有眞實性；因此，所謂圓成實，乃是在依他起上去掉徧計執，進而了知因緣生法的非究竟眞實。故楞伽云：「分別迷惑相，是名依他起；相中所有名，名則爲妄計；諸緣法和合，分別於名相，此等皆不生，是則圓成實。」（卷六）——圓成實乃立基於依他起（去掉徧計執）之上，所以唯識三十頌說它們二者是「非一非異」；而成唯識論也說：「非不證此圓成實，而能見彼依他起性，未達徧計所執性空，不如實知依他起有故。」（卷八）

這三性，徧計所執一定虛妄非實；依他起性因爲合於「此有故彼有、此生故彼生」的因果律，因此雖然有部分的眞實性，但相對於最眞實（勝義）的圓成實法，却顯得虛妄不實，因爲萬法都是唯識無義的。（這就像夢中人見有眞實獅子，但覺醒後却了知其虛幻性。）最後的圓成實性，則可以說眞實有而不虛了。這三性，都有其眞實的一面；世親的佛性論說：

於三性中各有實義。何者實義？一者，分別性體恒無所有，而此義於分別性中非不爲實，何以故？名言無倒故。二者，依他性體有而不實，由亂識根境故是有，以非眞如故不實，何以故？因緣義無倒故，是以對分別性故名爲有，對後眞性故非實有，是名有不眞實。三者，眞實性體有無皆眞，如如之體非有非無故。（卷二顯體分第三）

從佛性論的這大段文，唯識的有宗色彩已十足地顯露出來了。這應該有助於底下我們所要討論的唯識空義。

(二) 三無性

所謂「三無性」指的是：相無自性性、生無自性性、及勝義無自性性。（相當佛性論中的無相性、無生性、及無眞性。）這三無性一一與前面的三性對應起來；也就是說，相無自性性是對徧計執性說的；生無自性性是對依他起性說的；而勝義無自性性則是針對依他起及圓成實性說的。所以深密說：「云何諸法相無自性性？謂諸法徧計所執相……云何諸法生無自性性？謂諸法依他起相……云何諸法勝義無自性性？謂諸法由生無自性性故，說名無自性性；卽緣生法（依他起相）亦名勝義無自性性……復有諸法圓成實相，亦名勝義無自性性。」（無自性相品第五）

三無性	相無自性性	徧計所執性
	生無自性性	依他起性
	勝義無自性性	圓成實性
		三性

所謂「相無自性性」，簡單說是指宇宙萬法諸種相狀，例如青黃赤白、長短方圓、是山是河、是瓶是杯等等，都是虛幻（空）不實而「無自性」（無其眞實本性）的。我人所見之山河等諸相狀，都是唯識所現、諸識的一分而已，所謂「能取及所取，一切惟是心」（楞伽）、所謂「此中無有少法能見少法」（深密）、所謂「但見自心」（攝論），這在在都是闡明諸法相狀的空無自性。

諸法萬相乃由我人虛妄分別（偏計執）而產生的，所以「相無自性性」是針對虛妄分別所生的「徧計所執性」而說的。這徧計執所引生的諸相、諸名，既是以虛妄分別爲其自性，因此，徧計執明顯地是「相無自性性」了。所以，佛性論說：「無相性者，一切諸法但名言（名字語言）所顯，自性無相貌故，名無相性。」（卷二顯體分第三）

其次，所謂「生無自性性」指的是依他起法的虛妄無自性。依他起的因緣生法，乃由諸種因緣條件，依「此有彼有，此生彼生」的因果法則而產生的，其中完全沒有獨立、自主之性，所以其「生」起是虛妄而「無自性」的。深密云：「此（依他起）由依他緣力故有，非自然有，是故說名生無自性性。」（無自性相品第五） 佛性論亦云：「無生性者，一切諸法由因緣生故，不由自

能生，自他並不成就故，名無生性。」（卷二顯體分第三）

最後的「勝義無自性性」一方面指依他起，另一方面又指圓成實。依他起的緣生法，由於仍帶有虛妄性（如上所說），因此並不是聖者的清淨聖智所認識（所緣）的對象；換句話說，清淨聖智所緣的對象是不生不滅、如如不動的眞如（圓成實），而依他起的緣生法，如山河大地等，却是無常生滅的，當然不是聖智所緣的對象。就這一觀點來看，依他起是「勝義無自性」的，也就是說，就「勝義（最眞實）」來說，依他起相是空「無自性」的。所以深密云：「於諸法中，若是清淨所緣境界，我顯示彼以爲勝義；依他起相非是清淨所緣境界，是故亦說名爲勝義無自性性。」（無自性相品第五）

圓成實性乃不生不滅空無自性的「空」理，所謂「空性有相，離有離無，離一離異，以爲其相。」（辯中邊論辯相品第一）這種以離有無、一異等相而爲其相的「空」（無自性）理，是聖者所證得的最眞實（勝義）境界，所以稱之爲「勝義無自性」。

總之，徧計所執之萬法諸相，乃完全的虛妄，故稱相無自性性。依他起的緣生法，一者須待緣而生，非有獨立自主性，故稱生無自性性；二者依他起法非清淨所緣境界，所以又可攝在勝義無自性性當中。而圓成實的眞如空理，乃最究竟、眞實的空理，聖智之所緣，所以稱爲勝義無自性性。

這依三性而說的三無性，雖是闡明空理，却與般若經系所說大異其趣。

在前面三性一節中，我們見到佛性論說「於此三性各有實義」的引文，這可以告訴我們，唯識學者不同於中觀學者，而是道地的「有宗」。深密也愼重地警告我們：如果執着「一切法決定皆無自性，決定不生不滅，決定本來寂靜，決定自性涅槃」，那麼，「由此因緣，於一切法獲得無見及無相見；由得無見無相見故，撥一切相皆是無相，謂誹撥諸法徧計所執相、依他起相、圓成實相。」（無自性相品第五）明顯地，執着一切法畢竟空無自性，就唯識學者們來說，就會墮入「誹撥三相」，更進而「退失智慧」、「退失廣大無量善法」。（同上）——唯識那種非一切皆空的有宗色調，在此明顯地表現出來了。

然而，唯識學者對般若經系這批大乘佛法的開拓者，又如何融會呢？畢竟空的菩薩精神，又如何以唯識無義的思想來解釋呢？解深密經明白地回答這些問題：「當知我依三種無自性性，密意說言一切諸法皆無自性。」（同上）依深密的看法，諸法不是畢竟空無自性的；然而佛陀何以要在般若經中大大渲染這種法空的思想呢？深密以爲，那是就三個角度來看的，那就是：相無自性性、生無自性性，勝義無自性性。深密說：

> 當知我依相無自性性，密意說言一切諸法無生無滅、本來寂靜、自性涅槃。何以故？若法自相都無所有，則無有生；若無有生，則無有滅；若無生滅，則本來寂靜；若本來寂靜，則自性涅槃。……我亦依法無我性所顯勝義無自性性，密意說言一切諸法無生、無滅、本來寂靜、自性涅槃。何以故？法無我性所顯勝義無自性性，於常常時，於恒恒時，諸法之

性安住、無爲。……由無爲故，無生無滅……本來寂靜、自性涅槃。(無自性相品第五；❼)

諸法無生、無滅、本來寂靜、自性涅槃，乃般若經所致力闡揚的，然而唯識學者却認爲這是佛陀的密意說(不顯了說、不了義說)，亦卽，唯識學者認爲般若經的中觀學者說得不够清楚，非要到唯識學者以三無性的觀點來考查才够清楚。如此說來，闡揚空理的般若經論，成了不了義的思想了！所以深密說：「如來但依如是三種無自性性，由深密意，於所宣說不了義經，以隱密相說諸法要，謂一切法皆無自性、無生、無滅、本來寂靜、自性涅槃。」(無自性相品第五)深密還提出了有、空、中「三時敎」的說法：第一時，乃佛陀早年爲聲聞人宣說四諦法，當然是不了義；第二時，「惟爲發趣修大乘者，依一切法皆無自性、無生、無滅、本來寂靜、自性涅槃，以隱密相轉正法輪。」這雖較第一時敎要稀奇得多，然而却仍然是「有上、有所容受、猶未了義、是諸諍論安足處所。」到了第三時，普爲「發趣一切乘者」說唯識理；所說的雖仍然是一切法皆無自性等空理，然而却是「以顯了相轉正法輪」。這才是「第一甚奇，最爲希有」！才是「無上、無容、是眞了義、非諸諍論安足處所」的「勝義了義之敎」！(詳見無自性相品第五)

❼此處經文缺「生無自性性」的匹配；然從前面「依三種無自性性，密意說言一切諸法皆無自性」的經文看來，應有「生無自性性」的一段。何以從缺，不知其因。

六、結語

空，是大乘思想之精華，菩薩精神之所繫；般若經、中觀學者從「因緣生」相待、相成的觀點來了解它，其結論必然是：「未曾有一法，不從因緣生，是故一切法，無不是空者。」（中觀觀四諦品第廿四）

唯識學者却從「唯識無義」的唯心論觀點來探討空理，所得到的結論，雖非徹底的一切皆空，然亦不失其闡揚大乘空理的立場。——空，是難以了解的，我們不妨從各個不同的角度來光大之！

然而，唯識經論所標榜的有、空、中三時教，或許是佛教在印度流傳千餘年的歷史事實，但把它影射成佛陀短短一生的三段教法，却是有失史實的。空、有是爭論不休的問題，然而我們却可以肯定地說：依一經一論來鼓吹何法何宗爲最了義的時代，確實已經過去了！

清淨心與真常佛教

一、概說

後期大乘佛法，有一宗派主張衆生皆有清淨本心，史稱眞常唯心佛敎，此清淨心一者是衆生厭苦欣樂之因依，二者乃萬法生起之本源。梁、善慧云：

有物先天地，無形本寂寥，能爲萬象主，不逐四時凋。（指卷錄二）

此先天先地，無形無相，常住不變（寂寥），而又超越時間（不逐四時凋）的「物」，無非指的清淨本心。布袋和尚亦有一首同一意趣的詩（指月錄卷二）：

吾有一軀佛，世人皆不識，不塑亦不裝，不彫亦不刻，無一滴灰泥，無一點彩色，人畫畫不成，賊偸偸不得，體相本自然，清淨非拂拭，雖然是一軀，分身千百億。

此迷悟之因依、萬法之本源的淸淨心，又叫眞如、眞心、妙心、覺性、佛性、如來藏、庵摩羅識等。它是每一衆生本來具足的，故經曰：「一切衆生皆有佛性。」它並不因爲衆生的流轉生死而失其本淨面目，亦不因衆生之還滅解脫而增其光明；故古德云：「在凡不減，在聖不增」。它像寶珠遺厠，雖然染垢却不失其光明的本性；當我們將它冲洗乾淨了，也不增加它的本具光芒。當衆生流轉生死的時候，它的光芒只是暫時爲「客塵煩惱」所覆蓋而已，只要我們時時勤力拂拭，努力地向善學佛，必可重顯其智慧光芒。

主張人人本具淸淨心的眞常佛敎，乃中國佛敎之主流，華嚴、禪、密固然是此流，就是多分天台、一分淨土亦是其思想餘緒。它更與孟子的性善說合流而開展出宋明理學；它對中國唐宋之詩詞歌賦也發生了深厚的影響，例如東坡居士的名句：「溪聲盡是廣長舌，山色豈非淸淨身！」

二、眞常唯心佛教之淵源

眞常唯心佛敎淵源於部派佛敎（小乘佛敎）的大衆部與分別說部。這兩部，尤其是大衆部，都是大乘佛法的先驅，大乘敎之能够開展、流傳，我們應該感激這些小乘學者的努力！他們以年輕、前進、重慧、重玄想而著稱，正對立於年高、保守、重戒、重分析之長老派——上座部。他們對大乘敎，尤其是眞常大乘的影響可分兩點說明：

㈠**心性本淨說**：大衆、分別說部的學者認爲，衆生的本心雖受客塵煩惱所染，但是受染的染污心與勤除煩惱之後的不染污心，其本性是不變的。大毘婆沙論卷廿七曾將此思想描寫如下：

彼（指分別說部）說心性本淨，客塵煩惱所染污故，相不清淨……彼說染污不染污心，其體無異。謂若相應煩惱未斷，名染污心；若時相應煩惱已斷，名不染污心，如銅器未除垢故，名有垢器等；若除垢已，名無垢器。

㈡**神格化的佛身觀**：大衆部的學者們，爲了廣度一切孤寂的、失落的、無依無怙、心性怯弱的心靈，費盡心機地將佛菩薩從人提升爲神；此又有別於保守的上座部之僅守佛菩薩的人間性。這些悲天憫人、前進開放的學者們認爲：

諸佛世尊皆是出世，一切如來無有漏法。諸如來語皆轉法輪，佛以一音說一切法，世尊所說無不了義。如來色身實無邊際，如來威力亦無邊際，如來壽量亦無邊際！（異部宗輪論）

大乘學者接受了這種神格化的佛身觀，使得佛敎接引了無數急需依怙的人們，也使得佛敎進入了大乘！

三、眞常佛教之主要思想

吸取大衆、分別說部（及般若經）之思想精華，而開展出來的眞常經論有楞伽經、楞嚴經、勝鬘經、圓覺經、大般涅槃經、佛性論（世親造）、以及相傳爲馬鳴菩薩所造却被學界公認爲中國地論師所造的大乘起信論等（楞嚴、圓覺亦有說是僞經者）。這些經論的思想雖略有出入，不過大約可歸納出底下的三個重心思想：

（一）一切衆生皆有佛性、皆本具清淨心

每一衆生都本具清淨佛性，卽使造下五逆十惡、斷了善根的「一闡提」也不失其清淨之本心。此清淨佛性（如來藏）本來具足一切智慧德相，却爲客塵煩惱所暫時覆蓋，以致流轉生死，喪失其光明的德性。然而，只要衆生勤加拂拭、努力修道，必能還其本淨面目。故涅槃云：

我者卽是如來藏義，一切衆生悉有佛性，卽是我義。如是我義從本已來常爲無量煩惱所覆，是故衆生不能得見。（南本卷八）

以佛性故，一闡提等捨離本心，悉當得成阿耨多羅三藐三菩提。（南本卷廿二）

「一切衆生悉有佛性」一詞可能有兩種意思：一者「一切衆生本來具足清淨佛性」，二者「一切衆生皆有成佛之希望」。前者如楞伽、楞嚴、圓覺、起信論等所說；後者如涅槃經所說。這兩種可能的意思我們將在底下的結語中作一抉擇。

（二）宇宙萬法（包括衆生）都是清淨心之顯現

衆生所具有之清淨本心，不但是衆生覺悟、修道、成佛的因依，而且是衆生依正二報的本源。衆生之身心固然是個己清淨本心之一分，而山河大地以及其他衆生亦無非是如來藏之顯露。故楞嚴曰：「色心諸緣及心所使，諸所緣法，唯心所現。汝身汝心，皆是妙明眞精妙心中所現物。」又云：「一切世間諸所有物，皆卽菩提妙明元心……乃至盡空如來國土淨穢有無，皆是我心變化所現。」

清淨本心，原本是離美醜、有無、是非的，以致沒有什麼生死輪廻、涅槃還滅可得。然而，此清淨本心無始以來卽受無明所覆，是以於清淨無所有中，幻現主、客二分（見、相二分），於是生死、涅槃，乃至山河大地一時顯現。（此詳如起信論三細六粗一科所說；或楞嚴經破妄顯眞周所說。）然而，我人應該記住，此山河大地、生死、涅槃等一切世出世法，無非妄心妄現，了無自性。故楞伽云：

心性本清淨，猶若淨虛空，令心還取心，由習非異因；執着自心現，令心而得起，所見實非外，是故說唯心。（七卷本卷六）

身資土影像，如夢從心生，心雖成二分，而心無二相；如刀不自割，如指不自觸，而心不自見，其事亦如是。（七卷本卷七）

（三）清淨心乃善、惡諸法之所依

此乃前面第二點之特別說明。

清淨心是萬法之本源，如此說來，善法固然是依清淨心而有，惡法亦無非清淨心之另一面的顯現。這就像鏡中的花與草，似乎有所不同，而實際上却無非都是鏡子的一分。這也如陰天的陽光，雖然略輸明亮，然而不能不說它是陽光。楞伽經云：「如來藏是善不善因，能遍興造一切趣生。」（七卷本卷五）勝鬘亦云：「生死者依如來藏……有如來藏故說生死，是名善說。」而起信論也擧喻說明此善與惡、覺與不覺的相依、相待性：

猶如迷人，依方故迷，若離於方，則無有迷；衆生亦爾，依覺故迷，若離覺性，則無不覺。以有不覺，妄想心故，能知名義，爲說眞覺；若離不覺之心，則無眞覺自相可說。

就善惡、覺與不覺是這樣，就美醜、是非、生滅、斷常、一異、來出等等相對待的事物，何嘗又不是這樣！清淨如來藏中，原本沒有眞實的一法，何況有二法相對待呢！所以佛性論說：

譬如水性體非清濁，但由穢不穢故，有清濁名。若泥滓濁亂，故不澄清，雖不澄清，而水清性不失；若方便澄渟，卽得清淨。故知淨不淨名由有穢無穢故得，非關水性自有淨穢。應得、至得二種佛性亦復如是，同一眞如，無有異體。（顯體分第三之三）

從佛性論的這段譬喩，我們知道，嚴格說來，佛性也不可定說清淨（此與底下結語中所引楞伽經卷廿三文相同），更不可說有應得、至得兩種佛性之分了！（此兩種佛性類似起信論中的不覺與覺）。

四、眞常思想之應用與流弊

大乘佛敎法門雖多，亦不外在闡揚度人當中自求解脫的菩薩精神。做爲大乘一支的眞常佛敎，當然不能脫離闡揚這種菩薩精神的常軌。因此，眞常佛敎的菩薩行，可歸納成底下的三綱，它們分別對應於前節所說的三點教理：

(一) 菩提心爲因

衆生本具淸淨覺心，故依此覺心，生起上求佛道下化衆生之信願，勤求解脫，最後達於本淨的面目。此中所說，正如起信論依本覺而引發始覺，最後達於究竟覺的次第。

(二) 大悲爲根本

每一衆生既是我覺心之一分，因此，欲淨我心，必先嚴土熟生。唯有每一衆生都得度、每一國土都莊嚴，我心方爲究竟淸淨。是故做爲一個菩薩，爲欲淸淨自心，則必須努力度衆，發起所謂「無緣大慈，同體大悲」之平等心。涅槃云：「以佛性故，等視衆生無有差別。」(卷八) 起信論亦云：「諸佛如來……盡欲度脫等衆生界……以取一切衆生如己身……眞如平等無別異故。」

(三) 方便爲究竟

善惡諸法既同是平等覺心之一分，則利用婬、怒、痴等惡法門，亦能達於究竟之解脫。此所謂「方便有多門，歸元無二路」也！故圓覺經云：

一切障礙卽究竟覺，得念失念無非解脫，成法破法皆名涅槃，智慧愚痴通爲般若，菩薩外道所成就法同是菩提，無明眞如無異境界，諸戒定慧及婬怒痴俱是梵行，衆生國土同一法性，地獄天宮皆爲淨土，有性無性齊成佛道，一切煩惱畢竟解脫！（清淨慧章）

眞常佛法敷衍至末流，發生了一些嚴重的流弊，底下只是其犖犖大者：

（一）尙玄談而略實行

眞常經論一般說來，喜歡談論宇宙的起源，山河大地的生起等形而上的玄學；但是其結論却都是否定的。例如楞嚴經中富樓那問佛：「一切衆生何因有妄，自蔽妙明，受此淪溺？」最後佛則略帶責備的口吻答說：「妙覺明圓，本圓明妙，既稱爲妄，云何有因？若有所因，云何名妄！」又如圓覺金剛藏章，金剛藏菩薩問佛：「若諸衆生本來成佛，何故復有一切無明？若諸無明衆生本有，何因緣故如來復說本來成佛？……」最後佛同樣以責備的口吻說：「未出輪廻而辨圓覺，彼圓覺性卽同流轉，若免輪廻，無有是處！」最後佛還以「雲駛月運、舟行岸移」乃至「如取螢火燒須彌山，終不能着」等比喩，說明未解脫者，想要了解宇宙本源的問題是不可能的！也許正如起信論所說的：「依無明熏習所起識者，非凡夫能知……乃至菩薩究竟地不能盡知，唯佛窮了！」

(二) 先自了後利他的小乘行

眞常教的末流，一聽到一切衆生皆我覺心之一分，於是便興起淸淨自心卽淸淨衆生的錯誤想法。較好的眞常行者，也不過認爲度衆只不過爲淸淨自心而不得不做的工作而已！這些眞常末流們，請切記佛的最後遺言：「莫生念我聽法已，先自度身然後度人，先自解身然後解人，先自安身然後安人，先自涅槃然後令人而得涅槃……先爲他人然後爲身，當爲大乘莫爲二乘！」（涅槃經卷十九）

(三) 欲樂等方便法門的風行

婬怒痴等方便的惡法門，既然和善法門一樣，可以同歸於究竟的解脫，如此，何必要辛辛苦苦地持戒、學定、修慧！我人只要任運而行，則能「有性無性齊成佛道，一切煩惱畢竟解脫」！甚至我人還可以用婬樂之法（所謂「双身法」）令使他人、自己進入佛門！因爲「諸戒定慧及婬怒痴俱是梵行」！

這些眞常的末流行者，眞是佛門的大敗類！他們嚴重地曲解經文！菩薩爲廣度一切衆生，必須深入社會各個階層，所謂酒家、舞廳，乃至幫會、犯罪組織等等，在這些下階層中，正規的善法門自然形同虛設，應用不上，非用方便的婬怒痴等法門不可。菩薩在這些下階層中一方面努力度衆，令他們脫離罪惡的深淵，一方面深觀善、惡二法之本性清淨不二，出汚泥而又不染於汚泥。這才是經論上密意說言「煩惱卽菩提，生死卽涅槃」，乃至「方便有多門、歸元無二路」的眞義。我們應該牢牢記住：經論上並沒有叫我們能用正當善法度衆却置而不用，偏要採取婬怒痴的方便法門。佛教辛苦地爲歷代大德們所建立起來，決不容許一小撮人在那兒以欲樂等方便法門來破壞！

方便法門還有神通、相命、占卜、勘輿等等，做爲一個正信的佛徒，都應該盡量避免用到這些法門。佛初轉法輪時卽警告我們：做了這些事，卽是五邪命！佛入滅前也再三告誡我們：「終不占相手足面目，不以爪鏡著草楊枝鉢盂髑髏而作卜筮，亦不仰觀虛空星宿！」（涅槃經南本卷十一）佛還說這是「菩薩息世譏嫌戒」。我們每一個佛子，應該怎樣地來謹守這些戒條！

（四）他力思想的充斥

大乘佛教的佛身觀，如前所說，主要是承繼大衆部的佛身觀而來。做爲大乘最後期的眞常佛教，除了承繼這種神化的佛身觀之外，還加上「如來常住」的思想。例如涅槃經卽說：「當知如來是常住法，不變易法。如來此身是變化身，非雜食身；爲度衆生示同毒樹，是故現捨入於涅槃。」（南本卷三）依據此說，如來是永遠與我們同在的，經上還說他的入涅槃，只是入深禪定

而已！（詳見涅槃經南本卷廿八）

經論中所刻劃的菩薩是慈祥、安定、大力，而又具足無限悲願的。這些菩薩們出生入死，深入社會各個階層，行人所不能行。所謂「尋聲救苦」，所謂「我不入地獄誰入地獄」，所謂「應以何身得度卽現何身而爲說法」。這些菩薩們，在一個受施捨、受救度的衆生看來，自然是感恩不盡，以致有「神通廣大」、「有求必應」之驚嘆。一旦這些菩薩斷盡煩惱，成佛解脫，必然是「如來色身實無邊際，如來威力亦無邊際，如來壽量亦無邊際」，乃至「如來是常住法，不變易法」了！

諸佛菩薩從人被提升爲神，使得更多孤寂的心靈得到了安慰，廣度了無量無邊需要憑藉、依怙的苦難衆生，也使得佛教從小乘教一躍而成名附其實的「大」乘教。然而，另一方面，人們在請佛加被聲中，却漸漸淡忘了佛陀「依法不依人」的明訓。經論中千辛萬苦刻劃出來的菩薩影像——那是施捨頭目耳鼻、難行能行的影像，從此不再是佛子所模仿、效法的榜樣，相反的，成爲膜拜、訴苦、祈求，甚至交易似的許願，還願的對象了！

眞常的末流們，請切記：佛菩薩不應該只是被膜拜、祈求的對象，還應該是我人在思想、行爲上的最佳榜樣。

五、結　語

眞常佛敎之所以走入末流而產生各種流弊，無疑地，是他們誤解了清淨心、佛性，或如來藏的眞義。因此，我們有必要深入探討這些字詞的意義，以及佛陀宣說這一法門的本意。

(一)「衆生皆有佛性」乃「人人皆可能成佛」的意思

前面第三節我們說過，「衆生皆有佛性」有可能的兩種意思：一者「衆生本卽是佛，本具如來德相」，此如楞伽、楞嚴、勝鬘、圓覺、起信論等所說；其次，「衆生皆有成佛之可能性（希望）」，此如涅槃經所說。

爲了避免一些無意義的，在原始佛敎被列入十四無記或六十二見的形上問題，我們應該選擇涅槃經的解釋，做爲「衆生皆有佛性」的眞義。——這些無意義的形上問題是：衆生本來是佛、本具清淨佛性，如何忽生無明，乃至幻現山河大地？衆生本來是佛，都會流轉生死，如此釋迦成佛，是否還會流轉生死？世間明明見到善、惡井然，如何說惡法無非是善，無非是清淨覺心之顯現？如果我們了解「衆生皆有佛性」一語並不意味着「衆生本來是佛」，而只是「衆生可以成佛」，那麼上面這些在楞嚴、圓覺、起信等經論常見的難題，即可迎刃而解！涅槃云：「衆生佛性不名爲佛，以諸功德因緣和合得見佛性，然後得佛。」（南本卷廿六）「衆生皆有佛性」原來是說衆生經過努力上求下化的因緣，最後得見佛性而成佛。決不是什麼衆生本來就是佛、本來就具有清淨心、本來就具有如來智慧德相！涅槃經還警告我們說：

若有說言一闡提等未生善法，便得阿耨多羅三藐三菩提，是人亦名謗佛法僧……若有人言一切衆生定有佛性，常樂我淨，不作不生，煩惱因緣，故不可見，當知是人謗佛法僧！（南本卷卅三）

由此可知，衆生只是有成佛的希望，有成佛的可能性，就像乳有成酪、成酥的可能性，但不能說乳中已有酪、酥。人人都有佛性，但是若不努力自度度他，無因無緣是不可能成佛的！所以經上說：「諸佛菩薩終不定說心有淨性及不淨性……從因緣故，心則生貪；從因緣故，心得解脫。」（涅槃經卷廿三）

如此，底下兩段涅槃經文，可看做佛性、清淨心，或如來藏的最好定義：

一切衆生定得阿耨多羅三藐三菩提故，是故我說一切衆生悉有佛性。（南本卷廿三）

一切衆生不退佛性故，名之爲有。阿毗跋致故，以當有故，決定得故，定當見故，是故名爲一切衆生悉有佛性。（卷卅）

（二）爲度外道說佛性，其本義是諸法皆空

諸法畢竟空無自性，是早期大乘教——般若經系（中觀系）所致力說明的。空，是一把雙刄刀，一者可令菩薩自斷煩惱，二者可令菩薩不畏生死，不欣涅槃地辛勤度衆。空，無非是人我空與法我空；而法我空無非空却世間生死法與出世間涅槃法，亦即體悟生死輪廻與解脫涅槃的虛幻性，如此方能不畏生死之苦、不欣涅槃之樂。

眞常唯心佛教承繼了這種諸法畢竟空無自性的菩薩精神，當然也不忘說空、談空。只是說的方式不同而已。

空，是難以了解的，以致有曲解者，有「聞畢竟空如刀傷心」者。其中原因當然是衆生對身命、財產，乃至山河大地的過分執着。佛爲度脫這些執我的衆生，不說「諸法畢竟空無自性」，而改說「諸法畢竟淸淨」。故智論說：「畢竟空卽是畢竟淸淨；以人畏空，故言淸淨。」（卷六三）這種看法在眞常經典中也有明文可循：

佛性者名第一義空，第一義空名爲智慧。所言空者，不見空與不空……空者一切生死，不空者謂大涅槃。（涅槃經南本卷廿五）。

這段經文明白地告訴我們：所謂「佛性」，就是「第一義空」。這與中觀所强調的生死、涅槃皆空，因此不必厭生死、樂涅槃，應生生世世出入於生死中度衆的精神是沒有兩樣的！解脫者、大自在者，本來就應該「如器中鍠聲出於外，煩惱、涅槃不相留碍」（圓覺經威德自在章）才對！

底下的經文，更詳細地說到如來藏一詞是與性空、實際、涅槃、不生、無相、無願，乃至無我等字詞具有相同的意義。因此，千萬不要把如來藏（或佛性、清淨心等）誤以爲是「我」。如此看來，像涅槃經所說：「我者卽是如來藏義，一切衆生悉有佛性卽是我義」（南本卷八）不過是密意說而已！因爲，那是爲度畏無我、畏空的衆生而方便說的：

我說如來藏，不同外道所說之我。大慧！如來應正等覺，以性空、實際、涅槃、不生、無相、無願等諸句義，說如來藏，爲令愚夫離無我怖，說無分別無影像處如來藏門。未來現在諸菩薩摩訶薩，不應於此執着於我。大慧！譬如陶師於泥聚中以人功水杖輪繩方便作種種器，如來亦爾，於遠離一切分別相無我法中，以種種智慧方便善巧，或說如來藏，或說爲無我，種種名字各各差別。大慧！我說如來藏，爲攝着我外道衆生，令離妄見入三解脫，速得證於阿耨多羅三藐三菩提！(七卷楞伽經卷二)

綜上所說，我們得到兩個結論：首先，所謂「衆生皆有佛性」無非是說「衆生都有成佛的可能性」。如此，一方面讓我們離下劣心想，生起必當成佛的信願，勤求解脫；另一方面則可離慢下品人，因爲人人皆有佛性，則人人皆應平等待之。(此卽佛性論開頭所說：離下劣心起正勤心，離慢下品人生恭敬事。)

其次，所謂「萬法唯心所現」無非是說「萬法皆是畢竟空無自性」。如此，一者可令菩薩體證自心清淨(空)無我而生大悲心；二者可令菩薩了知生死、涅槃之虛幻性及無差別性，而不畏生死，不欣涅槃地勇猛度衆。(此卽佛性論所說的：離我執生大悲、離虛妄執生般若、離誹謗眞實法生闍那。)

大乘菩薩的精神乃在利他中求自了(此不同於二乘人之先自了後利他)。菩薩煩惱未斷，生死未了，却能够不畏生死煩惱之苦，辛勤地度衆，此不得不說是「諸法畢竟空」這一帖妙藥的功效！淸淨心，一者宣說「空心」(人我空)，一者宣說「空法」(法我空)，這是多麼地與般若經相應！讓我們再次回味龍樹菩薩的話吧：畢竟空卽是畢竟淸淨；以人畏空，故言淸淨！

中觀與眞常

一、楔子

大乘佛教流傳印度一千餘年（約西元元年——一千年），教區遼濶，思想當然十分龐雜，然而却可大分爲中觀與唯識；唐、義淨卽說過：「所云大乘無過二種：一則中觀，二則瑜伽。」（南海寄歸傳卷一）

然而，繼承小乘大衆系、上座分別說系「心性本淨」說的餘緒，亦有一分所謂「眞常唯心系」的大乘佛教在印度開展出來；此乃現代學者所公認者。❶它的代表經論是大般涅槃經、楞伽經、楞嚴經、圓覺經、佛性論、大乘起信論等。

❶參見印順之「印度之佛教」第一章及第十五章；或參見霍韜晦之「如來藏與阿賴耶識——從思想上之考察」（「中國學人」第六期頁三九——五四；香港新亞研究所出版）。

傳入中國的大乘佛教，也有力倡諸法畢竟空的鳩摩羅什師資，以及高舉人人皆具佛性，皆具清淨本心的華嚴、天台、禪、密等宗的學者；前者代表中觀而後者則多分爲眞常。天台、華嚴二宗偏盛於隋唐一時，光芒四射，掩蓋了其他的佛教學說。他們分別立下「五時八教」及「五教十宗」之教判，給流傳於中國之大小經藏一個全體的分類；他們所得的共同結論是：以般若經爲主的中觀佛教是不究竟的！

會昌法難（西元八四二——五）後，佛教在學術上受到嚴重的打擊，唯有不重經論但重樸實修行的禪、淨二宗仍大行於中土。從此，般若經系（中觀系）爲不了義的說法，成了定論。般若經中所强調的「空」，也連帶着成爲不究竟的了！

批駁空義，力倡人心本淨的天台、華嚴、禪等諸宗偏盛之後，佛教理應「從空出假」，廣泛深入社會才是正途，然而事實上却只見心性愈淨而出世彌甚！以致到了宋明，隱跡學界多時的傳統儒者，羣起而攻之。漸漸地，佛教成了消極、悲觀、出世、形而上（脫離現實、與世隔絕）的代名詞了！

這錯誤到底出在那裏？我們必須拋開宗派、拋開文化本位的立場來重新檢討。佛教古德們的錯誤引導當然是其中最主要的原因。然而傳統儒者有意無意的附會、曲解也是重要的因素。——佛教，和其他所有宗教一樣，也是社會文化的產物之一，爲了適應一時一地的風情學養，它會做適當的改變，它像一株生長着的樹。因此，佛教之所以在中國走上出世、形上的末路，除了其本身的原因，還應考慮外在社會給它的影響。

佛法本是爲度衆生而施設的，其中分系分派只是爲了適應不同根器的衆生而方便開顯，作者無意涉入中觀、眞常孰優孰劣的不休爭辯之中，亦沒有能力來探討儒佛之間的甚深問題。只因讀了「鵞湖」三卷六期的社論，感於編者對佛敎前途之一片熱誠，却未能直探大乘佛法之菩薩精神，故有不能已於言者，遂冒昧擬作此文，略抒一己之見。（但請不要以爲筆者是贊成和尚結婚者！）

二、大乘佛教興起的背景

佛法浩瀚猶如烟海，却不外原始佛敎卽已提出來的「三法印」：

(1)諸行無常印：一切因緣條件所構成的事物（諸行）都是變異而不常恒的。

(2)諸法無我印：任何事物當中都沒有「我」存在。

(3)涅槃寂靜印：解脫者所證得的涅槃是寂靜而沒有任何煩惱的。

由於「諸法無我」印的兩種不同的解釋，使得佛敎形成了不同的大、小兩乘。

「我」（ātman）的定義是：獨一（與非我的他物不同以致可以區分開來）、常恒（能保持其特性一段時間或永遠地不變化）、自主（能爲主宰者——自由自在）。這種獨一、常恒、自主的「我」，婆羅門教指的是宇宙的創造者——梵（Brahma），或指爲物慾所束縛的梵——小我（每一衆生）；而佛法中承繼此說，「我」指的是建立於身心（色受想行識等五受陰）當中的精神體，它是身心（五受陰）的執持者、受用者、主宰者，亦卽像一般宗教所謂不朽的「靈魂」。因此，佛教認爲，波羅門等所主張的「我」是依着五（受）陰等諸法而建立起來的，沒有五陰諸法卽沒有「我」。例如，雜阿含經卷二說：「若諸沙門婆羅門見有我者，一切皆於此五受陰見我。」

釋迦牟尼佛認爲，人類一切的災難、苦痛，都起因於强在非我的五陰法上建立一個「我」（不管是小我或大我的梵）。雜阿含說：「愚痴無聞凡夫，於色見是我……見色是我而取；取已，彼色若變若異，心亦隨轉；心隨轉已，亦生取着，攝受心住；攝受心住故，則生恐怖障碍心亂，以取着故。（受想行識亦復如是。）」（卷二）

一切的災難苦痛既然都起因於無我而强設有我，因此要解脫災難痛苦，必得如實了知五陰諸法，進而了知諸法中沒有獨一、常恒、自主的「我」。故雜阿含說：「於色不知不明不斷不離欲，則不斷苦。如是受想行識不知不明不斷不離欲，則不能斷苦。諸比丘！於色若知若明若斷若離欲，則能斷苦。如是受想行識若知若明若斷若離欲，則能堪任斷苦。」又云：「色無常，無常卽苦，苦卽非我，非我者亦非我所；如是觀者名眞實正觀。如是受想行識無常，無常卽苦，苦卽非我，非我亦非我所；如是觀者名眞實正觀」。（卷一）——這種災難苦痛的澈底解脫，乃立基

於對身心（五陰）的如實瞭解；故經云：「解脫者眞實智生。」（雜阿含卷二）

小乘佛教承襲這種最原始的，完全是經文字面的解釋，來推測釋迦「諸法無我」印的本義。因此，小乘教認爲：像其他宗教那樣，在五陰諸法上建立「我」或靈魂固然是錯誤的，但是，五陰諸法本身却不能不是眞實存在的。虛幻不實的「我」必須建立於眞實的五陰諸法之上，就像魔術師必須有道具才能變出幻馬幻象一樣。這種「假必依實」的預設被唱開來後，「我空而法有」的思想也就成了小乘教的標籤了。❷

在「法有」（五陰等諸法眞實不空）的思想下，衍生出來的理論是：世間是實有的，世間苦也是實有的（「諸行無常」印是眞實的）。其次，涅槃是實有的，涅槃樂也是實有的（「涅槃寂靜」印是眞實的）。——小乘行者可說是釋迦牟尼佛的最「忠實」的信徒。三法印是怎麼說他們就怎麼信。

小乘教存之於內的是「我空法有」、「三印眞實」，而行之於外的則必然是：偏重戒律、耽着禪樂！因爲，不重律治不足以嚴身，放縱身心不足以自救。他們厭世間苦，欣涅槃樂；他們遁

❷小乘部派中亦有類似大乘主張「法空」者；其中尤以大衆部爲主。大衆部主張過去、未來諸法皆假，而現在諸法有主張五陰實有而十二入、十八界皆假的說假部，也有主張世間法皆假，出世間法實有的說出世部，甚至有主張世、出世法皆假但有名字的一說部。另外，小乘中亦有主張「有我論」者，例如屬於上座系的犢子部即立有「不可說我」（非即蘊、非離蘊我）；經量部亦有「勝義補特伽羅」之說。以上詳見世友「異部宗輪論」及窺基之「述記」。

隱山林、視世俗如虎狼。——這一切都因爲他們執着世間及涅槃的眞實不虛。而歸根究柢乃因他們堅持「諸法無我」印的字面意義。

然而，「我」不必一定像小乘人那樣地解釋成爲身心中的主宰者——靈魂。在大乘佛法中，「我」除了代表身心中的靈魂之外，最重要地乃直指它最根本的內含——獨一、常恒與自主。(尤其是最後的「自主」。)因此，「諸法無我」印的意義，不再限於「五陰諸法中沒有主宰的靈魂」，而更擴大成爲「一切事物都不是獨一、常恒或自主的」了。❸

這種主張，如上所說，乃立基於「我」的不同解釋，其實是原始的根本聖典所本有的。雜阿含卷二說：「色非是我。若色是我者，不應於色病苦生，亦不應於色欲令如是不令如是。以色無我故，於色有病有苦生，亦得於色欲令如是不令如是。受想行識亦復如是。」病苦乃至受制於他(欲令如是不令如是)是不自在、不自由，亦卽不是自主的主宰者，因此，經文等於說：「若色是自主的(我)，不應不自在、不自由地病苦生，不應受制於他。以色是不自主的(非我)，故有不自在、不自由的病苦生，乃至受制於他。受想行識亦復如是。」

❸例如中觀系的代表人物龍樹，在其大智度論中卽有這種說法：「佛說六識，眼識及眼識相應法，共緣色不緣屋舍城郭種種諸名；耳鼻舌身識亦如是，意識及意識相應法，知眼知色知眼識，乃至知意知法知意識，是識所緣法皆空無我，生滅故，不自在故。」(卷十二) 此中至少有兩點值得提出：「是識所緣法」指的是色等諸法，這些法是生滅的(非常恒的)，不自在的，所以「皆空無我」。因此，第一、「我」不一定只指身心中的靈魂，亦可指「識所緣法」；第二、「無我」可定義爲生滅的(非常恒的)、不自在的(非自主的)。

「諸法無我」印既被大乘佛教解釋成「諸法都不是獨一、常恒、自主的」，那麼，衍生而得的理論是：世間的一切存在及現象都沒有獨一、常恒或自主性的。出世間的涅槃解脫，也是沒有獨一、常恒或自主性的。——原來「諸法」應該包括世間與出世間的一切存在及現象的。「沒有獨一、常恒、自主的事物」，意味着萬事萬物都是相依相助、相扶相成的；亦卽所謂的「因緣所生法」。因此，原始佛法中的「諸法無我」印被大乘學者，至少是早期的大乘學者，解釋成「諸法都是因緣所生的」。

早期大乘敎的集大成者——龍樹菩薩（Nāgārjuna A. D. 150–250），將「因緣所生」定義爲「空」；例如他那有名的代表作「中觀論」❹卽說：「因緣所生法，我說卽是空。」（觀四諦品第廿四）大智度論也說：「諸法因緣和合生，是和合法，無有一定法，故空。何以故？因緣生法無自性，無自性故卽是畢竟空。」（卷七十四）因此，被解釋成「諸法都是因緣所生」的「諸法無我」印到了龍樹手裏，卽成了「諸法都是空的」了。

總之，在龍樹的眼裏，世間、世間苦固然是空；出世間的涅槃以及涅槃的寂靜之樂，也是空。故中觀論云：「涅槃不名有，有則老死相，終無有有法，離於老死相。」（觀涅槃品第廿五）

其實，這種世間空、涅槃空，一切「畢竟空」的思想，不是龍樹所獨創，而是大乘經典所本有的。例如素有「般若經心要」之譽的「般若波羅蜜多心經」卽說：

❹般若經系又名「中觀系」（Mādhyamikas），原因亦出自龍樹的「中觀論」一書。

是故空中無色，無受想行識；無眼耳鼻舌身意；無色聲香味觸法；無眼界，乃至無意識界；無無明，亦無無明盡，乃至無老死，亦無老死盡；無苦集滅道；無智亦無得；以無所得故。

這色受想行識（五陰）；眼耳鼻舌身意、色聲香味觸法（六根、六塵合爲十二入）；眼界乃至意識界（十八界）；以及無明乃至老死（流轉的十二支）、苦集二諦等等，代表世間的一切存在及現象（諸行）；而無明盡乃至老死盡（還滅的十二支）；滅、道二諦；以及（能證）智、（所證）得等，則泛稱出世間的涅槃或證得此涅槃的方法。這世間、出世間的一切法，經文中都一一加以否定的「無」字。換句話說，世間、世間苦固然是虛幻的、空的；而出世間、出世間的樂也是虛幻的、空的。所以，金剛般若波羅蜜經說：「凡所有相皆是虛妄。」又說：「一切有爲法，如夢幻泡影，如露亦如電，應作如是觀。」

至此，我們得到一個結論：小乘教主張世間，出世間的諸法都是實有，因而世間的無常苦，出世間的寂靜樂也是實有的。——小乘敎是信守原始佛法中三法印眞實的一羣。反之，前進開通的大乘行者則認爲：世間、出世間的諸法是如幻假有；世間的無常苦、出世間的寂靜樂亦是如幻假有。——大乘行者透過「諸法無我」印的深刻別解，否定了無常苦的世間、寂靜（常恒）樂的出世間；進而宣稱世界的實相是「畢竟空」。故曰：「實相一相、無相。」三法印的差別相，被大乘行者合而爲一，成爲「一實相印」了！換句話說，透過「諸法無我」印所闡揚的諸法如幻畢竟空，我們可以從無常苦的世間，體會其不生不滅，常恒寂靜的一面——涅槃。看似矛盾的前後兩印，終於在「諸法無我」印的畢竟空中統一了起來！❺

三、般若經的菩薩三綱領

如此看來，世間與涅槃原本是畢竟空的不同顯現。看似矛盾的世間與涅槃原來是相依相成，不一不異的！故中觀論云：「涅槃與世間，無有少分別，世間與涅槃，亦無少分別；涅槃之實際，及與世間際，如是二際者，無毫釐差別。」（觀涅槃品第廿五）

那麼，何以大乘佛教要提出世間空、涅槃亦空、一切畢竟空，乃至世間與涅槃不一不異、相輔相成的思想呢？明顯地，那是不滿於小乘教的厭棄世間，欣向涅槃的「自了漢」思想。厭世間苦、欣涅槃樂的思想，乃立基於世間、出世間實有的「法有」教義上，因此，大乘佛教才不遺餘力地建立起一切諸法畢竟空無所得的理論。——空不只能對治煩惱，亦能對治菩薩畏生畏死的弱

❺世間與涅槃的不一不異，此處所引經論雖都是般若經系的作品，然而却是大乘佛教的共同主張。例如成唯識論卷十在自性、有餘、無餘等三涅槃之後，別列「出所知障，大悲般若常所輔翼，由斯不住生死涅槃，利樂有情窮未來際」的「無住涅槃」，即此意趣。又如眞常佛教的代表作，勝鬘經亦說：「見諸行無常，是斷見，非正見；見涅槃常，是常見，非正見。妄想見故，作如是見。」圓覺經亦云：「有愛我者，亦愛涅槃，伏我愛根爲涅槃相；有憎我者，亦憎生死，不知愛者，眞生死故，別憎生死名不解脫。」

者心態！

菩薩出生入死，難忍能忍，難行能行，其動機是不忍衆生苦的大悲心，其妙藥則是諸法如幻假有的般若空慧（畢竟空）。古德有云：「菩薩清涼月，常遊畢竟空，爲償多刼願，浩蕩赴前程！」因此，對大乘教的菩薩行者來說，大悲心是發心起行的原動力，類似世俗所說的「立志」；而畢竟空的般若慧，却是能令菩薩忍辱負重的無上妙藥。

在大悲心的驅使下，菩薩能斷煩惱而不斷，能住涅槃而不住，終日出生入死地爲救度衆生，敎化社稷而奔走。這一切是艱難困苦的，因爲有生命必有形勞病苦。僧肇曰：「夫法身無生，況復有形。既無有形，病何由起。然爲彼受生，不得無形；既有形也，不得無患。」（維摩經註卷四）唯有諸法如幻假有的畢竟空慧，才能讓菩薩忍受形勞病苦。世間、世間苦如幻空，則世間有何可厭可懼！涅槃、涅槃樂如幻空，則涅槃有何可欣可樂！——「空」原本是那麼一帖積極、極積極的妙藥，而不識者却說它是悲觀的、消極的、出世的、形而上（脫離現實）的玄理，以致有「聞畢竟空，如刀傷心」之浩嘆！（見大智度論卷六三）

做爲對治小乘「法有」之病的妙藥，「空」不過是一帖藥，一種工具，以致不能把它當做至高無上的哲學預設。空慧像是一把火，能燃盡所有的煩惱薪（所有錯誤的見解——諸見）。然而，一旦煩惱薪盡，空慧之火也隨之而滅。是故智論云：「一切法畢竟空，是畢竟空亦空。」（卷三一）又云：「自相空破一切法相，亦自破其相。」（卷七五）而中觀論也鄭重地警告我們：

「大聖說空法，爲離諸見故，若復見有空，諸佛所不化。」(破行品第一三) 智論也有類似的警告：「若着是空，則有過失，是不名深。」(卷七四)

「空」原本像大火聚一樣，不可把捉的。智論云：「是實智慧，四邊叵捉，如大火聚，亦不可觸。」(卷六) 又云：「譬如火燄，四邊不可觸，以燒手故。般若波羅蜜相，亦如是不可觸，以邪見火燒故。」(卷一一) 因此，把「空」當做哲學或形上的最高預設而把捉在腦海中不放是像觸捉火燄一樣危險的。因爲，凡有所立必有所著，若有所著則爲能破。這就成爲唯識家所批評的「撥無因果」了。❻其實，「空」何嘗是什麼都沒有！何嘗僅止於煩惱痛苦的寂滅！龍樹說得好：「般若波羅蜜中亦有分別。」(智論卷五八) 又說：「以有空義故，一切法得成；若無有空義，一切則不成。」(中論觀四諦品第二四) ——「空」，原本是爲建立因果諸法的，而不是破壞因果諸法的！

其實，只要我們正確地了解「空」義，即不可能把空視爲「撥無因果」了。我們應該牢牢地記住龍樹爲「空」所下的定義：

---

❻龍樹之後的中觀學大分爲二系：一爲清辨系，二爲佛護，月稱系。清辨主張廣用因明學的論證，立量證明畢竟空在邏輯上是成立的；其有名的「掌珍論」即曾立量云：「眞性有爲空，緣生故，如幻；眞性無爲無有實，不起故，如空華。」而成唯識論則批判他是撥無因果的「大邪見」。並責備他說：「若一切法皆非實有，菩薩不應爲捨生死，精勤修集菩提資糧。」(詳見成唯識論卷三及窺基之「述記」卷廿一)。

因緣所生法，我說卽是空，亦為是假名，亦是中道義；
未曾有一法，不從因緣生，是故一切法，無不是空者。
（中論觀四諦品二四）

「空」意味着「因緣所生」，亦卽意味着「非獨一、常恒或自主」的諸法——這是我們前面所說過的。如此的「空」怎會是虛無的、「撥無因果」的空呢！

其次，如果我們記住前面智慧火、煩惱薪的比喻，記住龍樹給我們的鄭重警告，那麼我們也不必如天台宗那樣，在空、假二諦之外再別立一個中道諦了❼。「空」是難以了解而容易誤會的。容易被當做哲學的或形上學的最高原理把捉着。天台宗的別立中諦，未嘗不是有見於此。此是愚者之疚，豈天台宗之疚！惟喜空談玄理的中國學者們，請三思！

把菩薩的大悲心與般若慧合起來說明的是大般若經的菩薩三綱——它說明一個大乘行者應如何自處、待人：

(1)一切智智相應作意：特別用心（作意）地去和佛陀的無限智慧（一切智智）契合而相呼相應。

(2)大悲為上首：以深入社會、關懷衆生的大悲心為最首要。

(3)無所得為方便而行：善巧地利用諸法如幻無所得的空慧為妙藥、工具，隨機應變（方便）

---

❼天台智者大師（或說北齊慧文禪師）卽依前引中論四諦品的偈頌而立空、假、中三諦。

地修行度衆。

這三個綱領的要旨是：菩薩不忍衆生的煩惱病苦、社會的動盪不安，因而生起由衷的大悲心，發下上求一切智智（佛智）的大願，並利用尙未純熟的畢竟空慧（一切智智的一分作用），努力地方便度衆，造福社會。在這種意義下，菩薩不能厭離世間、遁入山林，相反地要深入社會各個階層，忍受一切可能遭遇的屈辱，辛勤地敎化人羣。是故摩訶般若波羅蜜經中佛說：「我不讚是遠離。所謂但在空閒山澤曠遠之處，名爲遠離。」（夢中不證品第六一）

菩薩具足煩惱，尙未解脫，而又必須深入社會各個階層。因此，爲了避免俗化、墮落，爲了能出汚泥而不染，菩薩必須以諸法如幻無所得的空藥，來對治自己的貪瞋痴等煩惱。另一方面，菩薩爲了平等對待衆生，爲了忍受度衆所引生的疲勞屈辱，爲了使自己的愛心持恒不致退失，也必須服下諸法如幻無所得的空藥！

而這一切是以「大悲心」爲最首要的！菩薩的一舉一動都不是爲個己的解脫着想，而是時刻想到如何才能使衆生離苦得樂，使社稷安定富足。故智論云：「菩薩行善道爲一切衆生，此是實義；餘處說自利亦利益衆生，是爲凡夫人作是說，然後能行菩薩道。」又云：「若自利益又爲衆生是爲雜行！」（卷九五）

四、眞常唯心佛教的菩薩三綱領

眞常唯心佛敎是影響中國佛敎及宋明儒學最深的一支；它的思想在中國人看來並不陌生。在中國本土所開展出來的佛敎，也多半屬於這一支；例如較早期的地論、涅槃宗；以及較後的華嚴、禪、密、甚至一分的天台、淨土，都是屬於這一系的思想。它又和中國的文學合一，放射了光輝燦爛的光芒。——眞常唯心佛敎的確對中國有不可磨滅的功蹟！

眞常唯心佛敎的重要主張是：每一衆生（連斷了善根的「一闡提」）都有淸淨的本心，罪惡等煩惱無非像旅客或朝陽下的灰塵一樣，漂浮不定，虛妄而不實。——故稱煩惱爲「客塵」。而宇宙間的萬事萬物（美醜、是非、善惡，乃至山河大地）無非是個己淸淨本心的顯露。此人人本具的淸淨心，恆亙三世、體遍四方，或叫「眞心」、「覺心」、「妙心」，亦叫「眞如」、「佛性」，也可以稱之爲「如來藏」或「阿摩羅識」，而影響中國學界既深且遠的「大乘起信論」則稱之爲「一心」。

梁武帝時代的傅翕（傅大士、善慧大士）曾用一首簡短的詩，表露他對「人人皆具淸淨本心」、「人人皆有佛性」的了解：

夜夜抱佛眠，朝朝還共起，起坐鎭相隨，語默同居止；

纖毫不相離，如身影相似，欲識佛去處，祇這語聲是！（指月錄卷二）

而楞嚴經亦有一段經文說明宇宙萬法都是清淨本心（妙明眞精妙心）所變現的：

色心諸緣，及心所使，諸所緣法，唯心所現，汝身汝心，皆是妙明眞精妙心中所現物！

佛印禪師云：「青青翠竹眞如貌、鬱鬱黃花般若風。」東坡居士亦云：「溪聲盡是廣長舌，山色豈非清淨身。」——這些都無非是中國文人墨客，透過詩詞的感染力，而對楞嚴經的另一種註解。禪師們所說的「觸目菩提」，乃至「喫飯睡覺便是道」，何嘗不也是出自「山河大地皆是佛身」的思想啓發！

因此，眞常唯心佛教的思想可歸納成爲三條：

(1)衆生本即是佛：人人皆具清淨佛性，因此人人本來是佛。衆生所以流轉生死，並非喪失佛性或減損佛性，只因客塵煩惱之染汙，不能發揮其清淨的光明而已。——這如明鏡染塵；染後雖暫失其光明面，然而却不失其光明的本性；拂拭之後雖復顯光明，而光明的本性却不從外得。蓋明鏡原本明鏡，灰塵僅止於「客」。故曰：「在凡不減，在聖不增。」

(2)每一衆生皆與我一體：宇宙萬法旣都是清淨本心的顯露，則衆生亦無非我清淨心中之一分。

(3)善惡諸法皆是清淨本心之不同顯現：這如晴天的太陽（善）雖不同於陰天的太陽（惡），然其能照萬物的本質却完全相同。惡，不過是不完美的，不充分的善而已。故起信論云：「依本覺故而有不覺。」圓覺經亦云：「一切障礙卽究竟覺，得念失念無非解脫，成法破法皆名涅槃，智慧愚痴通爲般若……諸戒定慧及婬怒痴俱是梵行。」——好一句「諸戒定慧及婬怒痴俱是梵行」！

依次由這三條教理，眞常佛教也可以像大般若經那樣地敷演出菩薩的三綱領：

(1) 菩提心爲因：人人本具淸淨覺心（菩提心），菩薩應依此覺心勤除客塵煩惱，還我本淨面目。——衆生之所以能够成佛，乃因本具淸淨覺心的自我淨化。

(2) 大悲爲根本：體了一切衆生皆我心中之一分，即能油然生起同體大悲之心。——衆生一日未度，即是我心不淨。是故欲淨我心，應淨衆生。

(3) 方便爲究竟：婬怒痴等惡法亦是淸淨覺心之顯現，故應善用此等惡法方便度衆。——方便之惡法門旣同善法出自覺心，故惡法門亦能達諸究竟解脫。

這三綱領的要旨是：菩薩首先應體悟自己本來是佛，山河大地，一切衆生與我一體；然後依此知見爲本，立下上求佛智下化衆生之信願；並不惜以婬怒痴等方便法門導之於究竟解脫。——古德云：「方便有多門，歸元無二路。」楞嚴經亦云：「歸元性無二，方便有多門，聖性無不通，順逆皆方便。」

這三個綱領仍以大悲心爲最根本，此同於般若經系；然而，其不忍衆生之苦，直爲衆生而修佛道的精神已經盪然無存了！換成的却是爲求個已成佛，爲淸淨自心的倫理觀！——度化衆生只不過是爲求佛道而不得不做的工作罷了！

筆者以爲，這是眞常學者對小乘教與初期大乘教——中觀系的折衷。小乘行者完全的偏於出世、自了；而大乘中觀系那種「自利益又爲衆生是爲雜行」的菩薩精神，確實難以接引大部分心性怯弱，悲心不足的信徒。於是眞常學者出自悲憫之心，開設了方便法門，提出了「利他卽是自利」的口號，方便接引了這些心性怯弱，悲心不足的信徒。——然而，我們不得不說，早期的菩薩精神已經如日之下於江河了！

五、結語

儒家，尤其是偏於孟子一系的宋儒、明儒，基於「人性本善」的觀點，雖自比於眞常佛敎的「心性本淨」，然而，事實上是近於中觀學的。

中觀佛敎强調以畢竟空無所得（沒有任何目的）之心去度衆。——菩薩度衆不爲社會的讚美，不爲衆生的回報，也不爲個己的解脫成佛，而純粹出於不忍衆生苦的「大悲心」的顯發、推動。因此，般若經要菩薩體了「三輪體空」；就布施來說，要體了能施者（菩薩自己），所施物，所施者（受惠的衆生）這三輪皆是如幻假有的。金剛經云：「菩薩於法，應無所住行於布施。所謂不住色布施、不住聲香味觸法布施。」又云：「說法者無法可說，是名說法。」摩訶般若波羅蜜經亦云：「我無所論說，乃至我不說一字，亦無聽者。」（天王品第二七）——這在在都是闡揚畢竟空無所得（沒有任何目的）的度衆精神！

而儒家，尤其是孟子一系的儒家，也是闡揚這種發自本心，沒有任何目的的倫理觀。孟子解釋仁與義如下：「人皆有所不忍，達之於其所忍，仁也；人皆有所不爲，達之於其所爲，義也。」（孟子盡心篇）——如果「仁」就是佛敎中的「大悲心」，那麼，孟子所謂的「仁」原來也是起因於不忍衆生之苦！大悲心是出自於菩薩內心，沒有任何目的的。而「仁」也是人人本卽具足的。故孟子曰：「人之性善也，猶水之就下也。人無有不善，水無有不下。」（告子篇）又曰：「惻隱之心人皆有之，羞惡之心人皆有之，恭敬之心人皆有之，是非之心人皆有之。……仁義禮智，非由外鑠我也，我固有之也。」（同上）菩薩能够「爲償多刼願，浩蕩赴前程」，而舜帝亦能「聞一善言，見一善行，若決江河，沛然莫之能禦也。」（孟子盡心篇）——中觀佛敎原來是那麼與儒家思想相契！

或有人說，龍樹的思想仍脫離不了自求解脫的出世色彩。因爲菩薩觀空以度衆生，最後還是證入畢竟空的諸法實相而證得涅槃。

誠然，諸法之實相卽是畢竟空，而且利用般若慧以致純熟，亦必能證得畢竟空之諸法實相而解脫。而智論也肯定地說：「一切諸法性常自空，不以智慧方便觀故空。」（卷一八）又說：「是畢竟空從本已來空，非佛所作，亦非餘人所作。……是空相是一切諸法實體。」（卷七四）但是，菩薩觀空求一切智智、證入諸法畢竟空的實相，決不是爲求個己的解脫，只不過是「恰巧」撿到的便宜而已！我們別忘了龍樹的話：「菩薩行善道爲一切衆生，此是實義；餘處說自利益亦利益衆生，是爲凡夫人作是說，然後能行菩薩道。」（智論卷九五）——何況求得一切智智也是爲了度衆。

儒者一廂情願地以爲眞常唯心佛教的「衆生皆具清淨本心」即是孟子所說的「人性本善」。其實，其中却仍有毫釐之差別，以致有千里之失！眞常佛教的清淨本心乃爲客塵煩惱所染，以致衆生流轉生死；因此，解脫成佛重在除去貪瞋痴等煩惱。——這是着眼於個已的幸福、利益，其中有超乎善惡等倫理的目的在。然而，孟子的「人性本善」論，雖說亦必以規矩誨人去惡歸善，但惡未必即是致人痛苦不幸之煩惱，去惡歸善亦不一定能令人幸福快樂。此其一。其次，眞常佛教的「清淨心」乃善與惡、覺與不覺、涅槃與生死、菩提與煩惱之所依。因此，起信論說：「依一心（清淨覺心）法有二種門，云何爲二？一者心眞如門，二者心生滅門，是二種門皆各總攝一切法。」原來，至善至美、不生不滅，「從本以來離言說相，離名字相，離心緣相，畢竟平等，無有變化，不可破壞」（起信論文）的眞如，固然依此清淨覺心而有；而依（不覺）所生之無明業相、能見相、境界相等「三細」，以及由境界相所引生之智相、相續相、執取相、計名字相、起業相、業繫苦相等「六粗」，又何嘗不是依此清淨覺心而有！故論云：「心生滅者，依如來藏故，有生滅心。」又云：「依本覺故而有不覺。」論中又舉喩說：「無明之相不離覺性，非可壞，非不可壞。如大海水因風波動，水相風相不相捨離。……如是衆生自性清淨心，因無明風動，心與無明俱無形相，不相捨離。」（論中又有「猶如迷人依方故迷，若離於方則無有迷」之喻。）——總之，眞常唯心佛敎的清淨本心，乃善與惡、覺與不覺、不生不滅（眞如）與生滅、智慧與無明之所依。這與孟子所說的「人性本善」明顯的不同。「人皆有佛性（清淨心）」到底是不同於「人性本善」吧！至於清淨心又是山河大地之起源，這種典型的唯心論，更不必說，是完全不同於孟子的性善說了！

在中國，雖然佛敎事實上已與儒家處於平起平坐的地位，（有些地方甚至超過儒家，例如民間，或西藏、蒙古等邊陲。）然而却仍被斥爲非正統的「旁門左道」！儒者常以嫡傳的主人自居，來批判幾欲奪主的喧賓，說它是消極的、悲觀的、出世的、形而上的。此尤以宋儒、明儒爲甚。今人亦有承此宋明餘緒，而老調重彈者。

然而，宋儒、明儒入之於眞常佛敎（多爲南禪），又出之於眞常佛敎，其所認識的佛敎，亦不外眞常佛敎。甚至只是被唐武宗、明太祖等逼入山林，與世隔絕的頓禪佛敎。充其量只是大談「一色一香無非中道」、「無情有性」（皆眞常思想）之天台佛敎。而相反地，對於曾放異彩於一時的鳩摩羅什師資，却充耳不聞！

般若經系幸賴羅什師資的弘傳；然時値玄談之風旣興且盛的時代，沾染了一身老莊的出世色彩。加上後代學者有意無意的忽略、歪曲，以致不曾再放射其應有的光芒。「菩薩淸涼月，常遊畢竟空」的大乘精神從此喪失了！此誠是中國佛敎之不幸！亦是中國人之不幸！

最後，別忘了楞伽經的經證：「大慧！有時說空、無相、無願、如、實際、法性、法身、涅槃、離目性、不生不滅、本來寂靜、自性涅槃，如是等句，說如來藏已，如來應供等正覺，爲斷愚夫畏無我句，故說離妄想無所有境界如來藏門！」又云：「於法無我離一切妄想相，以種種智慧善巧方便，或說如來藏，或說無我。……開引計我諸外道故，說如來藏。」（宋譯本卷二）——原來，如來藏是爲畏懼無我的外道而方便假說的，而其眞實的意義則是「空」、「法無我」等。龍樹說得好：「畢竟空卽是畢竟清淨；以人畏空，故言清淨！」（智論卷六三）

關於「中觀與真常」

——敬答廖鍾慶先生

「鵝湖」三卷十二期刊有廖鍾慶先生評破拙文「中觀與眞常」的大作。廖文主要的觀點來自牟宗三先生的「佛性與般若」一書❶，因此，本文亦僅就該書若干論點提出回答。然而，還是先從拙文「中觀與眞常」說起。

㈠「中觀與眞常」的主要論點如下：

⑴空是般若經所闡揚的，用來對治小乘人「厭苦欣樂」的自私心態。因此，空的眞正本意是：在空觀（中觀）下，菩薩體悟世間、涅槃的虛幻性、不二性，以進而「不厭生死苦、不欣涅槃樂」地深入社會。

⑵早期的大乘行者（中觀行者），行善度衆沒有任何目的（不爲個己之解脫、成佛）。

---

❶臺北臺灣學生書局六六年版。

(3)般若經的「空」與一分佛敎的唯心思想結合，而成爲後期的眞常經論。此「空」改稱爲「淸淨心」或「如來藏」等。而此「淸淨心」乃一切萬法（包括衆生）的本源。衆生成了我人淸淨心的一分。

(4)每一衆生既是我淸淨本心之一分，故欲淨本心先淨衆生，欲求自度先行度他。度他成了淸淨本心、解脫成佛所必須的（因此也是不得已的）工作（此所謂「同體大悲」）。此完全不同於早期般若經系那種不爲任何目的而度衆的精神。

(5)慈悲度衆乃大乘佛法不同於小乘敎的地方；何宗何派能發揚這種精神於極處，即是最圓滿、最了義的。眞常經論既然以度衆當做成佛必備，也是不得已的工作，當然不能積極發揚慈悲度衆的大乘精神。（蓋因它有爲己之嫌。）唯有不爲任何目的而度衆的般若經才是最圓滿、最了義的！

（以上是拙文的主要結論，也是目前我仍然執着不能放棄的看法。）

(二)拙文中可能是錯誤，也可能是正確的論點（因此，也是我可以放棄，可以不放棄的看法）：

(1)所有對儒家的論點，尤其是結論一節中對中觀與孟子所做的「比附」。（拙文中僅僅「比附」這二者間都同樣是沒有任何目的地、出自本心地行善度衆。）拙文在這方面的結論是：「如果」佛家的慈悲就是孟子的仁，那麼仁原來也是起因於不忍衆生之苦。（我不了解，如果仁心不是發之於不忍衆生之苦，仁心還有什麼意義？）拙文的「比附」爲的是喚起當前某些過分貶斥般若，高揚眞常之儒者的注意。

(2)有關天台宗空、假、中三觀的論點：筆者對「空」之了解，執着於般若經所說遮遣的一面；空的本意乃在遮遣菩薩對世間、涅槃的執着，以達到「不厭生死、不欣涅槃」的目的。因此，在這意義下的「空」，只是手段。以空觀之手段遣除世間、涅槃等一切假法之存在；一旦如薪柴之假法遣除之後，空慧之火亦必熄滅，更不須另一中道來遮遣已熄之空觀。此其一。其次，龍樹將「空」定義爲「因緣生」，「未曾有一法不從因緣生」，因此，「是故一切法，無不是空者」。諸法既都是因緣生，必非如龜毛兎角之全無；既非全無，自然沒有「智證偏眞」（法華玄義卷二文）之嫌；既無「智證偏眞」之嫌，也就不必要在空、假之外，別立「眞卽是俗，俗卽是眞」（同上）的第三中道觀。此其二。尤有進者，空觀乃爲幫助菩薩契證生死、涅槃皆空，以深入社會度衆而施設的，而不是爲滿足「圓具恒沙佛法」而施設的（此將於下文詳論之）。因此，菩薩觀空僅止於觀空，雖說是「色卽是空，空卽是色」，然而，不必像「圓人」那樣爲了圓具恒沙佛法而觀「不空」之中道理，也不必「聞不空理卽知具一切佛法無有缺減」（妙玄卷二文）。此其三。有此三點理由，筆者自然認爲三諦三觀之說並非必要，空、假二諦卽足夠說明一切。然而，拙文並不曾主張不可說三諦三觀，更不反對那些有排列組合興致的專家學者去搞四諦四觀、五諦五觀，乃至千諦千觀。如果說這種搞法有什麼新鮮的東西，那不過像前面說的，空中圓具恒沙佛法的眞常結論而已。然而，這樣的眞常「空」（或「中」）是筆者所認爲不必要的（如下文詳論）。

(3)有關世親「佛性論」的論點：牟宗三先生的「佛性與般若」（部二，二章三節）中認爲，世親「佛性論」中所說的佛性，只是眞如理（理性佛性）而非與「理」相對待的「如來藏自性清淨心」。然而，「佛性論」中也說到了「如來藏」一詞，此其一。另外，拙文最後引楞伽經說過，佛性、如來藏、清淨心等名詞，無非是「無我」、「眞如」、「空」等字詞的同義語❷；此其

❷有人認爲「如來藏」、「清淨心」之說，是爲了「說明成佛如何可能的問題」，以及說明「成佛依何型態才是究竟的問題」。後面一點本文最後自有詳細的討論。至於第一點，筆者寧可把它看做是「給每一信衆一個努力修行必可成佛的保證」。「一切衆生皆有佛性」一語，在我看來無非是「一切衆生（經過努力）必可成佛」的同義語。佛敎是講因果的，說人人有個實體性的「清淨心」，然後起自我淨化的作用，這似乎脫不了外道梵我論或因中有果論的嫌疑。我不認爲清淨心、佛性、如來藏等是實體的心。從楞伽經、涅槃經的經文看來，我只知道它們無非是「無我」、「空」的同義語。（較詳細的說明請參看拙文「清淨心與眞常佛敎」；見註❸）把如來藏等看成是解釋「成佛如何可能」、「成佛型態何者究竟」的說法，是哲學性的說法、「理」的說法，雖有見地，也是學界公認的，却未必是佛敎的本義。筆者所注意的不是「理」而是「敎」的說法、「行」的說法，是着重於以敎、行度衆的觀點；就像老師給學生的承諾一樣：只要你們努力用功，一定可以考試成功！（「敎」與「理」對身爲宗敎而非哲學的佛敎來說，到底何者爲重的論辯，下文將有詳解。）

其次，「佛性與般若」認爲楞伽經將如來藏視爲空、無我、眞如等，是就空如來藏而言。它說：「此不

二。由此二點，筆者雖然不敢肯定世親所謂的佛性、如來藏一定是「自性清淨心」，然而却仍然執着佛性、如來藏等乃是「諸法畢竟空」的方便說。較詳細的論證請看另一拙文「清淨心與眞常佛教」❸。在這一結論下，如來藏系的作品本不可偈限於談「心」的經論。把「佛性論」視爲眞常論典有何不可？如果「佛性論」不可視爲眞常論典，大涅槃經也不可視爲眞常經典。涅槃經不曾提到能生萬法的「如來藏」，更不曾說到「唯心」。這樣完全不談「心」的經典都可像「佛性與般若」部一、四章那樣劃爲「如來藏自性清淨心」的系統下，那麼，在筆者「如來藏卽空理」的認識下，「佛性論」何以不可看做眞常論典？

過將一切法統於眞常心，就其空如無相而一起寂滅之，法寂故心寂而亦無我相也。此卽是空如來藏。」（頁四五二）廖文也說，如來藏固然是爲「開引計我諸外道」而權設的，但却與龍樹的緣起性空不同，因爲楞伽經明言「如來藏是善不善因」，而龍樹的「空」却不是「善不善因」，因爲龍樹的「空」不曾存有論式地建立一切因果法。此二人的說法大體不錯，也是學界公認的，筆者雖無知，却也不曾將之混淆。然而，在筆者看來，說一切法「唯心」（不管是唯眞心或唯妄心），無非說一切法是「空」。「空」，固然可像龍樹那樣定義爲「因緣生」，亦可像唯識、眞常那樣解釋成「唯心」。（請參看拙文「清淨心與眞常佛教」。）空，是般若經所首倡的，「因緣生」的定義自然成爲顯義，而後起的「唯心」義也就成了密義（不了義）了。總之，拙文從來不曾說過龍樹的「空」就是眞常的「如來藏唯心」；然而，拙文却極肯定地（目前更肯定地）說「如來藏」的說法乃「空」的權說。

❸臺北十普寺出版「中國佛教」月刊廿二卷七期（革新一號）。

㈢拙文不恰當而應自我批判的地方：

⑴「起信論」爲中國地論師或攝論師所造，此乃學界的通說❹，拙文語意不清，應更正。

⑵筆者對儒家，尤其是宋明新儒的無知。（然而，筆者仍然認爲宋、明儒乃入佛出佛，甚至是入眞常出眞常。這是史家常識性的說法，並非筆者一已的偏見。甚至有人說他們是「陽儒陰佛」呢！）

⑶所有驚嘆號一律改成句號。所有語氣剛烈的地方應緩和。

㈣拙文不曾、不忍說到，而今却非寫、非說不可的論點：

⑴佛敎不必一定是「存有論」：牟宗三先生之「佛性與般若」說：

般若經只是憑藉已有之法，而說般若之妙用，未曾予一切法一根源的說明……般若之圓只是不捨不着之妙用的圓，尙不是存有論的圓，此卽表示空宗尙非眞圓敎。眞圓敎必須是存有論的圓具，而存有論的圓具卽是一系統。（頁七八——七九）

牟先生認爲，眞正圓滿了義的敎理，必須是說明宇宙萬法之本源的「存有論」。般若經只說到「不捨」一切法（平等一如地看待一切法），當然不是眞正圓滿了義。要眞正做到存有論的圓

❹有說「起信論」是攝論師所造，詳見村上專精之「佛敎唯心論概論」頁一七五——一七九（釋印海譯、臺北慧日講堂六十六年初版）。另外，拙文說楞嚴、圓覺二經亦屬眞常經典，然此二經亦有說是中國人所造者。

滿了義，必須透過起信論等眞常唯心的經論，引入「如來藏恒沙佛法佛性」這一觀念才可。他說：

> 此眞常心亦卽是一種般若智心也。實相般若卽是心眞如也。實相與唯心並非不相凾。從般若經之實相般若，依遣執蕩相之妙用作用地言般若，進而言心眞如之眞心，使作用的般若成爲實體的般若，亦非不可。此蓋由般若經只言般若作用地具足一切法，而對於一切法却無一根源的說明，卽，只有作用的具足，而無存有論的具足，是故再進而言存有論的具足，由此進一步的說明所必至者。(頁四五六)

在「存有論」才是圓滿了義的前提下，眞常自然優於般若。然而，我人必須追問的是：佛敎必須是「存有論」嗎？佛敎必須對萬法之「本源」有所說明嗎？明顯地，原始佛典——阿含經，對這些「本源」的問題是拒絕說明的；它甚至把這些問題列爲令人墮入邪見的「十四無記」當中；有名的鬘童子與佛的問答卽是一例。（或許有人說，阿含經是小乘經典、不了義敎；但是這不過是站在天台、華嚴等敎判的觀點來說，仍不出宗派之偏見，在筆者不承認此敎判的情形下，不能用此說法評破筆者的引證。）

佛敎固然可以當做哲學理論來看待，然而就它的宗敎面來說，無疑地更加重要。就哲學的需求來說，當然可以建立「存有論」，當然「使作用的般若成爲實體性的般若，亦並非不可」。然而，從「敎」的立場來看，這些建立必須是無碍於「敎」的推行，換句話說，必須照顧到「純爲救度衆生」的本意是否因而變質、喪失。一個樵夫寧可要一把醜陋但卻銳利的斧頭，而不顧美觀但却不經用的另一把。同樣地，當哲學的過分建立有碍於「教」的推廣時，站在宗教的立場來說，寧可捨「理」就「教」。

然而，眞常經論所建立之「存有論」，是否碍於「純爲救度衆生」這種「教」的推廣呢？拙文以及「淸靜心與眞常佛教」一文已說得很淸楚，本文的第㈠部分也綱要性地說到。中國佛教何去何從？是「理」的變化，或「教」的推廣？這已不再是純粹的學術問題。筆者深深以爲教重於理，而佛教古德們出教入理，在我看來，自然是「錯誤引導」！

「佛性與般若」還說：

緣起法的自體自性，除通過數而成的現象義的自體自性，尙可有通過意志因果或天道性體而成的超越義的自體自性，超越義的自體自性是由於意志因果或天道性體將緣起實法定然而實然之……此是儒家義。……但超越義的自體自性，佛家不能承認。因爲緣起性空，並無超越實體以創生之故。即使言如來藏淸淨心，此淸淨心並無道德的內容，即無道德意志之定向與創生，所以緣起法仍只是緣起而爲如幻如化之假名（似有無性，依他起攝）。但吾不以爲如來藏淸淨心必排斥道德意志之定向。排斥者只是敎之限定，並非淸淨心本身必如此。……此將是儒佛之大通。（頁一三七）

我人可以同意通過性空可建立如來藏緣起（實際已建立起來），再進而建立以「意志因果或天道性體」爲本的創生說。然而，筆者深深疑懼，這種「性空——眞心——天道性體」的形而上化、「存有論」化，是否會進一步成爲「神」化。因爲這種具有道德意志的「天道性體」，與神教徒的上帝、大梵，實在已很相近了（恐怕只差一個「人格化」而已）。那時，恐怕不但是「儒佛之大通」，而且是「梵佛一體」、「神佛合一」了！這是神教徒的福音——純正佛法衰亡了，但絕對不是佛教的福音！

存有論的梵化、神化、衰化、死化，在印度已呈現爲歷史遺跡，中國佛教徒還要重蹈覆轍嗎？

(2)佛身不必一定是圓滿無缺的：

「佛性與般若」說：

> 是以若充悲願之極，必須透至「如來藏恒沙佛法佛性」始可。是則成佛不只是籠統地不捨衆生，而且必須卽九法界而成佛。卽成佛必須依圓滿之形態而成佛。圓滿形態的佛是以具備着九法界法而決定，卽是十界互具爲圓滿形態。此圓滿形態卽決定「如來藏恒沙佛法佛性」一觀念……此卽示法身必須遍滿：遍於存有論的一切處，滿備着存有論的一切法。
>
> （頁一八〇——一八一）

這是透過天台宗「十界互具」的觀點，來論佛身；其實除了「互具」一點之外，其餘對佛身的要求最極圓滿，乃是其他一切眞常經論所共同强調的特色。

佛身從最原始的「坐木菩提樹下，生草爲座，成劣應丈六身佛」（諦觀「天台四教儀」文），一直演化到「以虛空爲座，成清淨佛法身，居常寂光土」（同上）的「圓教佛」，這其中是曲折而隱含各種方便設施的。後期佛敎的「存有論」化、形而上化，無不與之相關。試申論如下：

佛菩薩在一個佛敎徒的眼中，自然是圓滿而偉大的。然而，此圓滿，此偉大，不必一定在色身方面，而應該是精神方面的。阿含經中所强調的「見緣起卽見法，見法卽見佛」，乃至般若經的「若以色見我，以音聲求我，是人行邪道，不能見如來」，這在在都說明早期佛敎徒所了解的佛，是精神的佛，而非色身佛。然而，這種無形的精神佛（早期經論的法身佛），到底是難以了解的；對敎內有高深學養的長老們固然不成問題，然而，對一般泛泛之輩的信衆們，却難以接受。在一般執有的信衆看來，單單是「依法不依人」，單單是精神上的永恒、圓滿，並不能滿足他們對佛陀越來越深情的想念。於是，在形式上，從埋存佛骨的塔波，進而紀念碑，再進而佛像的流行；在敎理方面，從「劣應丈六身佛」的「應身佛」，進而「坐蓮華藏世界，七寶菩提樹下，大寶華王座，現圓滿報身」（天台四教儀）的「報身佛」，再進而「以無量虛空爲座」的「圓佛」（法身佛）。隨着信衆們的虔誠想念，以及佛法的廣泛流傳（因此也是俗化、神化），佛身從人被提升爲神，從人間被提升爲天上。因此，也從不求（色相的）圓滿無缺，進而限定其必須無所不知、無所不能地圓具恒沙佛法了。

其實，從部派佛敎（小乘敎）的論典，我們還可找到佛身這種圓化、也是神化、俗化的發展軌跡。在世友的「異部宗輪論」中，說到大衆部與說一切有部有不同的佛身觀：

> 此中大衆部、一說部、說出世部、雞胤部本宗同義者，謂四部同說：諸佛世尊皆是出世，一切如來無有漏法，諸如來語皆轉法輪，佛以一音說一切法，世尊所說無不如義。如來色身實無邊際，如來威力亦無邊際，如來壽量亦無邊際……。
>
> 其說一切有部本宗同義者，謂……非如來語皆爲轉法輪，非佛一音能說一切法，世尊亦有不如義言，佛所說經非皆了義……。

從這兩段論文看來，大衆部等極度讚嘆的佛身觀，與說一切有部人本主義的佛身觀，成了鮮明的對比。大乘佛法繼承了大衆部的佛身觀，使得佛法深入民間，廣度無量無邊心性怯弱，急需依怙的衆生，也使得大乘之所以爲「大」。然而，這畢竟是權巧方便，也多少違背佛陀「依法不依人」的最後遺訓。

中國佛教發展至今，也同印度佛教一樣嚴重地神化、俗化。爲數不少的佛教徒，在這種神化、俗化的佛身觀之下，不再把佛菩薩當做個己言行的榜樣，而成了一味消災祈福訴願的對象。佛教喪失了「爲人」的大乘精神，變成「爲己」的小乘心態，這不能不部分歸咎於佛身觀的神化。

爲了全體佛教的推廣，爲了對治當前中國佛教的過分神教化，現今所應强調的是有部的佛身觀。把佛陀從天上拉回有血有肉的人間，還其本來面目。筆者所願見的是一尊人上人的佛，而非高不可攀的天中天佛。在這種看法下，佛可以是最極圓滿的，不過那是就他的精神面說。就他的色相而言，佛仍然會說：「阿難，我口渴，請給我一杯水！」佛仍然會因爲吃了鐵匠窮達所供養的糟檀樹耳而腹痛入滅！（俱見南傳大般涅槃經。）因此，佛身不必一定要「透至如來藏恒沙佛法佛性」始可「充悲願之極」；佛身的圓滿也不必一定要「十界互具爲圓滿形態」。這些圓化、神化的佛身觀，都脫離不了方便的權說，雖有其哲學的趣味，却無「教」的實用。有人說：有兩種哲學，一種是美的哲學，美則美矣，眞則未必；一種是眞的哲學，雖眞而不必一定是美。把佛法、佛身說得再美妙、再圓滿，如果脫離一個「行」（教）字，都成了戲論，雖美而不必眞！

筆者在拙文中深信本文第㈠部分所提出來的五點綱要，而今又有上面兩點與牟先生（也是廖先生）不同的看法。在這正、負七個論據之下，筆者尚不知自己的錯誤在那裏？我深深盼望着有更深刻而非枝末的、更理性而非訴諸感情的反證。

野狐禪

——佛教的濟世思想

野狐禪是禪宗一個有名的公案，其內容如下：禪宗六祖惠能大師的徒弟百丈懷海講經說法時，有一老者每次都最早到，講經完畢，總是遲遲才去。有一次講經完畢，此老者徘徊許久仍不離去，百丈禪師乃趨前問其爲何仍不走。老者自稱其爲一野狐之化身，釋迦牟尼佛以前之迦葉佛時代爲此山一修行者。一次，其弟子問他：「解脫者是否會落入因果？」他回答：「不會。」因而墮爲野狐之身五百世，世世受野狐身的惡報。雖然他曉得因答錯話而墮爲野狐，但苦思至今，並細聽百丈禪師的講經，仍不知道究竟錯在那裏。今特懇請禪師爲其解惑。百丈懷海告訴他：「解脫者是不昧於因果，但仍落於因果。」老者聞言，法喜充滿，乃頂禮並告訴百丈禪師五百世野狐惡報已了，將轉世超升，請其在寺後一棵樹下代爲掩屍。百丈懷海次日依言前往，果見一野狐屍，遂掩埋之。

故事至此結束，我們來探討它背後隱藏着什麼涵義：這則公案牽涉到解脫者及其證得的境界。佛家看透世間是苦的、不美滿的，故講「離苦」；去除煩惱以求得解脫。我們先研究何謂解脫？解脫後又如何呢？這可分兩方面來說：

一、解脫者的心境、精神面爲「如人飲水、冷暖自知」。所謂第一義諦、解脫境均是不可說的。我們舉幾則禪宗公案說明之：水潦和尙一次問馬祖道一：「不與萬法爲侶者是誰？」（按：所謂萬法卽泛指世間萬事萬物，此問等於是問解脫者是誰。）馬祖道一一脚踢倒他，並踏住他的胸部說：「你問！你再問問看！」水潦和尙遂大悟，並作一詩：「自從一喫馬祖踏，直到如今笑不休。」另一與此同一旨趣的公案是說：龐蘊居士問石頭希遷：「不與萬法爲侶者是誰？」石頭希遷不等他問完就摀住龐蘊的嘴，龐蘊當卽大悟。龐蘊又問馬祖道一：「不與萬法爲侶者是誰？」馬祖道一回答：「等你能一口氣把西江水吸完再告訴你。」這些故事都在闡示：「不可說！不可說！」言語文字是不能道盡解脫者的心境的。

二、另一個與解脫者相干的問題是：解脫者的肉體究竟如何？簡單地說：與凡夫沒有兩樣。禪宗有另一則有名的公案，說明修行者之心路歷程：

見山是山，見水是水。——凡夫。

見山不是山，見水不是水。——正修行者。

見山仍是山，見水仍是水。——解脫者。

這則公案再加上野狐禪的公案，更可以證明：凡夫與解脫者在肉體上皆落於因果，但在心境上解脫者不昧於因果，而凡夫卻昧於因果。這個「昧」字有兩層涵義：一是對因果律不瞭解；二是被因果律所愚弄。釋迦牟尼佛圓寂時，大弟子中只有未解脫的阿難因昧於因果而痛哭流涕，其餘皆因已證阿羅漢果，深明在因果律之下，生老病死的法爾自然，而無哀容。再如惠能大師圓寂時，其大弟子中也只有神會不哭，亦是瞭解因果律，不昧於因果律之故，惠能還因此大大讚揚神會一番。到後來，神會果然使禪宗大放光明。這兩則故事都告訴我們：唯有落因果又昧因果的凡夫，才有「愛別離」、「怨憎會」等煩惱，解脫者雖落因果，見山是山，見水是水，卻不曾被「愛別離」等因果所愚弄。

再說釋迦牟尼佛晚年吃了信徒供養的食物後，腹瀉三月而卒，病中仍講經說法、努力不懈。大般涅槃經即是記載世尊在此期間所說之法。可知貴如釋迦牟尼佛仍有生、老、病、死之苦，仍落因果中，更何況我等凡夫俗子！

也許有人正在狐疑何以解脫者仍落因果，也正在感嘆解脫者竟然不能超越因果；但是我個人卻反而撫掌讚嘆大乘菩薩落於因果、深入世間的偉大濟世情操！菩薩不忍聖教衰、不忍衆生苦，是故乘其普度衆生的濟世本願，落於生死輪廻的因果網中，寧示維摩之苦，其不可思議之浩浩宏願，實非「不落因果」之小乘行者所可比擬者！所以迦葉尊者曾在維摩經中感嘆地說：「我等何爲永絕其根，於此大乘已如敗種，一切聲聞聞是不可思議解脫法門，皆應號泣，聲震三千大千世界！」

龍樹是大乘佛教啓蒙者。禪宗、天臺宗、華嚴宗、三論宗、法相宗、律宗、淨土宗、密宗等八宗共尊龍樹爲祖師。他曾說：

「涅槃與世間無有少分別，世間與涅槃亦無少分別；涅槃之實際，及與世間際，如是二者，無毫釐差別。」

（按：涅槃是滅的意思，消滅一切痛苦，得解脫，而非死亡。）

壇經亦云：「佛法在世間，不離世間覺，離世覓菩提，恰如求兎角。」這在在都告訴我們離開人間、離開社會、「不落因果」式地求佛法、求解脫，均如同求龜毛、求兎角般的不可能！此乃釋迦牟尼佛在三十九歲得解脫之後仍僕僕風塵，以濟世救人爲職志，至死方止，一刻也沒有脫離人羣的眞正原因。一個發菩薩心的修行者，不可終生關在山崖石壁中修行一世，應入世修行，醒迷啓愚，並自我求得覺悟。總之，要有一個觀念，那就是解脫者與凡夫只是在心境上不同，其餘皆無兩樣。

我們再看一個禪宗故事，以說明解脫者不是我們想像中那麼玄不可及的。有一天六祖惠能大師的一個小徒弟走過六祖禪房，口誦臥輪禪師的詩句：「臥輪有伎倆，能斷百思想，對境心不起，菩提日日長。」惠能大師聞言對曰：「惠能無伎倆，不斷百思想，對境心數起，菩提作麼長。」可知解脫者絕非有爲做作，亦非標新立異。古德云：何謂道？吃飯、睡覺就是道、平常心就是道。何謂佛法？蒲花、柳絮、竹針、麻線就是佛法。離開了塵世，也就無道可求，無法可覓了。

我以爲，能將這種濟世精神發揮得淋漓盡致的是佛經中的淨土思想。所謂淨土者即是清淨國土、合理社會的意思。希望有一個富足合理的社會是自古人類共同的願望，例如：柏拉圖的「理想國」、儒家的「大同世界」，基督敎的「彌塞亞」等皆是。「淨土」可說是野狐禪的眞精神。

淨土分爲無相淨土和有相淨土兩大類。一、無相淨土：因是無相故不可言說。我們從一禪宗公案或可瞭解一些。達摩祖師東來中國，度梁武帝不成，面壁九年，後遇神光斷臂求法，遂收其爲徒。一日，達摩祖師將要回印度，欲找宗法的繼承人，於是召喚衆徒講心得，每個徒弟均講得很多，達摩謂他們只得皮、肉、骨，均未得精髓，唯有神光一句話不說，只對達摩三拜，達摩遂將心法傳於神光。這則公案告訴我們：解脫者的眞正境界——無相淨土，是不可言說的。

二、有相淨土：一是理想化的、未來的，如華嚴經的「華藏世界」、阿彌陀經的「西方極樂世界」。一是現實的、當前的，如阿閦佛國、彌勒淨土。

淨土思想源自本生經、本事經的六波羅蜜（布施、持戒、忍辱、精進、禪定、般若），後來輾轉開展出淨土的本願思想。例如較原始的淨土經典阿閦佛國經中描述阿閦佛修菩薩行時，依其本願而建立阿閦佛國淨土。其淨土的相狀，最值得一提的有：一切人皆行善事、無邪門左道、政治清明、經濟富足、社會和合善良、衣食皆有芳香等等。這些都著重在現實社會的改造。

維摩詰經中也曾提及阿閦佛國。有部份儒生曾批評佛敎係來自夷狄，係出世、悲觀、遁入山林的消極思想，是不値取法的。但看了維摩詰經中積極改造社會的一面後，皆因而改變看法。有一事也趁便在此一提的，正因菩薩的積極救世，故小乘行者快則三生，慢則百刼卽可得解脫，但修大乘者却要歷三大阿僧祇刼，外加百刼修相好，才得解脫。蓋發菩薩心者必不畏塵染，所謂「法門無量誓願學」將一己之所有奉獻全體衆生、改造現實社會，如此非要長時之三大刼以供充裕濟世不可！

另一個原始的淨土經典是佛說彌勒上生經和佛說彌勒下生經，這兩部淨土經典，也是重於現實的改造。經中描述釋迦牟尼佛時代，有彌勒菩薩者，努力修行而上生到兜率天講經說法，五十六億年後將降生於此世間，度化衆生。由於在彌勒之領導下，全體衆生合力改造，使此娑婆世界成爲美好的淨土。經中說：當時海水漸減、地無荆棘、自然出香稻、諸樹生衣服、每人皆可活八萬歲且無諸疾苦、無罰、彼諸男女皆由善業所生。這都象徵未來的社會乃一政治清明、經濟合理、文化發達的淨土。經中又說彌勒出家，一日卽成佛，講經說法主要有三次，卽「龍華三會」，第一會度九十六億人得解脫，第二會九十四億人，第三會九十二億人。而彌勒「不修禪定、不斷煩惱」，因不忍早得解脫而令衆生沉淪。充分表現出大乘佛教積極改造社會、濟度大衆的精神。

就這兩個例子來看，「淨土」實乃積極的濟世思想，可謂眞「野狐禪」也！此絕非部分消極的淨土行者所可想像者！至於如何完成此一理想社會，細節很多，非三言兩語所能說明者，但却有一原則是必須把住的，那就是了解「空」義。所謂「空」絕非什麼都沒有，而是明瞭「涅槃樂是空」，故不必急於求解脫；知道「世間苦是空」故不必急於求厭離，要有「不厭世間苦，不欣涅槃樂」，只願衆生得離苦的精神，則必有成功之日。「空」不是容易瞭解的概念，因此也容易滋生誤會，然限於時間無法說明。然而，有一點值得提醒諸位者：只有證得空性的人，才眞正了解野狐禪，也才眞正了解佛陀改造社會、濟世救人的淨土思想！（房眉生記錄）

佛教思想中的理想國

「理想國」是自古以來人類共同期待的一個社會。在西洋，兩千多年前，希臘哲學家柏拉圖(Plato)卽曾依據他個人的理想，在其「共和國」一書中，建立起他那以「哲王」(philosophical king)爲統治者的小王國。他失敗了，他的理想也被史家批判爲集權政治或專制體制的始作俑者。然而，他那種期待一個更合理、更美滿的社會的願望，道盡了人類的共同心聲，而「理想國」一詞也成了人人皆曉的一個辭彙了。

在中國，類似的理想國也所在多有。儒家試圖透過道德的規範，而建立起一個「大同世界」；而陶淵明的「桃花源記」，更富羅曼蒂克地道盡中國人期待一個合理社會的心聲。「理想國」的願望，的確是中西共通的特色！

就佛經來說，對「理想國」的期待，更來得比中西哲學家還要殷切，那就是各經論所大力弘揚的淨土思想。佛敎徒心懷衆生，不忍衆生飽嘗輪廻之苦，這種殷切的期待是很可想像的。有人說過，「淨土」是大乘佛敎的特色，那的確是不錯的！

然而，眞正的淨土是不可說不可說的。金剛經說：「凡所有相皆是虛妄。」又說：「若以色見我，以音聲求我，是人行邪道，不能見如來！」眞正的淨土是解脫者自己內心所證得的境界，非凡人所能經驗的，因此也非一般語言文字所能描述的。傳說中，釋迦牟尼佛拈花而迦葉尊者微笑，在這一拈花、一微笑當中，佛所內證的「正法眼藏」即傳給了迦葉。這在在都告訴我們，解脫者所內證的境界是超經驗、超言語而不可說不可說的。因此，這樣的理想國，這樣的淨土，不是我們所要說的。

佛經中除了上面所說的「無相淨土」之外，還有各式各樣的「有相淨土」。華嚴經描寫佛的法身住在「華藏世界海」中，這是由各式各樣的蓮花所莊嚴而成的香水海，可謂極盡文學描述之能事，也是佛經中最富詩意、最值得讚嘆的淨土。然而，在民間流傳極爲廣泛的「阿彌陀經」，所描述的「西方極樂世界」，則爲另一種形式的、較爲通俗化的淨土：

極樂國土，七重欄楯，七重羅網，七重行樹，皆是四寶周匝圍繞，是故彼國名爲極樂。……極樂國土有七寶池，八功德水充滿其中，池底純以金沙布地，四邊階道金銀、瑠璃、玻璃合成……。

其他像藥師淨土也有類似的描寫。這些淨土有底下的四點特色：㈠國土的淨化：平坦、整潔、富麗堂皇。這象徵着佛教理想國的交通發達、醫藥發達、以及生活的富足。㈡經濟的淨化：除了富麗堂皇的建築之外，最重要的是，淨土中的衆生在經濟上都一律平等，沒有貧富的懸殊。㈢人羣的淨化：無種族相，因此沒有種族的歧視、紛爭；無國土的強弱相，因此沒有怨敵、戰爭；無男女相，因此沒有家庭的紛爭。這三相當中，最值得探討的是「無男女相」。男女的差別相乃家庭制度產生的原因，而家庭制度則是人社會一切紛爭的重大原因之一。有了家庭之累，每個人總是希望自己的父母、兄弟、妻兒生活得好一點；人人如此希望，人人卽互相侵奪、競爭，社會的紛爭於焉而起。㈣身心的淨化：薄貪、瞋、痴。淨土中的人們，煩惱、欲望的淡薄，當然是必備的條件。

像華嚴經、彌陀經或藥師經所描述的這類淨土，也不是我們所要談的，因爲這樣理想化的淨土，畢竟離現實太遠，以致不是目前一蹴可成的。我們所要談的是注重現實社會之改革的另一種淨土，那就是阿閦佛國經及彌勒上生經、彌勒下生經所描述的淨土。

依據木村泰賢所著的「大乘佛教思想論」第五章、第二節所說（詳演培法師中譯本第四二四頁），阿閦佛國經的淨土相狀可歸納成爲十八條之多。然這十八條却可再度歸納成底下的三點：㈠政治的民主、清明：如第八條之「國土無有牢獄」、第十八條之「國無王者之號，但有法王之稱」。㈡經濟的富足、合理：如第十一條的「衣食皆有芳香」、第十三條的「住所皆從七寶所成。」㈢社會的和合、良善：如第二條的「一切人皆行善事」、第九條的「無有邪說異道」。木村氏的歸納雖疏於文證，以致不可盡信，但是，我人可以同意的是，阿閦淨土所揭示的理想社會乃是偏重於社會性的，因此也是當前所能迅速實現的；這與華嚴經所說的佛陀自證境或彌陀經所描述的極樂國土，在本質上有許多不同點。印順法師說得好：「阿彌陀佛淨土，爲佛果的究竟圓滿；阿閦佛淨土，爲從菩薩發心得無生法忍。」（「淨土與禪」第二八頁）我人以爲，到底我們都是凡夫，都必須由凡入聖，因此先「發心得無生忍」，再進而求得「佛果的究竟圓滿」較爲切實。這是我人特別偏重闡揚阿閦淨土的原因。

另外，與現實相關而比較切近時代意義的是彌勒上、下生經所說的淨土。在上生經中提到了兜率天的彌勒淨土，以及往生所必需具備的諸種條件。所可注意的是，經中對彌勒菩薩的描寫是「具凡夫身，未斷諸漏」、「雖復出家，不修禪定，不斷煩惱」。而對那些景仰彌勒菩薩、希望往生彌勒淨土的衆生而言，則描寫成「不厭生死」、「不求斷結」。我人以爲，像這樣地描寫彌勒菩薩和那些景仰彌勒淨土的衆生，不但沒有失敬之處，反而是注重現實改革的彌勒信仰的最佳讚美！現實社會是有缺陷的，因而參與現實改革的人們，即使貴如彌勒菩薩，也必然是「具凡夫身，未斷諸漏」。所以維摩詰經說：「菩薩爲衆生故入生死，有生死則有病。」讀到這些經句，我個人不禁深深地感動；這樣着重現實改革的淨土，那裏是那些只注重遙遠未來的理想國所能比擬的！

不過，眞正對現時代具有改革之積極意義的，還不在彌勒上生經，而在彌勒下生經。

彌勒下生經一開頭卽描述五十六億年後，彌勒菩薩下生成佛時的淨土相狀。其次說到當時的聖主「餉佉」王的英明。最後則描述彌勒佛成道宣講佛法及法音流布的情形。在淨土相狀的描述中，重要的有底下數點：象徵土地遼濶、交通發達的「海水漸減」、「地無諸荆棘」；象徵工業發達、經濟富足的「自然出香稻」、「諸樹生衣服」；象徵醫學發達的「壽八萬歲」、「無有諸疾苦」；象徵政治清明的「無罰」；象徵道德淨化的「彼諸男女等，皆由善業生」。這些特徵，本質上與阿閦佛淨土一樣，都是偏於社會的實際改善，而有所不同於西方淨土那樣的宗教性和長遠究竟性。

對於聖主餉佉的描述，有底下的要點：象徵生產完備、交通完善、財政充實、人民善良、衆望所歸乃至正法流布的「七寶成就」；象徵天下太平的「四海咸淸肅，無有戰兵戈」及「王有四大藏」；象徵民主、法治的「正法理羣生，設化皆平等」。這些特徵雖然不如阿閦佛淨土所標榜的那樣澈底，所謂「國無王者之號，但有法王之稱」，但卻是更接近現實的，因此也比較容易達到的。

下生經對於彌勒的成佛及弘傳佛法的經過，是最爲有名的描寫。有名的「龍華三會」卽典出此段經文。所謂「龍華三會」意卽在一棵叫做「龍華」的菩提樹下，彌勒佛說了三次佛法；第一會廣度了九十六億人，第二會廣度了九十四億人，第三會則廣度了九十二億人。而被度化的衆生都能够「超越生死流」、「無我我所心」、「毀破貪愛網」，也就是說都能够解脫自在。

我人以爲，像阿閦佛國經乃至彌勒上、下生經所揭示的這類淨土思想，未能在中國盛行，是一件令人遺憾的事情。尤其是彌勒信仰，在隋、唐時代本來還相當盛行的，但宋、元以後却幾乎停止了公開的活動。我人以爲，這是宋、元以後歷代帝王的政治壓迫所致。但是，「彌勒下生、天下太平」這種改造現實社會的期待和信仰，並未在中國人的心中消失，只是由公開轉入地下而已；元末的白蓮敎、清末的義和團、民初流行於華北的黃天道、皈一道、一心天道龍華聖敎會、以及廣泛流傳在華北及目前臺灣的一貫道等秘密宗敎的盛行，即可看做彌勒信仰仍在中國人心中的明證。（參見李世瑜之「現在華北秘密宗敎」；臺北古亭書屋六四年版。）彌勒信仰的不能正常化以及不能普遍地弘傳，或恐是中國淨土思想的一大遺憾，也是中國政治思想的一大損失吧！

然而，實現這類淨土的手法是怎樣呢？這可以就共業與別業來說。就別業（每一位佛敎徒個別的行爲）來說，維摩詰經說要具備「三心」：

直心是菩薩淨土，菩薩成佛時，不諂衆生來生其國。深心是菩薩淨土，菩薩成佛時，具足功德衆生來生其國。大乘心是菩薩淨土，菩薩成佛時，大乘衆生來生其國。（佛國品第一）

値得注意的是，三心一一之下都說到發此三心的衆生來生淨土。例如就直心來說，莊嚴淨土的菩薩固然要發直心，而往生的其他衆生也同樣要發直心！依這觀點，淨土可說是一批志同道合的衆生所共同建造成的。這一點特別是富有啓發意義的。我人以爲，淨土不是讓我們去避難或享受的，而是帶着「墾荒」精神、造福衆生等理想的思想。因此，就現今最爲盛行的彌陀淨土的修行者而言，奉勸他們也要像阿彌陀佛那樣，發下四十八願，並如實依之實行，否則光是一句佛號，恐怕是難以往生的！

維摩詰經所說的三心與起信論所說的三心完全一樣（起信論第三心爲「大悲心」），可說是成就佛道、莊嚴淨土所必須具備的最基本條件。這「三心」無非是闡明如何透過每一衆生內心煩惱的自我清淨，進而達成全體社會的合理、圓滿化。所以經上又說：「若菩薩欲得淨土，當淨其心；隨其心淨，則佛土淨。」（同上）

以上是就一一衆生的各別的行爲（別業）來談往生淨土或創建淨土的條件。底下還要談到全體衆生所應該努力付諸實行的共同行爲（共業）。在長阿含經卷二遊行經一開頭，有底下的一段記載：佛世時，印度第一强國摩竭陀的國王阿闍世，想要侵佔旁鄰的小國跋祇。阿闍世派遣大臣禹舍到佛陀的住處去請敎出兵的方法。佛陀不但不贊成出兵，而且還把禹舍敎訓了一頓。佛陀說，跋祇雖是小國，但是因爲全國上下實行「七法」，所以「其國久安，無能侵損」。佛陀甚至還對禹舍說：「彼國人民若行一法猶不可圖，何況復具七！」徵之於史實，摩竭陀以其强大之國勢，始終無法呑併跋祇小國，可見這「七法」的神效！我人以爲，這七法是一切合理社會的基本條件，因此也是完成淨土的初步工作，這實在是當今全體佛敎徒及社會人士所値得記取而努力實行的！然而，「七法」是什麼呢？

(一) 數相集會，講議正事：

社會的合不合理，一部分決定於政治的是否民主。古代帝王專制，權利集中於少數貴族，於是利慾熏心，終歸要有「天下分久必合，合久必分」之嘆！法國大革命後，民主成了時代的潮流，所謂「以數人頭代替打破人頭」的呼聲日益高漲。審之以佛教經論，我人也由衷相信唯有民主才能達到合理的淨土。因此，一個國家的執政者，如能開誠布公，召集各黨各派的代表，「數相集會，講議正事」，一者能消民怨，二者集思廣議，對於國家的强盛、社會的進步只有幫助，決不會有妨害的！

(二) 君臣和順，上下相敬：

越是開放、進步的社會，越是存在着多元價值的思想。在這多元的價值思想之下，不同的意見相激相盪，難免互相攻訐而至水火不容的地步。此時雙方若能以理性的態度相互容忍、尊重，則必能化戾氣為和諧，進而異中求同，達到「中和」的境地。我人相信，本着佛教徒「忍辱波羅蜜」的精神，「和順」、「相敬」的理性心態，的確是合理社會的必要條件！

（三）奉法曉忌，不違禮度：

一個合理社會的起碼要求是：法律之前，人人平等；人民要守法，政府也要守法。「刑不上卿公」或「只許州官放火，不許百姓點燈」的行徑，在古代被認爲是極權、專制，在今天也必定難逃史家的批判！一個社會，如果貪官汚吏能逍遙法外，有錢有勢者能爲非作歹，則社會的敗壞可想而知。唯有上下平等，如阿閦佛國經所說的「國無王法之號」，才是眞正合理的社會。

以上三者都是促進政治清明的重要原則，當然是實現淨土最首要的條件。然而，底下數條雖偏於道德秩序的建立，却也是合理社會不可忽略的要求。因爲，我人相信，合理的社會不但在外表上要求政治、經濟等各方面的公平、進步，還要從根本上淨化社會人心。唯有本末通善，裏外清淨，才是眞正的淨土！

（四）孝事父母，敬順師長：

（五）閨門眞正，潔淨無穢，至於戲笑，言不及邪：

這兩則是有關家庭教育及學校教育的條件。儒家談治國之道，不外「修身、齊家、治國、平天下」。佛法中論及世間法，也不外「修、齊、治、平」之道。

（七）恭於宗廟，致敬鬼神：

（六）宗事沙門，敬持戒者：

這兩則重於社會道德的建立，其中涉及宗教事務。宗教的可貴處，在其勸人爲善之餘，還進而教導人們從根本地「自淨其意」。法律、道德的功能雖大，但不免是規範性的或「外打入」的，對建立合理社會來說，做爲手段則可，做爲治本之道則尚嫌不足。衆生內心的煩惱太多、太深，唯有從根拔除其煩惱，才能消除社會上的各種罪惡。此乃是佛教能補儒學之不足的原因。如果一個社會對德高望重的宗教家或學者不能尊敬，反而讓忸怩作態的影星、歌星或善於阿諛的弄臣、小人氣焰高漲，則社會的腐敗，國勢的衰微，乃是必然的結果。

遊行經所標舉的這「七法」，我人之所以把它們看做是淨土的要素，原因是它們提供一套建造淨土的最實際、最可行的方法。維摩詰經、起信論所提出的「三心」，難免有幾分宗教的成分，華嚴經、彌陀經、甚至彌勒上下生經所闡揚的，更染有濃厚的宗教色彩，其理想主義的情操固然可佩，其現實意義却稍嫌不足。我人以爲，淨土不是一天建造成的，不是一人建造成的，更不是光憑口唸佛號卽可完成的！淨土是集合佛菩薩多人的力量，經過無數刼才點點滴滴莊嚴而成的！因此，唯有從最基本、最現實的世間事務着手改造，才有可能完成佛教的理想國！

法雲地

佛子菩薩安住法雲地已，從此願力起大悲雲，震大法雷，神通無畏，電光暉昱：澍大無比甘露法雨，殄息有情無知所起衆惑塵熖：

（十地經卷九）

論前後期佛教對解脫境的看法

一、二諦論

解脫者以什麼狀態存在於世間？這是佛敎思想上一個重要的論題。世界只有一個，但就解脫者而言，其所體認到的，却有不同於一般未解脫者。這正是佛敎經論中所謂的「二諦」。二諦，就是兩種道理。眞諦（或稱勝義諦、第一義諦），是解脫者所認識的道理；俗諦（或詳爲世俗諦），則爲未解脫者所認識的道理。眞、俗二諦的詳細闡明，在原始的漢譯四阿含經當中雖然甚少提及，但這並不意味着原始佛敎沒有建立二諦的理論；因爲四世紀末，世親論師（A. D. 320–400）的名著俱舍論中卽曾說到：「餘經復說諦有二種，一世俗諦，二勝義諦」❶。另外，漢譯雜阿含經，在說明「此有故彼有，此生故彼生……」的因果法則時，不但一方面說它

❶阿毘達磨俱舍論卷二二；大正藏二九，頁一一六（中）。

是「法住、法空、法如、法爾……審諦眞實不顚倒」❷，而且另一方面也說「俗數法者，謂此有故彼有……」❸。在這些經文當中，雖然沒有明白地用到眞、俗二諦的名詞，却已經有「審諦眞實不顚倒」乃至「俗數法」這眞、俗二諦的影子。這在在都證明最早期的經典——阿含經中，已有二諦的理論。

部派佛教對二諦的討論是多彩多姿的，大毘婆沙論卷七七就列有四家不同的主張❹；稍後衆賢的順正理論卷五八，也列舉了許多種互不相同的二諦論，其中有一些是婆沙已經提到的理論❺；另外，世親的俱舍論卷二二❻、衆賢的顯宗論卷二九❼，以及師子鎧（A.D. 250–350）的成實論卷一一❽等等，也都提到了各種不同的二諦論。這些豐富的文獻告訴我人：二諦論是部派佛教的重要論題。

在早期的大乘佛教的論典中，像龍樹論師（A.D. 150–250）的中觀論，也提到了他那有名

---

❷雜阿含二九六經（卷一二）；大正藏二，頁八四（中）。
❸雜阿含三三五經（卷一三）；大正二，頁九二（下）。
❹大正二七，頁三九九下。又，印順之性空學探源，頁一二一下。
❺大正二九，頁六六五——六六八；又印順之性空學探源，頁一二二——一三〇。
❻大正二九，頁一一三——一一四。
❼大正二九，頁九一四——九一五。
❽大正三二，頁三二九　（滅諦聚初立假名品第一四一）。

的二諦論。

諸佛依二諦，爲衆生說法，一以世俗諦，二第一義諦。

若人不能知，分別於二諦，則於深佛法，不知眞實義。

若不依俗諦，不得第一義，不得第一義，則不得涅槃⑨。

龍樹以爲，解脫者所認識到的世界，是一個沒有實體、只有幻像的世界；換句話說，在第一義諦當中，沒有生滅、常斷、一異、來出的諸種差別現象——這正是他那有名的「八不中道」⑩。稍後的瑜伽師地論，則在變幻無常的現象世界（有爲法）上面，建立起眞、俗二諦；例如，卷九二說：

云何名爲諦所依處？謂名色及人天等有情數物……云何世俗諦？謂卽於彼諦所依處，假想安立我……又自稱言我眼見色……乃至如是壽量邊際……當知此中唯是假想，唯想自稱，

---

⑨大正三〇，頁三二——三三。

⑩中論一開頭有兩首「歸敬頌」，其中第一首是：「不生亦不滅，不常亦不斷，不一亦不異，不來亦不出。」（大正三〇，頁一）因爲頌文中含有八個「不」字，而中論所闡揚的又是「諸法皆空」的「中道」，所以後人卽稱此頌所詮爲「八不中道」。

唯假言說，所有性相作用差別，名世俗諦。云何勝義諦？謂卽於彼諦所依處，有無常性，廣說乃至有緣生性⑪。

這段論文是說，現象界的一切萬物，諸如自我（靈魂）、眼見色、耳聽聲，乃至壽量的多寡等等差別情形，都是世俗諦；唯有這些差別事物的共通性質（共相），諸如無常性、緣生性（因果性）等等，才屬於眞諦。其中，「名色及人天等有情數物」是指現象界的一切萬物；在這一切萬物的上面可以建立起眞、俗二諦，所以論文稱之爲「諦所依處」。

以上所引據的大、小乘經論中的二諦論，固然不完全是按照解脫者與未解脫者所體認的道理來區分眞、俗二諦，（例如瑜伽師地論中所說到的二諦）但是，絕大部分被引證的二諦論，都是把眞諦視爲解脫者所認識到的道理，而把俗諦看做未解脫者所認識到的道理。所以，就如婆沙卷七七所說的：「唯一切法空非我理，是勝義諦。」⑫（旣然「法空非我理」才是勝義諦，可見所謂的勝義諦不外是解脫者所體悟的道理；因爲解脫者就是證得「我空非我理」的人。）

綜上所述，解脫者對這世界的認識，確實有不同於一般未解脫的凡夫，所以經論上才把道理分成眞、俗二諦。

---

⑪大正三〇，頁八二四（下）。
⑫大正二七，頁三九九（下）。

二、涅槃論

然而，解脫者既然在眞理的了解上有不同於未解脫者的地方，那麼，解脫者到底具有什麼樣的心境？他的肉體（色身）與未解脫者相同嗎？他所居住的國土是什麼情形？

這一連串的問題可以歸納成底下的兩點：⑴解脫者具有什麼樣的身心？⑵解脫者所依存的國土具有什麼相狀？前者乃解脫者的「正報」，後者則爲解脫者的「依報」。

就正報而言，尤其是牽涉到解脫者的色身上面，前後期的佛敎有很大的爭論；這就是所謂的「佛身觀」。同樣地，在依報上，前後期佛敎也存在着基本上的差異，甚至同樣是小乘或同樣是大乘，由於學派的不同，彼此之間也有相互矛盾的主張；其中，還牽涉到大乘佛敎中有關「淨土」、「本願」等等論題。

佛身觀、淨土、本願，都是佛法中重要的問題，本文將逐一討論。不過，在沒有接觸到這些問題之前，本文將全面地先來討論一般的解脫境——涅槃。

解脫者所體悟的道理，及其活動的情形，一般都用一個籠統的名詞——涅槃（nirvana）來表達。和佛身觀、淨土、本願等等問題相似，涅槃一詞的意義，前後期佛敎也有互不一致的看法。

原始佛典對解脫境的描述，一般都偏於消極的說明。這是基於「涅槃」一詞乃是「消散」（nir-va）一詞的轉化；諸如香氣的消散、光熱的消散，乃至煩惱或生命束縛的消散，都以（nir-va）做爲語根。因此，原始佛典對解脫境的描述，都不離「消散」的原意，常從消極意義來說明涅槃。例如，雜阿含第九〇五經說：「如來若有、若無、若有無、若非有非無後生死，不可記說。」⑬本事經卷三也說：

云何名爲無餘涅槃？謂諸苾芻得阿羅漢，諸漏已盡，梵行已立，所作已辦，已捨重擔，已證自義，已盡有結，已正解了，已善解脫，已得徧知。彼於今時一切所受，無引因故，不復希望，皆永盡滅，畢竟寂靜，究竟淸涼，隱沒不現，惟由淸淨無戲論體。如是淸淨無戲論體，不可謂有，不可謂無，不可謂彼亦有亦無，不可謂彼非有非無，惟可說爲不可施設，究竟涅槃（消散）。是名無餘涅槃界⑭。

顯然，這是從消極立場來描述解脫境——涅槃。考其原因，那不免受傳統波羅門教的影響。蓋佛敎雖是出於波羅門敎而又反於波羅門敎，然其敎義却也甚多取於波羅門敎；業力論、三界

⑬大正二，頁二二六（中）。
⑭大正一七，頁六七八（上）。

說、六道輪廻說等卽是。而解脫境——涅槃之所以純從消極意義來描述，雖說是釋迦其人的自證境界，却也同樣不免受到波羅門敎的影響。奧義書的主要思想是「此卽爾也」（Tat tvam asi）⑮或「我者梵也」（Aham Brahma asmi）⑯，在這種「梵我同一」的理論下，解脫境固然可以從積極面說它是「實有」（sat）、是「知」（cit）、是「妙樂」（ānanda）⑰，或合起來說它是「絕對妙樂之精神存在」（saccidānandam）⑱，但是它畢竟是超越任何經驗而不得不以「曰非曰非」（neti-neti）⑲的消極意義來描述的。爲什麼？因爲解脫的悟境，既然是與主體之「我」（Ātman）合一的「梵」（Brahman），那麼解脫的悟境必定是不可說、不可說的——凡是主體的東西都是不可說的；只有客體的存在才是知識的對象，也才能用語文描述出來。所以，布利哈德奧義書（Bṛhdāraṇyaka）三、八，八說：

> 加爾格乎！聖者所名爲不壞者，非粗、非細、非短、非長、非赤、非濕、無影、無暗、非

⑮聖特格耶奧義書（Chāndogya Up.）六、八、七；又見高楠順次郎、木村泰賢合著之印度哲學宗敎史第二篇、第二章、第一節（高觀廬譯，臺灣商務印書館六〇年臺一版）。

⑯布利哈德奧義書（Bṛhdāraṇyaka）一、四、十；又見高楠氏、木村氏合著之印度哲學宗敎史第三篇、第二章、第一節。

⑰詳高楠氏、木村氏合著之印度哲學宗敎史，頁二五九——二六三。

⑱同前書頁二六〇。

⑲同前書頁二五九。

風、非空、不黏着、無味、無臭、無眼、無耳、無語、無覺、無生力、無生氣、無口、無度、無內、無外。不滅何物，無論何物亦不能滅之⑳。

從以上的說明看來，原始佛典對解脫境的消極描述，的確有所雷同於波羅門教的地方。隨着年代的演變，部派佛教及大乘佛教對涅槃的了解，也各分成兩大主流，那就是：㈠消極描述的宗派：例如部派中的經量部以及大乘中的中觀佛教；㈡積極描述的宗派：例如部派中的說一切有部、大衆部以及大乘中的如來藏經論。

經量部的消極涅槃觀，可從衆賢的順正理論卷五八看出來：

上座作如是言，二諦皆通世俗、勝義……唯滅諦體不可說故，同諸無記，不可說有㉑。

這是把原始佛典中所說到的四聖諦判爲二諦：苦、集、道三諦通於眞、俗二諦；只有滅諦

⑳布利哈德奧義書三、八，八；又，前書頁二五八。
㉑大正二九，頁六六五——六六六。此中，「上座」（Sthavira），譯爲勝受或執勝，乃順正理論對經部一代大師——室利邏多（Srirāta）的稱呼。詳見印順之說一切有部爲主的論書與論師之硏究，頁五六〇；臺北慧日講堂五七年初版。

——有關涅槃的道理，才是眞正的屬於眞諦。

經部的消極涅槃觀還可以從世親的俱舍論中看出來，論卷六說：「經部師說，一切無爲皆非實有，(不)如色受等別有實物。」㉒既然一切無爲法皆非實有，那麼，屬於無爲法的涅槃，自然也就沒有實體了。

顯然，衆賢與世親的論文，都證明經量部確實是具有消極的涅槃觀。

早期的大乘佛教——中觀，也慣用消極的方式來描寫第一義諦的涅槃。例如，大品般若經卷二三即說：「菩薩摩訶薩以世諦故，示衆生若有若無，非以第一義諦。」㉓同經卷二四，四攝品七八更說得清楚：

> 世諦故，分別說有果報，非第一義。第一義中不可說因緣果報。何以故？是第一義實無有相，無有分別，亦無言說，所謂色乃至有漏、無漏法。不生不滅相，不垢、不淨、畢竟空、無始空故㉔。

㉒大正二九，頁三四。此中，後一句原文只有「如色受等別有實物」，現爲了順於正義，在前加一「不」字。

㉓大正八，頁三七八（下）——摩訶般若波羅蜜經卷二三道樹品第七一。

㉔大正八，頁三九七（中）。

這分明是說：因緣果報（六道輪迴、解脫還滅），乃至有漏、無漏等世間的差別現象，都是未解脫者的常識性看法（世俗諦）；一切差別現象的消散——畢竟空、無始空，才是宇宙的眞象（第一義諦）。

闡釋般若經的中觀論，也是以消極的方法來描寫涅槃：「無得亦無至，不斷亦不常，不生亦不滅，是說名涅槃。」㉕這不過是龍樹論師「八不中道」的延伸罷了。

中論不但對解脫境——涅槃，有上面所說的消極描述，即使對證得涅槃的解脫者——如來，也有消極式的描述：

如來滅度後，不言有與無，亦不言有無，非有及非無。
如來現在時，不言有與無，亦不言有無，非有及非無㉖。

從以上諸經及中論的引文，在在都說明早期大乘佛教對解脫境的描寫，多半是偏於消極式的。不過，中、後期中觀佛法却也分成兩支：其一是保持消極式的描述法，它以月稱（Candrakṛti; A. D. 600–650）所領導的「應成派」（Prāsaṅgika）爲代表；其二是偏於積極描述法

㉕大正三〇，頁三四（下）。
㉖大正三〇，頁三五（下）。

的清辨（Bhavya; A.D. 500–570）所領導的「自立派」（Svātantrika）爲代表㉗。

在部派中，從積極面來描述解脫境的是說一切有部和大衆部。有部站在「三世實有，法體恒存」㉘的實在論立場，必然是主張涅槃實有的。例如，屬於有部思想之綱要書的俱舍論卷六卽說：

> 此法（指擇滅，卽涅槃）自性實有、離言，唯諸聖者各別內證，但可方便總相說言：是善、是常，別有實物名爲擇滅，亦名離繫㉙。

㉗應成派（或稱「歸謬論證派」）利用歸謬證法（reductio ad absurdum）證明萬法皆空，不另立「空」，故其「空」是消極意義的空；反之，自立派（或稱「自立論證派」）乃利用陳那（Dignāga; A.D. 480–540）之因明學，以直接證法（direct proof）證明「空」的成立，因此偏於正面地、積極地描述「空」。參見梶山雄一之佛教中觀哲學第三章；吳汝鈞譯，高雄佛光出版社六七年初版。又見，楊惠南之也談「中期中觀哲學」；鵞湖月刊二卷十期。

㉘「三世實有、法體恒存」乃說一切有部之基本主張，「有」部之名亦由此而來。婆沙論卷七七，一開頭卽說：「說一切有部有四大論師，各別建立三世有異……。」（大正二七，頁三九七下）其中所說到之四大論師是法救（Dharmatrāta）、妙音（Ghoṣa）、世友（Vasumitra）、覺天（Buddhadeva）。參見婆沙論卷七七及印順之說一切有部爲主的論書與論師之研究（頁二九三——二九五）。

㉙大正二九，頁三四（上）。

這是說，擇滅（亦卽離繫或涅槃）是確實存在的，只是它乃解脫者自己內心所密證的，因此無法把它的相狀詳細地說出，只能籠統地說它是善的、是常的。

在部派中，隨着「無爲法」的被廣泛討論，因此，除了有部之外，還有很多部派主張涅槃是實有的無爲法之一。卽使是具有觀念論或無宇宙論傾向的大衆部，在其所立的九種無爲法當中，也有涅槃——擇滅無爲㉚。甚至，我人還可以推論：由於大衆部那種神化而積極描述的佛身觀（詳下文），以致像許多大乘經論那樣具是積極意義的涅槃觀，也應該可以在大衆部的作品當中找到才對。只可惜有關這方面的資料多已散失，以致沒有足够的文獻證明這點。

到了大乘佛教，熱衷於積極描述解脫境的是如來藏系的經論。楞伽經是介於唯識及如來藏系之間的經典，其對解脫境的積極描述雖不明顯，却也說：「不取於境界，非滅無所有，有眞如妙物，如諸聖所行。」㉛而純屬如來藏系的大般涅槃經，則很明顯地說：「我者卽是佛義，常者

㉚依世友之異部宗輪論，大衆部、一說部、說出世部及鷄胤部立有九種無爲法：擇滅、非擇滅、虛空、空無邊處、無所有處、非想非非想處、緣起支性，聖道支性〔大正四九，頁十五（下）〕。又，依印順所著之說一切有部爲主的論書與論師之研究（頁一二——一四）說，一說部、說出世部、鷄胤部都是大衆部的子部。另外，木村泰賢的小乘佛教思想論（演培譯，六七年臺北慧日講堂重版）第二篇、第一章、第四節曾詳細討論了這些無爲法的意義，並在「備考」欄（頁一四五——一四七）列擧了十個部派（包括有部及大衆部）所立的各種無爲法。

㉛唐實叉難陀譯大乘入楞伽經卷四；大正一六，頁六〇九（上）。

是法身義，樂者是涅槃義，淨者是法義。」㉜這常、樂、我、淨乃原始佛教所批判的「四倒」，而在涅槃經中却成了佛、法身、涅槃，以及佛法的形容詞，這誠然令人感到驚訝。經上還解釋說：無常、苦、非我、不淨的理論——它們是原始佛法中的「四法印」，只是「欲伏外道，故唱是言」㉝，眞正的解脫境是常、樂、我、淨的。這種解釋與另一部如來藏系的代表作——勝鬘經，是相似的㉞。

更有甚者，涅槃經卷三、卷二五還分別列舉了「涅槃八味」及「涅槃八相」。而不管是八味或八相，也大都是從積極面來描述解脫境。例如：

善男子！譬如甜酥八味具足，大般涅槃亦復如是，八味具足。云何為八？一者常，二者恒，三者安，四者清涼，五者不老，六者不死，七者無垢，八者快樂。是為八味具足，具

㉜大正一二，頁六一七（上）。

㉝大正一二，頁六一八（中）。

㉞勝鬘師子吼一乘大方便方廣經（顚倒眞實章一二）說：「或有衆生信佛語故，起常想、樂想、我想、淨想，非顚倒見，是名正見。何以故？如來法身是常波羅蜜、樂波羅蜜、我波羅蜜、淨波羅蜜。於佛法身作是見者，是名正見。」（大正一二，頁二二二上）同經同章甚至還說：「見諸行無常是斷見，非正見！」（大正一二，頁二二二上）。

足八味，是故名爲大般涅槃㉟。

而卷二五則有底下的描述：

涅槃之相凡有八事。何等爲八？一者盡，二善性，三實，四眞，五常，六樂，七我，八淨。是名涅槃㊱。

像這樣，從正面地、積極地描述解脫境，我人之所以感到驚訝，乃因它與波羅門教的「梵我」有許多雷同之處。例如，布利哈德奧義書四、一卽曾列有「梵」之六相：「智識、愛樂、實有、無終、妙樂、安固。」㊲

㉟大正一二，頁三八五（上）。此中，大般涅槃爲「偉大地入於涅槃」之意（般，是「入」義）。蓋涅槃有有餘、無餘；入有餘涅槃卽三十九歲得解脫之釋迦，因仍餘有色身，故名有餘涅槃；入無餘涅槃卽八十歲去逝之釋迦，因心、身俱泯，故稱無餘涅槃。（此依原始佛典之意解釋，若依後出之勝鬘經，二乘人所入者爲有餘，唯佛所入名爲無餘；參見木村泰賢之原始佛教思想論第三篇第六章涅槃論，以及勝鬘經一乘章第五——大正一二，頁二一九——二二一。）

㊱大正一二，頁五一二（下）。

㊲參見高楠氏、木村氏合著之印度哲學宗教史，頁二五九。

更令人驚訝的是，不但涅槃經說：「慈卽大梵，大梵卽慈，慈卽如來。」㊳連楞伽經也說：梵王、毘紐、自在、迦毘羅、因陀羅等波羅門教的諸神，也都是釋迦的「三阿僧祇百千名號」當中的幾個名號㊴。像這樣把解脫境過分地做正面的描述，甚至把佛陀比喩爲波羅門教的諸神，諒想是佛教在印度失去其特色而自取滅亡的原因之一吧㊵？

另外，勝鬘經及大乘起信論這兩部屬於如來藏系的經論，則較能堅持佛教的立場；它們都不曾引入波羅門教的神祇，而僅僅在學理上做波羅門教的回歸。例如，勝鬘經除了說：「如來法身是常波羅蜜、樂波羅蜜、我波羅蜜、淨波羅蜜」㊶之外，經中還說到有兩種如來藏：空如來藏及不空如來藏。空如來藏從傳統的消極面來描述衆生本具的解脫心，說它是「若離、若脫、若異一切煩惱藏」；而不空如來藏則採取如來藏系的立場，純從正面說這解脫心是「過於恒沙，不離、不脫、不異、不思議佛法」㊷這是說，如來藏——衆生本具的解脫心，一方面消極地可以自我清淨、自斷煩惱，二方面積極地具足無量無邊的功德法門。就第二方面來說，明顯地，勝鬘經已向波羅門教回歸。

㊳大正一二，頁四五六（中）。
㊴唐實叉難陀譯大乘入楞伽經卷五；大正一六，頁六一五（中——下）。
㊵參見印順之印度之佛教，第一七、一八章。
㊶參見註釋㉞。
㊷大正一二，頁二二一（下）。

而起信論一開頭卽將衆生心（如來藏）分成兩門來觀察——這正是所謂的「一心二門」：心眞如門與心生滅門。在生滅門中討論凡夫之所以流轉生死的原因（所謂的「三細六粗」）；在眞如門中則說明解脫的情況。而眞如門又分成如實空與如實不空兩方面來說明：如實空只從消極面說衆生心能够「究竟顯實」；如實不空却進一步積極地說這衆生心是「有自體具足無漏性功德」㊸。顯然，這如實空與如實不空，不過是勝鬘經中空如來藏與不空如來藏的異名罷了。起信論與楞伽經有密切的關係，這在學界已成定論㊹；然而，它與勝鬘經應該也具有同樣密切的關係吧？

從以上這些如來藏系的經論看來，的確可以看出後期大乘佛教對解脫境的積極描述；這是原始佛教、部派佛教、中觀佛教、甚至唯識佛教所沒有的現象。有人說，像如來藏系這樣地描述解脫境，是原始佛法中「五分法身不壞」的思想，加上大衆部（特別是說假部）「道不可修、道不可壞」的主張，而演變成熟的㊺。

三、正報論（佛身觀）

㊸梁譯大乘起信論；大正三二，頁五七六（上）——五七七（上）。
㊹參見印順之大乘起信論講記，頁八六——二八三；臺北慧日講堂六一年重版。
㊺參見印順之性空學探源第三章第一節第三項，特別是頁一二四——一二五。

以上乃泛就解脫境——涅槃而討論，所歸納出來的結論，不過是部派中的「是善、是常」或大乘中的「常波羅蜜」乃至「淨波羅蜜」；對於解脫後的心理、肉體的活動，並未涉及。下文願就這兩個問題詳加討論。

（一）解脫者的智力

在解脫者的智力方面，前後期佛教之間似乎並沒有什麼不同的主張，全都是極力讚揚其智慧與德性的偉大、超人。然而，如果細心考察，却仍存在着顯著的差別。這可從佛陀與阿羅漢的異同說起。

在原始聖典中，佛與羅漢並沒有什麼不同，此徵諸巴利聖典——大品犍度（Mahāvagga Khandhaka）中，記載佛陀度化五比丘後，聲稱世間已有六阿羅漢一事，即可證明㊻。另外，大乘經典中，也屢屢將「阿羅漢」一詞視為佛陀的十六名號之一㊼，這不能不說是這一事實的另一證明。

但是，在一些比較晚出的經論當中，佛陀的聖格被高調地標榜了，阿羅漢成了比佛低一層次

㊻參見木村泰賢之小乘佛教思想論，頁七七。

㊼佛的十大名號是：如來、應供、正徧知、明行足、善逝、世間解、無上士、調御丈夫、天人師、佛世尊。其中，第二「應供」即「阿羅漢」（阿羅訶）的意譯。

的解脫者，以致像「智慧第一」的舍利弗，也被認爲：「舍利弗非一切智，於佛智慧中，譬如小兒！」㊽

因此，對於佛與羅漢的描寫，我人可以得到底下的結論：⑴原始佛教中對於羅漢的描寫，就是對於澈底解脫者——佛陀的描寫。⑵在一些比較晚出的經論中，對於羅漢的低貶，正是對原始佛教佛身觀的批判；反之，對於佛陀的讚揚，則是代表這些經論的新佛身觀。

基於以上這兩點認識，我人發現，即使在智力方面，前後期佛教對解脫者——佛陀或阿羅漢，仍有不同的描述。這可從促使佛教分裂爲各部派的大天（Mahādeva）說起。

佛滅後第一百年左右的大天，應該是第一個認爲阿羅漢比佛略輸一籌的學者。依據世友的異部宗輪論所記載，大天因爲力倡所謂的「大天五事頌」，而使一味和合的佛法初分爲上座、大衆兩部㊾。五事頌是：

餘所誘無知，猶豫他令入，道因聲故起，是名眞佛教㊿。

㊽龍樹之大智度論卷一一；大正二五，頁一三八（下）。
㊾大正四九，頁一五（上——下）。
㊿大正四九，頁一五（上）。

依據窺基的註釋51，五事頌中的前四事，都是有關阿羅漢未澈底解脫的主張；亦卽：⑴餘所誘：阿羅漢因天女的引誘，仍有遺精的情形52；⑵無知：阿羅漢有所不知；⑶猶豫：阿羅漢有疑惑；⑷他令入：阿羅漢必須由明師的印證，才知道自己是否解脫。顯然，四事中的後三都是有關解脫者的心智，因此有詳加考察的必要。

⑴無知：依窺基說，大天以爲無知有兩種，一是能起煩惱的「染汚無知」，另一是不會引生煩惱的「不染汚無知」；阿羅漢已斷前者，却仍有後者。而所謂「不染汚無知」，不外是修行者自知道行的品位高下（所謂「四果沙門」）罷了；它與煩惱無關，也與能否證得阿羅漢無關。

⑵猶豫：卽對宇宙事物的疑惑。窺基說，大天以爲疑惑有兩種，一是帶有煩惱的「隨眠性疑」，另一是不帶煩惱的「處非處疑」；阿羅漢只斷前者，仍有後者。而「處非處疑」，大智度論卷二四有底下的說明：「佛知一切諸法因緣果報定相；從是因緣生如是果報，從是因緣不生如是果報。」53這不外是說：什麼行爲得到善報（處）？什麼行爲得到惡報（非處）？這種疑惑佛已斷除，羅漢却依然存有。後代，將斷除處非處疑而證得的「處非處智」，看做是佛陀「十力」

51窺基之異部宗輪論述記卷上；新文豐出版公司六六年初版。
52在律藏中，還有記載男羅漢因風病而擧陽，竟遭婬女姦淫者；另外，亦有女羅漢仍有月信，必須使用月經布者。詳釋聖嚴之世界佛敎通史（上集）頁七一，臺北臺灣中華書局五八年初版。
53大正二五，頁二三七（上）。

中最首要者（詳下文），無疑地，也不過是大天思想的發揮而已㊹。

⑶他令入：窺基說，大天以爲阿羅漢必須依靠明師的記別，才能確知自已已經證得聖果；也就是說，羅漢並沒有自知之明的智慧。

大天以後，有關佛與羅漢在智力上的區別，歷代討論甚多。例如，相信是佛弟子舍利弗所造，而實際已染有部派色彩的舍利弗阿毘曇論卷八，卽曾詳述聲聞、緣覺、正覺（佛）這三乘人的不同㊺；其中對「正覺」的描述是：

不從他聞、不學他教、不請他說、不聽他法；自思、自覺、自觀。於一切法知見無礙……知見無上，最勝正覺，成就如來十力、四無所畏，成就大悲、成就自在，轉於法輪。是名正覺人㊻。

這大段的讚詞，可用大毘婆沙論卷一四三中「十八不共法」來涵括，亦卽：十力、四無所

㊹阿毘達磨俱舍論卷二七說：「佛十力者，一、處非處智力，具以如來十智（卽十力）爲性。」（大正二九，頁一四〇中）可見處非處智力是十力中最首要者。

㊺大正二八，頁五八五（上）。又，依據印順之說一切有部爲主的論書與論師之研究（頁一九——二三）所說，舍利弗阿毘曇論已染有部派的色彩，不能視爲舍利弗的眞正作品。

㊻大正二八，頁五八五（上）。

畏、三念住、大悲。其中最具代表性的是十力：⑴處非處智力；⑵業異熟智力；⑶種種勝解智力；⑷種種界智力；⑸根上下智力；⑹遍趣行智力；⑺一切靜慮解脫三摩地三摩鉢底出離雜染清淨智力；⑻宿住隨念智力；⑼死生智力；⑽漏盡智力。顯然，這十力既稱爲「不共法」，正意味着只有佛陀才有，不是阿羅漢所具足的。

綜上所述，以大天爲開風氣之先，竟使保守的各部派，也一致認爲佛陀比一般的羅漢偉大，這不能不說：阿毘達摩佛教的解脫觀，有神聖於原始佛教的地方。

而在大乘佛教當中，承此遺風，對於佛與羅漢在智力上的差別，更不遺餘力地加以强調；其中，尤以如來藏系的經論爲甚。例如，勝鬘經卽曾提出「五住煩惱」之說：見一處住地、欲愛住地、色愛住地、有愛住地、心不相應無始無明住地；而羅漢只斷前四住地，未斷無明住地。勝鬘經更依此五住煩惱而分別兩種生死：分段生死、不思議變易生死；而羅漢只斷前者，未斷後者。尤有進者，經中還說：正因爲阿羅漢未斷無明住地、變易生死，所以「阿羅漢有恐怖」，阿羅漢「知有餘苦、斷有餘集、證有餘滅、修有餘道」，阿羅漢「得少分涅槃」、「向涅槃界」[57]。這和法華經說阿羅漢只走了五百由旬中的前三百由旬，而且暫住在不究竟的「化城」當中，具有同一意趣[58]。

[57] 勝鬘經一乘章第五；大正一二，頁二一九——二二一。

[58] 詳見妙法蓮華經卷三化城喻品第七；大正九，頁二五——二六。

在中國，宗尚法華經的智顗（A.D. 538-579），也將煩惱分成「通惑」與「別惑」，並說二乘人「不損別惑，猶受變易之生」[59]；這明顯的是受勝鬘經的影響。另外，智顗又把煩惱分成見惑、思惑、塵沙惑、無明惑[60]，然後說：

無量四諦凡有四種：有無量四諦不伏破塵沙，亦不伏破無明。有無量四諦伏破塵沙，不伏破無明。有無量四諦正伏破塵沙，亦伏無明。有無量四諦正伏破塵沙，亦伏破無明[61]。

這四種無量四諦，分別對應於四種解脫者：藏敎佛、通敎佛、別敎佛、圓敎佛；其中，藏敎佛即小乘佛，通敎佛通於大、小乘，只有別、圓二敎佛才是純屬大乘。而純屬大乘的別、圓二敎佛，又分鈍根的，不澈底的別敎佛以及利根的、究竟的圓敎佛；其區別所在乃在無明惑的是否伏破。因此，所謂藏敎佛、通敎佛、別敎佛。雖美其名爲佛，其實不過是未成佛的菩薩罷了。

明顯地，智顗的主張是來自勝鬘經，而勝鬘經的主張則來自古老的「大天五事頌」。

[59]詳見法華玄義卷二；大正三三，頁六九四左右。
[60]詳前書卷四；大正三三，頁七二二（上）——七二三（上）。
[61]同前書卷四；大正三三，頁七三一。此中，無量四諦原是別敎所修之四諦，然因天臺之一乘思想，一切皆可「開權顯實」，所以四敎中皆有無量四諦。

(二) 解脱者的色身

解脱者的心智已經分辨清楚了，那麼，解脱者的肉體呢？同樣地，前後期佛教對這問題也有不同的看法；而且，也和涅槃觀一樣，隨着年代的演變，而有逐步回歸波羅門教的傾向。

原始聖典——四阿含經，對於阿羅漢（佛陀）的描述是平實的，尤其在肉體方面的描述，幾乎看不出與凡夫有什麼差別。即使是佛陀所承認的「神通」，也往往被低貶或禁止顯現。此徵諸自我吹噓得大神通而被視爲四種「波羅夷罪」之一，即可見其一斑[62]。就以六種神通之首的「神足通」爲例，長阿含經卷一二起初先做神乎其神的說明：

神足證者，謂沙門婆羅門以種種方便，入定意三昧，隨三昧心作無數神力。能變一身爲無數身，以無數身合爲一身，石壁無碍。於虛空中結跏趺坐，猶如飛鳥出入。於地猶如在水，履水如地。身出煙燄如火積燃。以手捫日月，立至梵天[63]。

緊接着，經文却下評語說：

[62] 參見木村泰賢之原始佛教思想論，頁三三〇。
[63] 第二分自歡喜經一四；大正一，頁七八中、下。

此神足者，卑陋下劣凡夫所行，非是賢聖之所修習！若比丘於諸世間愛色不染，捨離此已，如所應行，斯乃名曰賢聖神足。於無喜色亦不增惡，捨離此已，如所應行，斯乃名曰賢聖神足。於諸世間愛色、不愛色二俱捨已，修平等護，專念不忘，斯乃名曰賢聖神足[64]。

另外，增一阿含經卷三八，也有類似的主張：

由禪得神足，至上不究竟，不獲無爲際，還墮五欲中。智慧爲最上，無憂無所慮，究竟獲等見，斷於生死有[65]。

由這幾段阿含經的經文，我人可以看出原始佛教所標榜的解脫者是何等的平實。這也就難怪第二、三世紀的龍樹論師，在介紹「八正道」的「正命」時，曾將「詐現異相奇特」列爲不合乎正命的「五種邪命」之首[66]。

將佛教帶向神秘主義而漸漸回歸於波羅門教的，仍然是大天所開展出來的大衆部。有人說，

---

[64]同上經；大正一，頁七八（下）。
[65]第四經；大正二，頁七五九（下）。
[66]大智度論卷一九；大正二五，頁二〇三（上）。

含有豐富大乘思想的「雜藏」，諸如本生、本事、譬喻、方等，乃是大衆部學者的作品集67。這種說法應該是離事實不遠的，因爲澄禪所撰的三論玄義檢幽集卷五，卽曾引述失傳之眞諦的部執論疏說：

部執疏曰：布薩時旣誦此偈（指大天五事頌），（大天）復語諸弟子云：佛昔在世，諸天及四部衆弟子所說，佛皆印可，令阿難受持，悉稱爲經。佛已滅度，若有聰明人，能說法者亦得作經，汝等若作經者，隨意作之68。

而眞諦之部執論疏還說，許多大乘經典，諸如勝鬘、涅槃、維摩、金光明、般若、花嚴，在佛滅後兩百年左右，也廣由大衆部的學者所信受69。可見帶有濃厚神秘色彩的大乘經典，都與大天所領導的大衆部有密切的關係。

然而，大衆部如何以其一貫的高調手法，來描述解脫者的色身呢？這可從世友的異部宗輪論

67參見印順之以佛法研究佛法，頁一八一——一八二。

68大正七〇，頁四五六上、中；又尊祐之科註三論玄義卷五，亦有類似的引文。（參見伊籐義賢之大天與大乘非佛說的萌芽；張曼濤編之現代佛教學術叢刊第九九——大乘佛教的問題研究，頁二六八，臺北大乘文化出版社六七年初版。）另，布薩是一種法會。

69詳張曼濤之大乘佛教的問題研究，頁二七〇；現代佛教學術叢刊九九，臺北大乘文化出版社六七年版。

看出來：

此中大衆部、一說部、說出世部、鷄胤部本宗同義者，謂四部同說：諸佛世尊皆是出世，一切如來無有漏法。諸如來語皆轉法輪，佛以一音說一切法，世尊所說無不如義。如來色身實無邊際，如來威力亦無邊際，如來壽量亦無邊際⑳。

此中，分成三大段：㈠佛身不會使人引生煩惱：即論文中所謂的世尊「皆是出世」、「無有漏法」。窺基的述記說，這與大衆部主張「十八界無漏」有關㉑。㈡佛陀說法時的神奇：所有的話，那怕是向阿難問「下雨了沒有？」也是在轉法輪㉒。其次，佛能以一種語言，讓不同種族、地域的聽衆了解。還有，佛沒有說錯話或說得不够清楚的時候。㈢肉體的神化：色身、威力、壽量的無邊。

明顯地，許多大乘經對如來神化式的描述，都是從大衆部的佛身觀開展出來的。例如，法華

⑳大正四九，頁一五中、下；又見㉚。

㉑窺基之異部宗輪論述記卷上；新文豐出版公司六六年初版。

㉒詳大毘婆沙論卷一二六、一八二；大正二七，頁六五九（中）、頁九一二（中、下）。又見木村泰賢之小乘佛教思想論，頁九二——九三。

經即說：「我實成佛已來，無量無邊百千萬億那由他刧。」❼❸涅槃經也說：「如來是常住、不變易法。」❼❹又說：「如來今於拘尸那城入大三昧禪定窟，衆不見故，名大涅槃。」❼❺像這樣把佛陀視爲不死神仙，不正是宗輪論所說的「壽量亦無邊際」嗎？（在南傳佛教的論事一書中，甚至說案達羅派及北道派，還把如來的排泄物視爲世間最美的香味！❼❻）

然而，在部派佛教中，也有不同於大衆部神化的佛身觀嗎？有！那是嚴守原始佛教平實作風的上座部。依據宗輪論的記載，上座部所主張的佛身觀是：

八支聖道是正法輪，非如來語皆爲轉法輪。非佛一音能說一切法。世尊亦有不如義言。佛所說經非皆了義，佛自說有不了義經❼❼。

這幾句論文都是有關佛陀說法的情形：㈠佛陀的話並不是都在轉法輪，只有說到「八正道」等有關法義時，才是轉法輪。㈡佛陀無法只用一種語言爲所有衆生說法。㈢佛陀所說的道理，有

❼❸大正九，頁四二（中）。
❼❹大正一二，頁六二一（下）。
❼❺大正一二，頁七九二（上）。
❼❻詳木村泰賢之小乘佛教思想論，頁八五。
❼❼大正四九，頁一六（下）。

究竟的，也有不究竟的，甚至也有錯誤的時候。上座部的佛身觀，只有最後了義、不了義的主張，被大乘的學者接受；但是，不幸却演變成學派之間的互相攻擊，這在中國尤其顯得嚴重。

所應注意的是：上座部儘管嚴守原始佛教平實的佛身觀，但是，到了部派的極盛期，連代表上座部主流的大毘婆沙論，却也認爲佛陀具足了阿羅漢所沒有的「三十二相」⑱。依據木村泰賢的研究，這三十二相原從波羅門教的毘紐拏神話脫胎而成的⑲。可見，佛身觀的神化、波羅門化，似乎是佛教思想史上不可抗拒的一股力量。

爲了會通大衆部與上座部這兩種互相矛盾的佛身觀，大乘佛教的學者們，開始將佛身做各種不同形式的分類。其中，簡單的二分法應是最早的分類。現在以龍樹的大智度論爲例。

龍樹一開頭先提出佛有「九罪報」，卽：⑴梵志女孫陀利謗；⑵旃遮波羅門女謗；⑶提婆達多傷佛足；⑷迸木刺脚；⑸頭痛；⑹食馬麥；⑺脊痛；⑻六年苦行；⑼乞食不得⑳。這九件發生在佛身上的事實，如果眞的是「罪報」，那麼，佛的色身卽與一般凡夫沒有什麼不同。但是，介紹完了「九罪報」，龍樹却接着說：

⑱大毘婆沙論卷一七七；大正二七，頁八八七下。
⑲木村氏之小乘佛敎思想論，頁六六。
⑳龍樹之大智度論卷九；大正二五，頁一二一（下）。

佛有二種身：一者法性身，二者父母生身。是法性身滿十方虛空，無量無邊色像端正相好。無量光明，無量音聲。聽法衆亦滿虛空。常出種種名號，種種生處，種種方便度衆生。常度一切，無須臾息時。如是法性身佛能度十方衆生。受諸罪報者，是生身佛。生身佛次第說法如人法。以有二種佛故，受諸罪無咎[81]。

智論對佛身的二分法，卽後代所謂的法身與應（化）身。而法身的名詞在原始佛典中已經存在，只是意義有所不同於智論的法性身而已。法身在原始佛典中的本義，大概與遺敎經所說的類似，所謂：「我諸弟子展轉行之，卽是法身常在而不滅也。」[82]因此，所謂法身，在原始佛典中，不過是佛陀的教法、佛陀的精神不滅而已，決沒有像智論所說的那般神奇。

智論中對佛身的二分法，是否爲諸種佛身分類的首出者，本文無暇詳考；不過，無疑地，如果預設歷史的發展乃從簡入繁、從素樸入詳備，則智論這種二分佛身的主張，應較後代三分、四分等思想來得原始。後代諸經論將佛身分成法、報、應（化）三身，或如唯識宗分成自性、受用（含自受用與他受用）、變化三身（四身），應該都是智論二分法的推廣[83]。

[81] 同上書卷九；大正二五，頁一二一（下）——一二二（上）。
[82] 佛垂般涅槃略說敎誡經（佛遺教經）；大正一二，頁一一一二（中）。
[83] 唯識宗的分類，例如無著之攝大乘論卷下；大正三一，頁一四九下。

儘管龍樹的作品當中已經含有以上所說的神秘色彩，儘管般若經中也雜有神化的佛格（如大般若經開頭對佛陀的描述[84]，但是，中觀佛教到底是最早期的大乘佛教，較諸後期的大乘佛教還要原始一點，因此依然處處保有樸實無華的佛身觀。例如金剛經卽說：「凡所有相皆是虛妄，若見諸相非相，卽見如來。」[85]又說：「若以色見我，以音聲求我，是人行邪道，不能見如來。」[86]這不是和原始佛法那種「見緣起卽見法，見法卽見佛」的主張很相近嗎？

大衆部及說一切有部相互矛盾的佛身觀，被大乘學者以二分佛身乃至四分佛身的方法會通之後，佛陀的神格化並沒有因此而稍爲消滅，相反地，在大乘經論中皆爲一味的高調。中國天臺宗的智顗卽爲一例。智顗將解脫者分成四類：藏敎佛、通敎佛、別敎佛、圓敎佛；他們分別是阿含經、般若經、華嚴經，以及法華經中所說的佛陀。其中藏佛是爲凡夫、二乘及最下劣的菩薩而示現的應身佛；通佛是爲凡夫、二乘及次等下劣的菩薩而示現的應身佛；別佛是純爲鈍根菩薩而示現的報身佛；只有圓敎佛才是眞正澈底解脫的、爲最上根的菩薩而示現的法身佛。智顗的分類，可以從諦觀的天臺四敎儀看出來[87]：

---

[84] 緣起品第一；大正五，頁一下。

[85] 金剛般若波羅蜜經；大正八，頁七五三（上）。原文是：「……若見諸相非相，則非妄語。」

[86] 同前書；大正八，頁七五六（中）。

[87] 底下引號中的四段句子均出自天臺四敎儀；大正四六，頁七七四下。

(1)藏教佛：「坐木菩提樹下，生草爲座，成劣應丈六身佛，受梵王請，三轉法輪，度三根性，住世八十年，現老比丘相，薪盡火滅，入無餘涅槃者，卽三藏佛果也。」

(2)通教佛：「坐七寶菩提樹下，以天衣爲座，現帶劣勝應身佛。爲三乘根性轉無生四諦法輪，緣盡入滅，正習俱除，如炭灰俱盡。」

(3)別教佛：「坐蓮華藏世界、七寶菩提樹下、大寶華王座，現圓滿報身。爲鈍根菩薩衆，轉無量四諦法輪。」

(4)圓教佛：「以虛空爲座，成淸淨法身，居常寂光土，卽圓教佛相也。」

智顗的這種高格調的佛身觀，與勝鬘經那種「過於恒沙不離、不脫、不異、不思議佛法」的「不空如來藏」有密切的關連。事實上，如來藏系的所有經論之所以高調佛格，都與「如來藏緣起」有不可分割的關係；因爲依據這些經論所說，山河大地皆是佛性或如來藏的顯現，那麼，「如來色身實無邊際」乃至智顗那種「十界互具」的佛身觀，不過是邏輯的必然結果罷了。

佛身觀與其他佛教的理論一樣，都是隨着時代、地域的不同而流變的。是以，從上述的引據，我人可以歸納出它的發展次序如下：(1)原始佛教平實的佛身觀（九罪報身）；(2)大衆部神化佛身觀與上座部傳統佛身觀的對立；(3)婆沙中具足三十二相的婆羅門化的佛身觀；(4)智論中二分佛身觀；(5)其他更複雜的佛身分類。像這樣的流變，也許是爲了適應一般喜愛神秘色彩的印度信衆，但是却與「依法不依人」的原始遺教相違背；甚至也與廣度衆生的初衷相違背，因爲過分神化的佛陀，是與人間脫離關係的。如果承認次第神化的佛身觀，只是爲了廣度衆生而方便施設的法門，那也罷了，但是，却偏偏有人昧於以上所細列的史實，斷言般若經（及其他平實的原始佛典）中所說的平實的佛身觀，是「光只破除自性執之佛性，而只以因緣說明成佛之可能，此則太空泛而無力」⑱。這種說法是錯誤的！另外，還有人說：「成佛必須依圓滿之形態而成佛。圓滿形態的佛是以具備着九法界法而決定，卽是十界互具爲圓滿形態。此圓滿形態卽決定『如來藏恒沙佛法佛性』一觀念。」⑲基於相同的理由，這種高調的、爲天臺智顗辯護的說法，也必然是昧於史實而不免錯誤的！古代，由於佛教史的不發達，天臺智顗的主張仍可原諒；而在現代，印度佛教史已經相當清楚，如果棄史實而不顧，終究無法探得釋迦之本懷吧？

佛身觀開展到今天，人間佛陀的影子失去了，剩下的只是神化的、迷信的、遠離苦難衆生的、高不可攀的全知全能者；這恐怕連始作俑的大天也始料所不及的吧！

四、依報論（淨土論）

⑱牟宗三之佛性與般若（上），頁一八〇；臺北臺灣學生書局六六年版。
⑲同前書頁一八一。

前後期佛教對涅槃以及解脫者的身心有詳細的討論，已如上文所說。然而，在原始佛教及阿毘達磨佛教中，對解脫者所依存之世界——依報，却甚少提及；此蓋因早期的佛教仍依循「佛世尊皆出人間，非由天而得也」⑨的原始遺教所致。

在大乘經論中，以解脫者之依報爲討論對象的有兩類：㈠因解脫者修菩薩行時所積下的功德而自然感得的清淨依報；㈡菩薩依其本願而建立起來的淨土。事實上，這兩類淨土是很難區分的，因爲菩薩的本願皆爲衆生清淨國土，如此清淨國土當中，即能法爾自然感得其所預期的淨土。因此，自然感得的清淨依報即依本願而建立之淨土；反之亦然。但是，諸大乘經論在不自覺中，既然有這兩種不同的淨土論，因此下文也分成兩方面來討論：

㈠自然感得之淨土論

自然感得之淨土論，在大乘經論當中並不多見。甚至還有像竺道生那樣，主張「法身無色」、「佛無淨土」者（詳下文）。不過，諸大乘經基於神化之佛陀觀，在極力讚嘆佛陀的色身之外，相對地也必然讚嘆其所居住之國土。此徵之諸大乘經序分當中佛陀的諸種神變，即可見其一斑。就拿八十華嚴來說，釋迦的眞身——毘盧遮那佛，在七處九會的說法當中，其第一會即以浩大的

---

⑨增一阿含經卷二六第三經；大正二，頁六九四（上）。

篇幅，來讚嘆佛陀的清淨依報——華藏世界海⑪。

少數幾本把解脫者自然感得的依報當論題來討論的經典之一是維摩詰所說經。這部經的佛國品，一開頭先說明菩薩成就淨土的九種法門⑫，其中最首要者是「三心」：直心、深心、大乘心。在大乘起信論中也提到了類似的三心⑬；想必是受該經之啓發者。另外，淨影慧遠在其觀經疏中，認爲「修心往生者」必須具足至誠心、深心及廻向發願心等三心，想必也是來自維摩詰經或起信論吧⑭？

維摩經在說完了上述九種法門之後，緊接着下結論說：「若菩薩欲得淨土，當淨其心；隨其心淨，則佛土淨。」後人稱這爲「唯心淨土」。六祖惠能的「但心清淨卽是自性西方」⑮，也應該是受該經的啓發。緊接着，經文展開了舍利弗與螺髻梵王之間的一場辯論：一開頭，舍利弗以爲娑婆世界是「丘陵坑坎，荆棘、沙礫、土石、諸山，穢惡充滿」的穢土；而螺髻梵王斥責他

⑪八十華嚴卷八——一〇；大正一〇，頁三九下。此中，「七處九會」是指毘盧遮那佛在七個不同的地方，說了九次的法。
⑫九種淨土法門是：三心、六波羅蜜、四無量心、四攝法、方便、三十七道品、廻向心、說除八難、十善；詳大正一四，頁五三八上、中。
⑬起信論的三心是：直心、深心、大悲心；大正三二，頁五八〇（下）。
⑭詳望月信亨之中國淨土教理史，頁七一。
⑮六祖壇經（元宗寶本）疑問品第三；大正四八，頁三五二（中）。

說：「仁者心有高下，不依佛慧，故見此土有不淨耳！」最後佛陀出面證明梵王的斥責正確，並以神變令舍利弗見到娑婆世界原本清淨的面目，並說：「我佛國土常淨若此，爲欲度斯下劣人故，示是衆惡不淨土耳！」[96]

這場辯論引發底下的結論：(1)羅漢（舍利弗）與佛、菩薩（釋迦、梵王）雖處同一國土，却因果報不同，因此對國土的所見亦不同。(2)解脫者——佛陀，可以隨機以神變力爲衆生（舍利弗等）示現淨土。這兩個結論中，第(1)告訴我人：因爲修行者的德行不同，其自然感得的依報即不同。後代佛教將淨土做成各種分類，不能不說濫觴於此經者。而第(2)個結論却告訴我人：有一類的淨土是解脫者爲了度化衆生，而方便化現出來的。古代中國的論師們，往往爭論西方淨土到底是阿彌陀佛的報土或化土，想必也與此一結論有關（詳下文）。

唯識經論是另外一批對自然感得的淨土感到興趣的文獻。世親（A.D. 320–400）的佛性論，將依他起分成「染濁依他」與「清淨依他」，並說：「染濁依他緣分別得成，清淨依他緣如如得成。」[97] 這雖然不能把它遽然看成國土的分類，却不能不說有發展出國土分類的可能。後來的成唯識論，繼承無著的攝大乘論，先將佛身分成自性、自受用、他受用、變化等四身，然後每一身對應一個淨土，而成四土：(1)自性土：乃唯屬於佛陀的非色淨土而且是佛佛相同的淨土；其

---

[96] 大正一四，頁五三八（下）。

[97] 佛性論卷二；大正三一，頁七九四（下）。

實，只不過是解脫者諸種智慧、功德所積而已（「土」是積聚、依持義）。⑵自受用土：也是唯屬於佛，但卻佛佛不同、遍一切處而互不相碍的有色淨土。⑶他受用土：乃爲利益十地菩薩所方便示現之有色淨土；隨着十地菩薩之差別功德，所示現出來的淨土也有大小、勝劣之分。⑷變化土：乃爲利益未登地的三乘行者而示現之有色國土；其相狀也與行者之功德差別而有不同，甚至對那些最下根機者，還有示現穢土之情形[98]。

在印度，有關解脫者所居住之依報，雖只有維摩、唯識等少數經論提及，但在中國，古代諸論師承襲上述佛身、佛土的分類，卻對淨土的諸種相狀，展開了多彩多姿的論辯。

鳩摩羅什（A. D. 344-413）師資，是最早展開淨土論辯的一批學者。羅什以爲淨土乃諸佛法爾自然所感得之果報土；衆生既未積聚如許功德，則全無淨土可言，偶或有之，也不過是佛所權現者耳。反之，其門人竺道生則唱言法身無色、佛無淨土。例如，道生的維摩經阿閦佛品注，即以反證法證明法身無色：

若有人佛者，便應從四大起而有也。夫從四大起而有者，是生死人也，佛不然矣[99]。

[98]成唯識論卷一〇；大正三一，頁五七左右。

[99]詳僧肇之註維摩詰經卷九（道生之註已失）；大正三八，頁四一〇（中）。

而證明佛無淨土則說：「夫國土者，是衆生封疆之域；其中無穢，謂之爲淨。」又說：「無穢之淨，乃是無土之義，寄土無言，故言淨土。無土之淨，豈非法身之所託哉！」[100]其實，道生之法身無色、佛無淨土之說，不過是其另外的主張——實相無相、善不受報的必然結論而已[101]。

羅什的另一門生——僧叡，則採取折衷的主張，以爲佛與衆生均各有淨土與不淨土[102]。於是，後代對此問題卽展開了各種不同的淨土分類；其中，淨影慧遠（A.D. 523-592）的分類，可以做爲中國淨土分類的嚆矢。在慧遠的大乘義章卷十九淨土義中，曾總評以上羅什師資的主張：羅什之「諸佛有土、衆生全無」義，乃攝相從實論；道生之「佛無淨土、衆生有土」義，乃攝實從相論；而僧叡之「佛與衆生各有二土」義，乃分相異實論[103]。慧遠不滿意這三種說法，另外開創了他那「佛與衆生皆有淨土」、「佛唯淨土」的主張。與他幾乎同時的智顗，以及稍後的吉藏，雖也各有他們的淨土分類，却遠不如慧遠的完備。

首先，慧遠將淨土分成三大類：(1)凡夫有漏業力所感之事相莊嚴的「事淨上」（又細分爲

---

[100] 同前書卷一；大正三八，頁三三四（下）。

[101] 實相，乃法身所證得之理體；客體之實相既然無相，則相對應之主體的法身亦必無色。法身既是無色，焉有所依之淨土可言！三僧祇刧之行善設若無報，則焉有實在之法身、淨土之理！（參見湯錫予之漢魏兩晉南北朝佛敎史，頁六三三—六四七。

[102] 詳淨影慧遠之大乘義章卷一九，凡聖有無門第五；卍續藏九七，頁二〇七。

[103] 同前書。

二）；(2)二乘及地前菩薩所感之妙相莊嚴的「相淨土」（亦細分爲二）；(3)十地菩薩以及佛所居住之「眞淨土」，其中，十地菩薩所居者名爲「離妄眞」，佛所居者名爲「純淨眞」，而後者又細分成佛所自享之「眞土」與示現給其他有情之「圓應土」。詳如下表104：

- 慧遠之淨土
  - 事淨土
    - 求「有」之淨業所感者（如諸天）
    - 求出世之淨業所感者（如安樂國）
  - 相淨土
    - 二乘土
    - 地前菩薩
  - 眞淨土
    - 離妄眞土（十地菩薩所居）
    - 純淨眞土
      - 眞土
        - 法性土（法身佛所居）
        - 實報土（報身佛所居）
      - （圓）應土
        - 法應土（淨土三昧法門所現）
        - 報應土（大悲願力所現）

（二）以本願爲中心之淨土論

104 以上有關淨影慧遠之主張，皆出自望月信亨之中國淨土教理史第八章第二節。而下表則爲其內容之表格化。

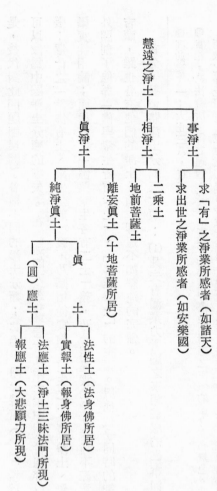

以上所論及的淨土思想，都是解脫者隨其三僧祇刧之淨業所自然感得之清淨依報，亦卽偏向「如來果德」之描述；對於未解脫前之「菩薩因行」甚少談到。其實，在菩薩因行當中，隨着菩薩所發下之「本願」而建立成佛後之諸種淨土，才是大乘佛教廣談淨土的本意。所以下文將專就繫屬本願思想之淨土觀來加以研究。

依據木村泰賢的研究[105]，本願思想的開展，起自原始佛法（或部派初分）時代之本生譚，終至大乘佛教的淨土經論，尤其是佛說無量壽經（卽大彌陀經）。在漢譯的本生譚中，尤以菩薩本生鬘論及六度集經爲首要；這些都是記載釋迦之前生，爲了度化衆生而有之種種感人事跡。木村氏以爲，從這些本生譚爲始，依六的倍數，次第開展出大乘經論中的諸種本願思想：首先是屬於梵文聖典的小品般若經（Aṣṭasāhasrikā-prajñāpāramitā）[106]，依本生譚中時常提到的「六波羅蜜」，而提出六個本願。其次，阿閦佛國經提出十二願及十八願說。第三，無量清淨平等覺經提出二十四願說。第四是大品般若經夢行品第五八的三十本願說。第五是無量壽莊嚴經的三十六願說。最後則爲佛說無量壽經的四十八願說[107]。（其中，缺少四十二願說，可能是漏譯了。）木

[105] 詳木村氏之大乘佛教思想論第三篇第二章第二節。

[106] 此相當於施護譯之佛母出生三法藏般若波羅蜜多經（大正八，頁五八七下）。又，參見前書。

[107] 阿閦佛國經（二卷），後漢支婁迦讖譯；大正一一，頁七五一下。無量清淨平等經（四卷），後漢支婁迦讖譯；大正一二，頁二七九下。大品般若經（卽摩河般若波羅蜜經，二十七卷），後秦鳩摩羅什譯；大正八，頁二一七下。無量壽莊嚴經（卽佛說大乘無量壽莊嚴經，三卷），宋法賢譯；大正一二，頁三一八下。佛說無量壽經（卽大彌陀經，二卷），曹魏康僧鎧譯，大正一二，頁二六五下。

村氏還說，這六部經所闡揚的本願思想，代表了般若教系與淨土教系之間的傾軋：

(1)代表般若教系的本願思想：由小品般若經的六願，進展到阿閦佛經的十二願及十八願；再進一步大成於大品般若經的三十願（對無量清淨平等經之二十四願的反動）。

(2)代表淨土教系的本願思想：由無量清淨平等經之二十四願（此經乃對小品般若及阿閦佛經的反動），進展到無量壽莊嚴經的三十六願（此經乃對大品般若三十願之反動）；最後則大成於佛說無量壽經的四十八願。

木村氏的說法雖然疏於舉證，因此不可輕信，但是却是極有見地的主張。因爲他告訴我人：淨土的本願思想可以大分爲兩系，一是注重平實、現世的般若教系；另一則是富於幻想而偏重宗教情操的淨土教系。就拿大彌陀經四十八願中的第三願、第二十七願來說，都是幻想式地描述阿彌陀佛及西方極樂世界⑩⑧。再以廣泛流傳於我國民間的小彌陀經（即佛說阿彌陀經）來說，也有底下幻想式的描寫：

極樂國土七重欄楯，七重羅網，七重行樹，皆是四寶周匝圍繞，是故彼國名爲極樂。……

⑩⑧大正一二，頁二六七——二六九。

極樂國土有七寶池，八功德水充滿其中，池底純以金沙布地，四邊階道金銀瑠璃玻璃合成……⑲。

至於屬於本敎系，却帶有密敎色彩的觀無量壽佛經（卽十六觀經），以其十六種觀想，更將西方極樂世界描寫得極盡莊嚴⑳。

另一方面，般若敎系的本願思想却是平實而重現世的。例如阿閦佛經卷上善快品第二所描寫的幾個本願是㉑：(1)無有牢獄拘閉之事；(2)無有衆邪異道；(3)無有國王之名，但有法王之號；(4)樹木繁茂，人民從樹取種種衣；(5)飯食自然出現；(6)人民無有治生者，亦無有販賣往來之人；(7)其地平正；(8)無有風、寒、氣三病；(9)無有三惡道；(10)一切人皆行善事；(11)薄淫怒痴。這十一個本願，可以歸納成底下三大類：(一)政治的淸明、民主：例如(1)——(3)；(二)科技發達、經濟合理：例如(4)——(8)；(三)道德的社會：例如(9)——(11)。

卽使是般若敎系之較晚出的大品般若經，其夢行品所列擧的三十個本願當中，儘管雜有幻想式的數條，却仍以平實而重現世生活之改善爲主。例如：(1)衣食資具充足；(2)無病弱者；(3)無邪

⑲大正一二，頁三四六——三四七。
⑳大正一二，頁三四〇下。
㉑大正一一，頁七五五——七五六。

見；(4)國人相敬如父母兄弟；(5)唯有法王，無王者號⑫。

從這些引證，我人知道，有關本願的淨土思想的確有幻想與現實兩系經典的差別。在中國，幻想式的彌陀淨土被高揚了，着重現世改造的般若敎系的淨土思想却一直不能得到正當的發展。筆者相信，這與彌勒淨土——另一個着重現世改造的淨土思想，在中國不得正常發展，有其密切的關係。

除了成道前的釋迦之外，彌勒是阿含經中唯一提到的菩薩。中阿含經卷一三王相應品說本經第九，曾經簡略描述彌勒淨土的相狀：

未來久遠當有人民壽八萬歲。人壽八萬歲時，此閻浮洲極大富樂，多有人民，村邑相近，如鷄一飛……唯有如是病，謂寒、熱、大小便、欲飲食、老，更無餘患⑬。

經中並說，當時有一「成就七寶」的國王，名螺，「不以刀杖，以法敎令，令得安樂」。緊接着釋迦預讖說：「未來久遠，人壽八萬歲時，當有佛，名彌勒如來、無所着、等正覺、明行成就、善逝、世間解、無上士、道法御、天人師、號佛衆祐。」⑭

⑫大正八，頁三四六下。
⑬大正一，頁五〇九（下）。
⑭大正一，頁五一〇（中）。

另外，增一阿含經卷一一也說：「彌勒菩薩經三十劫，應當作佛至眞等正覺。」[115]同經卷三八則說：「彌勒出現世時，聲聞三會。初會之時九十六億比丘之衆，第二之會九十四億比丘之衆，第三之會九十二億比丘之衆。皆是阿羅漢，諸漏已盡。」[115]

以上這些原始佛典中有關彌勒信仰的片段，後來都滙入了一些大乘的經典中，成了彌勒淨土的極大成。其中最有名的是佛說觀彌勒菩薩上生兜率天經(劉宋沮渠京聲譯)及各種彌勒下生經。

在上生經中，對兜率淨土（所謂的「彌勒淨土」），也有幻想式的描述，但是却又把目前的彌勒（阿逸多）描寫成：「具凡夫身，未斷諸漏」乃至「其人今者雖復出家，不修禪定、不斷煩惱」[116]。這無非是說，彌勒爲了廣度衆生，甘願「留惑潤生」，身處生死輪廻之中。這種注重現世（生死輪廻）的入世精神，在彌陀信仰的經論中是少見的。

更值得注意的是，上生經中對於往生兜率淨土的彌勒信仰者，也有類似的描述：

> 佛告優波離：若有比丘及一切大衆，不厭生死、樂生天者，愛敬無上菩提心者，欲爲彌勒作弟子者，當作是觀（指觀想兜率淨土之妙相）。作是觀者應持五戒，八齋具足戒，身心精進，不求斷結，修十善法，一一思惟兜率陀天上妙快樂[117]。

---

[115] 卷一一第五經；大正二，頁六〇〇（上）。又，卷三八第二經；大正二，頁七五七（上）。
[116] 大正一四，頁四一八（下）。
[117] 大正一四，頁四一九（下）。

此中最值得注意的是「不厭生死」、「不求斷結」，這與前述彌勒那種「不修禪定、不斷煩惱」的精神是相合的。

描寫彌勒下生的經典，智昇的開元釋教錄說有六譯，其中三失三存。依大正藏所錄，此三存者是：(1)西晉竺法護譯的佛說彌勒下生經一卷；(2)後秦鳩摩羅什譯的佛說彌勒下生成佛經一卷；(3)唐義淨譯的佛說彌勒下生成佛經一卷。其實，除了這三譯外，還有一部失譯的短經——佛說彌勒來時經一卷，從其篇幅的簡短，說不定是上面三譯的原型。另外，鳩摩羅什還譯有佛說彌勒大成經一卷，也是描述彌勒成佛的情形，可視為上述三譯的異本；不過，從經中數數提到「般若」一詞，以及篇幅的較前浩繁，應是受有般若思想之衝激的後代作品。

開元錄所說的三經內容大同小異，只是唐譯以偈頌體表達而已。現依唐譯說明彌勒下生時的情形：經文一開頭即描述五十六億年後，彌勒下生娑婆世界時的淨土相狀——此時，娑婆世界也叫做「彌勒淨土」；目前，有人喜歡把它稱為「人間淨土」。其次說到當時有一國王——餉佉(什譯為蠰佉)的英明。最後則描述彌勒出家、修行、成佛、說法的情形。

在人間淨土的描寫中，重要的有底下數點：㈠象徵土地遼濶、交通發達的「大海水漸減」、「地無諸棘刺」。㈡象徵工業進步、經濟富足的「自然出香稻」、「諸樹生衣服」、「諸有欲便利，地裂而容受」(其他二譯還有「金銀珍寶車𤦲馬瑙眞珠虎珀，各散在地，無人省錄」等描述)。㈢象徵醫藥發達的「人壽八萬歲」、「無有諸疾苦」(只有便利、飲食、衰老三病)。㈣象徵政治清明的「國土咸富盛，無罰無災厄」。㈤象徵道德淨化的「彼諸男女等，皆由善業生」[118]。這些描述，本質上與阿閦佛經等般若教系的平實淨土觀，並沒有什麼兩樣。

經中對餉佉王的描述有底下幾點：㈠象徵生產完備、交通便利、財政充實、人民善良、衆望所歸，乃至正法流布的「七寶皆成就」[119]。㈡象徵天下太平的「四海咸清肅，無有戰兵戈」乃至「王有四大藏，各在諸國中」[120]。㈢象徵民主、法治、教育普及的「正法理羣生，設化皆平等」。這些描述，雖然不如阿閦佛經所標榜的那般澈底——所謂「無有國王，但有法王」，但是毋寧說是更切近現實而容易達成了。

和其他下生經一樣，唐譯下生經也說到了有名的「龍華三會」，顯然，這是直承增一阿含經的預識：

---

[118] 大正一四，頁四二六（上、中）。

[119] 七寶是：象徵生產與交通完備的白象與紺馬；象徵財政充實的神珠；象徵人民良善的玉女與居士；象徵權威的典兵；象徵正法流布的輪寶。參見竺法護譯下生經（大正一四，頁四二一中）；又見木村氏之大乘佛教思想論，頁五一六。

[120] 四大藏，依竺法護下生經說：「乾陀越國，伊羅鉢寶藏，多諸珍琦異物，不可稱計。第二彌梯羅國，綢羅大藏，亦多珍寶。第三須賴吒大國，有大寶藏，亦多珍寶。第四波羅㮈蠰佉，有大寶藏，多諸珍寶，不可稱計。」（大正一四，頁四二一（中））又，新羅憬興之三彌勒經疏對此四大藏有較詳細之解釋（大正三八，頁三一二中、下）。

初會爲說法，廣度諸聲聞，九十六億人，令出煩惱障；
第二會說法，廣度諸聲聞，九十四億人，令渡無明海；
第三會說法，廣度諸聲聞，九十二億人，令心善調伏[121]。

彌勒下生經帶給中國的衝擊相當重大，這多半是指政治上的改造。例如，西晉竺法護譯的佛說申日經（月光童子經的異譯）[122]，卽說：

佛告阿難：我般涅槃千歲已後，經法且欲斷絕，月光童子當出於秦國作聖君，受我經法，與隆道化。秦土及諸邊國、鄯善、烏長、龜茲、疏勒、大宛、于闐，及諸羌虜、夷、狄，皆當奉佛尊法，普作比丘。

此中，所謂月光童子，依印順所說，乃是彌勒之化身耳[123]。

其次，隋那連提耶舍所譯之德護長者經卷下則說：

[121]大正一四，頁四二七（下）。
[122]大正一四，頁八一九（中）。
[123]印順之淨土與禪，頁一七——一八。

又此童子，我涅槃後……於當來世佛法末時，於閻浮提大隋國內，作大國王，名曰大行。能令大隋國內一切衆生信於佛法，種諸善根⑫④。

明顯地，所謂大行國王，不過是暗示着隋文帝罷了。只外，唐菩提流志譯的寶雨經，也說：「月光……第四、五百年中，法欲滅時，汝於此瞻部洲東北方摩訶支那國……爲自在王。」⑫⑤這不也强烈意味着武則天嗎？至於，天授元年（西元六九〇年），法明獻大雲經給武后，說武后乃彌勒下生，當代唐爲閻浮提主，那更是明目張膽地利用彌勒信仰了⑫⑥！

在民間，早期的淨土信仰也以彌勒淨土爲主；直到盛唐，彌陀信仰才漸漸取代彌勒信仰。這可從西元五、六世紀，北魏龍門石窟的造像看出來：在 A.D. 495–535 北魏政府統治期間，龍門石窟共新造彌勒像三十五尊、彌陀像全無；然而，A.D. 650–704 年唐高宗到武后統治期間，彌勒像減至十一尊，彌陀像却增爲一百一十尊⑫⑦。

⑫④佛說德護長者經卷下；大正一四，頁八四九（中）。
⑫⑤參見印順之淨土與禪，頁一九。
⑫⑥參見傅樂成之隋唐五代史，頁五五；臺北長橋出版社六八年初版。
⑫⑦幻生之彌勒信仰及其應化事蹟④，菩提樹月刊二八卷五期，六九年四月號。又見陳淸香之龍門石窟之佛敎彫刻；張曼濤編佛敎藝術論集頁九三下（特別是頁一三六——一三九），現代佛教學術叢刊⑳，臺北大乘文化出版社六七年初版。

盛唐後，彌勒信仰與波斯傳來的摩尼敎（明敎）相結合，產生了「明王出世，天下太平」的政治思想。元末，更發展成秘密的白蓮敎。朱元璋利用了白蓮敎（明敎）打天下，連朝代的名字都採用了「明朝」，却反而壓制了彌勒信仰128。從此，彌勒信仰走入地下，成了不正常的發展。另一方面，彌陀信仰却從廬山慧遠等「自力」的淨土觀，經過曇鸞、道綽、善導等人的倡導，流變而成「他力」的淨土觀，雖說廣度了怯弱衆生，却也喪失了淨土那種以本願淸淨國土、度衆的原意129。淨土本願一系，發展至今，已是名存實亡，雖美其名爲大乘，却成了終日口唱彌陀却不知積極度衆的小乘行了！

在此嗟嘆之餘，試以印順之一段話，做爲本節之結論：

彌勒人間淨土，給予中國人的影響極大。可惜的是：中國是儒家思想的天下，佛教不能現政治的淨化；不能引淨土的思想而實現於人間，得到正常的發展。明代的朱元璋……結合了儒家的思想，背叛廣大人民的光明願望，漸與彌勒淨土的思想脫節……月光童子出世

128參見野上俊靜等之中國佛敎通史（頁一四六——一四七）；鄭欽仁譯，臺北牧童出版社六七年初版。另，戴玄之之白蓮敎的本質；師大學報一二，頁一一九——一二七。戴玄之之白蓮敎的源流；中國學誌五，頁一〇三——一〇八。李守孔之明代白蓮敎考略；臺大文史哲學報四。

129廬山慧遠的自力淨土觀及曇鸞、道綽、善導的他力本願說，請參見望月信亨的中國淨土敎理史第三、七、一二、一五章。

和彌勒下生的思想，數千多年的發展，鼓舞了中國人對於人間淨土的要求與實行，而一直受着儒家本位文化的障碍，不曾實現⒀。

五、結 論

在印度，與解脫境有關的思想，不管是涅槃、佛身觀、或淨土論，都步步回歸於神化的波羅門教；所以，佛教在印度失去了它的獨特性，終於衰亡了。在中國，一方面，神格化的佛陀仍被視為必然，另一方面，佛陀所依之淨土也逐漸失去了它那注重現世改造的大乘精神；所以，佛教在中國失去了它的吸引力，終究也不得不走上了衰亡的道路！

如果佛教要變得有前途，那麼，平實、現世、人間的教義，應該好好闡揚起來。

主要參考書目

⑴ 大正藏；臺北新文豐出版公司影印本。

⑵ 印度哲學宗教史，高楠順次郎、木村泰賢合著，高觀廬譯；臺灣商務印書館六〇年臺一版。

⑶ 原始佛教思想論，木村泰賢著，歐陽瀚存譯；臺灣商務印書館六三年臺三版。

⒀ 印順之淨土與禪，頁二〇。

(4) 小乘佛教思想論，木村泰賢著，演培法師譯；臺北慧日講堂六七年重版。
(5) 大乘佛教思想論，同前書。
(6) 性空學探源，印順著；臺灣慧日講堂六二年重版。
(7) 異部宗輪論述記，唐窺基記；臺北新文豐出版公司六六年初版。
(8) 中國淨土教理史，望月信亨著，釋印海譯；臺北慧日講堂六三年初版。
(9) 漢魏兩晉南北朝佛教史、湯錫予著；臺北鼎文書局六五年再版。
(10) 淨土與禪，印順著；臺北慧日講堂五九年重版。
＊詳細的參考文獻請看註釋中所引。

成唯識論中時間與種熏觀念的研究

一、部派佛法的時間觀

對時間的不同看法，是部派佛法分裂的主因之一。例如，說一切有部、經量部，和大衆部間，就有不同的時間觀。這些不同的主張，明顯地影響了成唯識論的時間觀與種熏說。

說一切有部把萬法分成數類（例如世親的俱舍論分爲七十五法），每一法上又分成「法體」與「作用」❶，然後說：法體是沒有生滅變化的，因此也無關於時間的；但法體所顯現出來的功能作用却是有生有滅的，因此也可以區分爲過去、現在、未來這三世的。例如，說一切有部的百

❶每一法的法體到底是相同或不同，大毘婆沙論卷七十六有底下的問答說明：「問，作用與體爲一爲異？答，不可定說爲一爲異；如有漏法，一一體上有無常等衆多義相，不可定說爲一爲異；此亦如是，故不應責。」（大正藏卷二十七，頁三九四）

科全書——大毘婆沙論卷七十六卽說：

三世諸法因性果性，隨其所應，次第安立，體實恒有，無增無減，但依作用，說有說無。❷

同書卷卅九還將諸行的轉變分成「自體轉變」和「作用轉變」，乃至「自體轉變」和「功能轉變」，然後說：「若依自體轉變說者，應言諸行無有轉變，以彼自體無改易故；若依作用轉變說者，應言諸行亦有轉變，謂法未來未有作用，若至現在便有作用，若入過去作用已息，故有轉變。」（自體與功能二轉變類似。）❸

在這種法體與作用（功能）分割，而「體實恒有」的主張下，雖有「三世實有」之說，但三世却是依有爲法而假立的，並沒有實體可言。如說：

問，如是三世以何爲自性？答，以一切有爲法爲自性 。……問，何故名世？世是何義？答，行義是世義。問，諸行無來無去，云何行義是世義？……答，以作用故立三世別，卽

---

❷大正藏卷二十七，頁二九五——三九六。

❸同上，頁二〇〇；另外，大毘婆沙論卷七十七，先介紹了法救、妙音、世友，及覺天等「說一切有部四大論師」的時間觀後，然後在世友下評曰：「此師所立，世無雜亂，以依作用立三世別。謂有爲法未有作用名未來世，正有作用名現在世，作用已滅名過去世。」（大正藏卷二十七，頁三九六）可見，婆沙的作者認爲諸法可以分成法體與作用，而時間則是建立在作用的有無上面。

依此理說有行義。❹

然而，說一切有部的時間觀眞的是假有的嗎？事實上，這種立基於諸法作用上的時間觀，是屬於世俗道理、世俗諦的時間觀，是屬於粗有爲相、相續有爲相，乃至分位有爲相的時間觀，而不是屬於賢聖道理、勝義諦，或細有爲相、剎那有爲相，乃至連縛有爲相的時間觀❺。因爲，從賢聖道理乃至連縛有爲相的觀點來說，說一切有部主張有生、住、異、滅等四種有爲相；這四種有爲相的實有，明白地顯示說一切有部主張有實存的時間。大毘婆沙論卷卅八，在斥責了經量部（譬喻者）的看法之後，緊接着斷言了有爲相的眞實存在；如說：

> 問，何故作此論？答，爲廣分別契經義故。……諸師於此契經義趣不如實知，起種種執，謂或有執諸有爲相非實有體。如譬喻者彼作是說，諸有爲相是不相應行蘊所攝，不相應行蘊無有實體，故諸有爲相非實有體。爲遮彼執，顯有爲相實有自體……故作斯論。❻

這明顯地說明，經量部主張生、住、異、滅等四有爲相是假有的（因爲它們攝屬於假有的不相應行法），而有部却主張這四種有爲相是實有的。至於這四相的意思，世親的俱舍論卷五曾定

---

❹大毘婆沙論卷七十六；大正藏卷二十七，頁三九三。

❺有關賢聖道理與世俗道理的對立，乃至連縛有爲相與分位有爲相的對立，請見大毘婆沙論卷七十六（大正藏卷二十七，頁三九二——三九三）。

❻大正藏卷三八，頁一九八。

義說：「此於諸法能起名生，能安名住，能衰名異，能壞名滅。」❼

值得特別注意的是，這四種（有時省略住相而成三種）有爲相，是在一刹那中具足在某一法上的；底下的論文卽爲明證：

問，何故作此論？答……爲止他宗，顯正義故。謂或有執三有爲相非一刹那，如譬喩者。彼作是說，若一刹那有三相者，則應一法一時亦生亦老亦滅。然無此理，互相違故，應說諸法初起名生，後盡名滅，中熟名老。爲遮彼執，顯一刹那具有三相……故作斯論❽。

像這樣，四相實有而且同一刹那具足在某一法上的時間觀，牽涉到一個基本的概念，那就是「刹那」；問題在這一「刹那」是否有前後的延續？答案是有；這牽涉到「住」相的有無。如說：

問，諸有爲法有住相不？……答，應作是說，有爲法有住相。……問，契經所說復云何

---

❼大正藏卷二九，頁二七。

❽大毘婆沙論卷三九；大正藏卷二七，頁一九九——二〇〇。此中，「老」相卽「異」相。另外，說得更詳細點，每當一法在一刹那中生起的時候，應有底下的九法同時存在，卽：生起的該一法、生、生生、住、住住、異、異異、滅、滅滅。其中，生、住、異、滅稱爲有爲法的四種「本相」；而生生乃至滅滅，稱爲是有爲法的四種「隨相」。而且，四隨相只能作用於四本相，卽「生生」可以生「生」、「住住」可以住「住」、乃至「滅滅」可以滅「滅」。另外，本相中的生，可以使其他八法生；住可使其他八法住；乃至滅可以使其他八法滅。

通？如說苾芻諸行不住。答，不久住故說不住言，非謂全無刹那住相。❾

像這種同時(刹那)而又具有前後延續的時間觀，是唯識宗主要論師之一的勝軍 (Jayasena; A.D. 590–645) 所主張的，但却爲護法 (Dharmapāla; A.D. 530–560)系的唯識學者所反對。這些，我人將在下文詳細討論。

除了有部的「刹那具足四相」說之外，部派中重要的時間觀還有經量部與大衆部的主張。經量部是主張「相續四相」的，前文已稍論及，現在再引底下一段論文證明其相續四相的主張：

> 經部師說……世尊爲斷彼執着故，顯行相續體是有爲及緣生性，故作是說，有三有爲之有爲相。非顯諸行一刹那中具有三相，由一刹那起等三相不可知故，非不可知應立爲相。❿

這種「相續四相」的時間觀，與有部的「刹那四相」的時間觀雖有極大的不同點，却有一個共同點，那就是：在相續四相說中，時間是有前後延續性的；而在刹那四相說中，由於「住」相的刹那暫住，因此，時間還是有前後的延續性。

刹那四相的延續時間觀，影響了勝軍論師；同樣地，經部的相續四相說，也影響了勝軍論師。這兩種時間的理論，都爲宗重於護法論師的成唯識論所破斥（詳下）。

成唯識論所主張的時間觀是「過未無體論」，它來自大衆部。世友的異部宗輪論描述大衆部

---

❾大毘婆沙論卷三九；大正藏卷二七，頁二〇一。

❿俱舍論卷五；大正藏卷二九，頁二七。

的時間觀時說：「過去、未來非實有體。」⑪而成唯識論卷三則說：

前因滅位，後果卽生，如秤兩頭低昂時等。如是因果相續如流，何假去來方成非斷！……因果等言皆假施設，觀現在法有引後用，假立當果，對說現因；觀現在法有酬前相，假立曾因，對說現果。⑫

明顯地，成唯識論的時間觀是「過、未無體論」，時間只是一刹那的存在，沒有過去，也沒有未來；過去和未來都是依現存一刹那法的「引後用」、「酬前相」而方便假立的。⑬

二、唯識經論中對時間的看法

把時間看做是虛幻不實的存在(或部分虛幻不實的存在)，是大乘佛法的特色。龍樹在其中

⑪大正藏卷四九，頁一六。
⑫大正藏卷三一，頁一二——一三。
⑬窺基的成唯識論述記卷三末，對這種「過、未無體」的時間觀，有底下較詳細的說明：「謂大乘中唯有現法，觀此現法有能引生當果之用，當果雖無，而現法上有引彼用。用者，功能。行者尋見現法之上有此功用，觀此法果，遂心變作未來之相；此似未來，實是現在。卽假說此改變未來名爲當果。對此假當有之果，而說現在法爲因。此未來果卽觀現法功能而假變也。(過去亦類似，玆略。)」(大正藏卷四三，頁三三九)這明顯地說到只有現在，過去、未來都是幻想出來的錯覺。

論卷三（觀時品第十九），卽曾破斥三世的時間觀念⑭。在同書卷二（觀三相品第七），則破斥生、住、滅之有爲三相⑮。龍樹認爲時間是虛幻的最大理由是：時間是立基於諸法活動才假立的；諸法是因緣生、空無自性的；因此，時間也是空無自性的⑯。

瑜伽師地論也和龍樹相同，把時間建立在諸行的相續活動上，所以，時間也必然是假有的；如說：「問，依何分位建立時？此復幾種？答，依行相續不斷分位建立時。此復三種，謂去、來、今。」⑰而成唯識論一方面建立了「過、未無體論」（詳前文），一方面又破斥說一切有部（薩婆多部）的「刹那四相」實有論；如說：

> 復如何知諸有爲相異色心等有實自性？契經說故。如契經說，有三有爲之有爲相，乃至廣說。（以上重述有部的主張。）此經不說異色心等有實自性，爲證不成。非第六聲便表異體，色心之體卽色心故。非能相體定異所相，勿堅相等異地等故。（大正三一，頁五）

按照窺基的述記，「此經不說……爲證不成」乙句，是總破有部的四相實有論；窺基說：

---

⑭大正藏卷三〇，頁二五——二六。

⑮大正藏卷三〇，頁九——一二。

⑯中論的幾句話可以證明這點：「若離於去者（運動者），去法（運動）不可得。」（卷一觀去來品第二；大正藏卷三〇，頁四）又如：「因物故有時，離物何有時？物尙無所有，何況當有時！」（卷三觀時品第一九；大正藏卷三〇，頁二六）。

⑰瑜伽師地論卷五六；大正藏卷三〇，頁六〇七。

「此卽總非。大乘四相與色心等非一非異。遮外定異有實自體，故言此經不說異等。」⑱此句以下則爲別破。（依述記，別破原來有七點，現在所引只是其中兩點，卽：「六轉無差難」和「能所不異難」⑲）別破可分爲二：「非第六聲……卽色心故」是別破第一的「六轉無差難」。此中，所謂「轉」卽梵文中的八種語格，稱爲「八轉聲」（蘇漫多聲 astavibhaktayaḥ），其中的第六是「屬聲」（svāmivacane），代表所有格（如「天授的衣服」、「祠授的鉢盂」等⑳），卽是論文中的「六轉」。所以，論文的大意是：並不是有爲四相屬於有爲法，就以爲它們有實體存在。底下是較詳細的解析：

述記在解釋這「六轉無差難」時，曾說有部建構了底下的一個論證：

有爲四相是有爲法的第六轉聲——屬聲；

凡第六轉聲的都別有實體，例如天授的衣服、祠授的鉢盂等等；

所以，有爲四相離開有爲法而別有實體。㉑

惠沼的成唯識論了義燈卷三說這論證犯了三種過錯：宗中比量相違過、量有不定過（此第二

⑱成唯識論述記卷二末；大正藏卷四三，頁二八四。
⑲同上。
⑳天授卽佛陀堂弟提婆達多，祠授則爲演若達多（楞嚴經卷四中的一個瘋子）。
㉑成唯識論述記卷二末；大正藏卷四三，頁二八四。

同述記㉒），有法自相相違過㉓。換句話說，唯識宗認爲第二個前提是不眞的，因爲並不是所有屬聲都是別有實體的；述記擧了一個例子：「色心之體」中的「體」，並非離色心而別有實體。述記還進一步建構了底下的論證，來證明有爲四相並不是離開諸法而別有實體；然而，這却是一個不合理的論證㉔：

凡是第六轉聲的都是第六轉聲；

並不是第六轉聲的都有實體，例如色心之體、識之了別等；

所以，並不是第六轉聲的都有實體。

㉒大正藏卷四三，頁二八四。

㉓大正藏卷四三，頁七〇八。

㉔同㉒。依窺基的因明入正理論疏卷上，這個論證是不合理的論證。疏云：「此共許因唯得遍是有法宗性，以宗之法卽成宗法故……又不欲成宗有法故。」（大正藏卷四四，頁一〇二）這意思是，共許因必須具備「遍是宗法性」，其中一個原因是，共許因不能是宗有法（結論的主詞，卽小詞minor term）。然而，這個論證的「因」，顯然是宗有法；亦卽，宗有法與因都是「第六轉」。所以，這個論證是不合理的。又，從西洋邏輯的觀點來看，述記中這個論證並不是健全的（sound）論證——雖然它是有效的（valid）論證。因爲，它的第一個前提是邏輯地眞（logically true），因此是多餘的；而第二個前提與結論相同，因此是用待證的前提來證明結論，犯了循環論證（petito principii）的謬誤。附，述記的原文是：第六轉言所因諸法非定別體；第六轉故；如色心之體、識之了別等。（奇怪的是，窺基自己知道因支不可以是宗有法，但自己却又觸犯了這個規定！）

其次，別破第二的「能所不異難」，是指成唯識論文中的「非能相體定異所相，勿堅相等異地等故」乙句。其中的「能相」是指四有爲相，「所相」則指具足四相的有爲法；而全句的大意是：並不是四有爲相一定與有爲法異體，就像堅相與地、濕相與水、煖相與火、動相與風不一定異體一樣㉕。

總之，成唯識論以爲，生等四有爲相是不能離開色心諸法而獨存的，它們不過是依循色心諸法的活動而假施設的而已。所以，論文在破斥了四相實有之後，接着下結論說：

然有爲法因緣力故，本無今有，暫有還無，表異無爲，假立四相。本無今有，有位名生；生位暫停卽說爲住；住別前後，復立異名；暫有還無，無時名滅。前三有故，同在現在；後一是無，故在過去㉖。

成唯識論雖然主張「過未無體」乃至「四相無有實體」，但其時間觀却不如中觀佛法的一切皆空。事實上，成唯識論的時間觀是「唯有現在一刹那存在」的時間觀；它與種熏說有密切的關係。

三、成唯識論的刹那種熏說

㉕參見成唯識論述記卷二末；大正藏卷四三，頁二八四。

㉖成唯識論卷二；大正藏卷三一，頁六。

成唯識論中與時間有關的種熏說，有兩處：一是卷二中的種子六義和所熏四義、能熏四義；二是卷四中三種所依的「因緣依」（種子依）。

卷二的種子六義是：刹那滅、果俱有、恒隨轉、性決定、待衆緣、及引自果。其中與時間有關的是前二，卽刹那滅與果俱有。論中對「刹那滅」的解釋是：「謂體才生，無間必滅，有勝功力，方成種子。」㉗而窺基的述記則有底下的說明：「故體才生，無間卽滅，名爲種子。有勝功力，才生卽有，非要後時。」㉘我人應特別注意此中的「才生卽有，非要後時」乙句，它是說明種子與現行之間的因果關係是同時因果，而非前後的異時因果。

種、現間的同時因果觀，還可以從種子的第二義「果俱有」中看出。成唯識論原文是：「謂與所生現行果法俱現和合，方成種子。此遮前後及定相離……非如種子自類相生，前後相違，必不俱有。」㉙而述記解釋說：「謂此種子要望所生現行果法，俱時現有。」述記並解釋「現」字有顯現、現在、現有三義，並說「現在簡前後」㉚。顯然，論文和述記都說到種、現間是俱時因果。

㉗同前，頁九。
㉘成唯識論述記卷三；大正藏卷四三，頁三〇九。
㉙大正藏卷三一，頁九。
㉚大正藏卷四三，頁三〇九。

原來，唯識經論把種子分成兩類：一叫「種子」，一叫「種類」。前者是種、現間的因果關係，是俱時的因果；後者却是前念種子引生後念種子（異熟）的因果關係，是異時因果（詳下）。

成唯識論卷二中所提到的所熏四義是：堅住性、無記性、可熏性，以及與能熏共和合性。這是阿賴耶識的四個重要性質。其中，與時間相關的是第四「與能熏共和合性」。論文的解釋是：「若與能熏同時、同處、不卽不離、乃是所熏。此遮他身、刹那前後，無和合義，故非所熏。」❸❶這是說明能熏的現行諸法與所熏的阿賴耶識，是同時因果，而不是前後異時的因果。

而能熏也有四義，它們是：有生滅、有勝用、有增減、以及與所熏和合而轉。其中，「與所熏和合而轉」與時間有關，其說明與上述能熏大同，只是將「能熏」一詞改成「所熏」一詞而已。❸❷

論文在介紹種子六義、所熏四義，以及能熏四義之後，有一段與時間相關的重要結論；它說：如是，能熏與所熏識俱生俱滅，熏習義成。令所熏中種子生長，如熏苣藤，故名熏習。能熏識等從種生時，卽能爲因，復熏成種。三法展轉，因果同時，如炷生焰、焰生焦炷；亦如蘆束，更互相依。因果俱時，理不傾動。能熏生種，種起現行，如俱有因得士用果；種

❸❶大正藏卷三一，頁九。

❸❷同上。

子前後自類相生，如同類因引等流果。此二於果是因緣性；除此餘法皆非因緣，設名因緣，應知假說。㉝

這種因果俱時的種熏說，顯然是承繼瑜伽師地論和無著的攝大乘論，甚至連焰炷、蘆束的比喻，都與攝大乘論完全一樣。唯一不同的是：攝論中沒有提到能熏四義，也沒有提到種子的自類相生。㉞

最後，再讓我人看看成唯識論卷四中的三種所依；它們是：因緣依（種子依）、增上緣依、等無間緣依。論文對「因緣依」有底下的解釋：

然種自類因果不俱，種現相生決定俱有。故瑜伽說：「無常法與他性爲因，亦與後念自性爲因，是因緣義。」自性言顯種子自類，前爲後因；他性言顯種與現行互爲因義。㉟

明顯地，這是以瑜伽師地論卷五中的一段論文，再次地建立種生現與種生種的兩種因果關

㉝成唯識論卷二；大正藏卷三一，頁一〇。

㉞參見大正藏卷三〇，頁五八〇（瑜伽師地論卷五一）及大正藏卷三一，頁一三四——一三五（攝大乘論卷上）；又，攝論雖然沒有說到種子的自類相生，但攝論的無性釋，却暗示了種類與種子的不同，如說：「由此唯言遮相續等爲種子體，如所說種子法不相應故，要待所熏能熏相應，種與有種其性方立。」（無性之攝大乘論釋卷二；大正藏卷三一，頁三八九）因此，成唯識論中把種子分成種子與種類，可能是源自無性的釋論；這點，窺基的述記卷三也注意到了（參見大正藏卷四三，頁三一一）。

㉟大正藏卷三一，頁一九。

係；並說種生現（及現生種）是俱時因果，而種生種是異時因果㊱。這種時間觀的特色是：時間的流變只存在於種生種的「異時而熟」㊲，而不存在於種子所現行的外在諸法之上——外在諸法是沒有時間上的流變的。

四、成唯識論所破斥的時間觀與種熏說

以上所述，乃成唯識論所宗重的時間觀，應該是屬於護法一系的主張。論中對其他不同的主張，處處顯示其嚴厲的批判。這些不同的主張，有些是來自於部派佛法的，例如說一切有部的刹那四相說、經量部的相續四相說（以上詳前文）；還有一些則是來自於唯識宗的其他學者，例如難陀（Nanda; A.D. 450–530）與勝軍（Jayasena; A.D. 590–645）。這兩大論師的時間觀，其實與有部、經部的時間觀，有很類似的地方。底下是詳細的情形：

成唯識論卷二在說到種子六義中的「果俱有」時，曾說：「謂與所生現行果法俱現和合，方

㊱瑜伽師地論卷五的原文是：「又雖無常法為無常法因，然與他性為因，亦與後自性為因，非即此刹那。」這是七種因相當中的第二相。參見大正藏卷三〇，頁三〇二。

㊲阿賴耶識又叫「異熟識」，而「異熟」一詞向來有三種解釋，即：變異而熟、異時而熟、異類而熟。其中的異時而熟是指現行熏種子後，不會馬上再生現行，必須經過一段時間，才能成熟而生現行；此相當於種子六義中的「待衆緣」義。詳成唯識論述記卷一；大正藏卷四三，頁二三八。

成種子；此遮前後及定相離。」（詳前文）窺基的述記，在解釋第一句時曾說：

有說：「種生現之時，必前後念，非此刹那。」如何解此？彼師意說，如上座部心有二時，卽因在生、果在滅，故同在現在，亦不相違。此卽勝軍假明上座，非實用之，第三卷中自當廣述。㊳

這是說，勝軍論師採用了上座（尊者）因果異時的時間觀，而主張種現間的關係是前後念的異時因果。其中所說的「第三卷」文，是指成唯識論卷三的一段論文：

有餘部說，雖無去來而有因果恒相續義。謂現在法極迅速者，猶有初後生滅二時；生時酬因，滅時引果，時雖有二而體是一；前因正滅後果正生，體相雖殊，而俱是有。如是因果非假施設，然離斷常。㊴

窺基的述記卷三說，「有餘部」是指上座部（其實是經量部的上座尊者室利邏多）。但窺基

㊳成唯識論述記卷三（大正藏卷四三，頁三〇九）。此中，窺基把「上座」與「上座部」混用。按，窺基所說的「上座部」，應是「上座尊者」（Sthavira）之誤。蓋「上座部」是部派名，而「上座尊者」却是經量部一代大師室利邏多（Śrirāta）的尊稱。這從述記對「上座」思想的描述卽可看出；窺基說，上座主張「然俱現在，彼無過未」（大正藏卷四三，頁三四〇），這明顯地是經量部的思想，而不是主張「三世實有」的上座部的思想。又，有關室利邏多的生平、思想，請參見印順之說一切有部爲主的論書與論師之研究第一一章第四節。

㊴大正藏卷三一，頁一三。

還說：「此中亦同勝軍論師種子等法前果後因俱時而生。」❹⓪在窺基看來，勝軍的理論與上座的理論，有許多雷同之處，因此成唯識論所破斥的雖是上座思想，却直等於破斥了勝軍的主張。窺基解釋上座的思想是：

上座等云：「色法遲鈍，有三相用時經一世；謂生、住、滅，更無異時。心法迅速但有二時，謂生及滅。」此二相卽法辨，離法無別體，然俱現在，彼無過未故。此中，且舉心、心所法爲論；故言「極迅速者，猶有（初後生滅）二時」。❹❶

這是註釋上引成唯識論中的一句——「謂現在法極迅速者，猶有初後生滅二時」。這段註釋說明了上座所主張的心法活動，那就是：心法的活動雖只有現在一刹那，但却具有前後二時——「現在」一詞是包含了生與滅的前後二時。

而窺基對勝軍思想的介紹是：

彼謂因果恐有斷故……復以大乘，假說現在之三相用不同時起。前法至生後法未起，至住之時後法未生，至異之時後果方生；恐因果斷故。❹❷

這段註釋，說明了勝軍的因果觀是前後異時的因果觀，與前述上座的「現在二時」說有甚多

---

❹⓪成唯識論述記卷三，大正藏卷三四，頁三三九。
❹❶同前書，頁三四〇。
❹❷同前書，頁三四〇。

相似之處。換句話說，勝軍與上座都主張：現在或刹那，雖然已經很短暫，但實際上仍有前後的二時或三時存在。這也和述記所描述的經部思想完全符合，因爲，在窺基的描述下，經部的因果觀是因果異時的。㊸

所應注意的是，勝軍所謂的因果異時說，應與種熏說有關；也就是說，種生現是異時因果、現熏種也是異時因果。這是完全不同於成唯識論所宗重的同時因果說。這種異時因果的種熏說，來自於經量部，所以成唯識論述記處處評破經量部的思想；如說：「此遮經部等因果異時」、「異經部師前念之識熏後念類」㊹。

成唯識論及述記在介紹了這些時間和種熏的異說之後，都一一加以批駁；本文爲了節省篇幅，玆略。

五、成唯識論之時間和種熏說的困難

㊸例如述記卷三描述經部說：「而色心中諸功能用卽名種子，前生後滅。」（大正藏卷三四，頁三四〇）其實，述記所描述的經部，與大毘婆沙論所描述的完全一樣（參見前文第一節）。又，上座與勝軍思想的異同，請見成唯識論演秘卷三（大正藏卷四三，頁八七四）。

㊹大正藏卷四三，頁三一〇、三一三。

至此，我人得到兩點結論：

(1)不管是部派的有部、經部、大衆部，或是唯識宗的護法、勝軍，都共同主張時間是建立在「現在」或「剎那」之上的。(即使是高唱「三世實有」的有部，也把三世看做是世俗道理乃至分位有爲相；詳前文。)唯一不同的是，經部和唯識宗的護法、勝軍，還進一步把「現在」或「剎那」，建立在種生現、現熏種的因果關係之上。

(2)各學派雖然都主張有現在或剎那，但對這兩個詞却有兩種不同的看法：其一是有部、經部、上座、勝軍，他們主張「現在」或「剎那」是有前後延續性的；例如，勝軍認爲，在一「剎那」中，種生現或現熏種的因果關係是異時的因果關係。其二是大衆部和護法系唯識學者的主張，他們認爲「現在」或「剎那」是沒有任何前後的延續性；就護法說，種生現、現熏種乃是「如秤兩頭，低昂時等」的俱時因果。㊺

其次，就我人的研究看來，在這兩種不同的時間觀中，護法系的俱時因果說是難以成立的，因爲它與它的另一主張——藏識無記說，是相違背的。底下是詳細的論證：

首先，我人要指出，「變化」是因果法則最起碼的條件之一，因與果之間如果沒有任何本質上的差異，就沒有因果關係可言。這也是唯識諸論把種與種類分開的理由；述記卷三解釋「果俱

㊺說一切有部雖然主張生等四相同時具足在一剎那當中，但它還主張有「住」相，說「不久住故說不住言，非謂全無剎那住相」(見前文)，因此，也可以把它看成是主張「剎那」有前後延續性的學派之一。

有」（種子六義之一）時說：

> 依生現行果之種子名為俱有，不依引生自類名種。何故爾耶？能熏生故，望異類故，果現起故，相易知故。種望於種非能熏生，非異類故，非現起故，非易知也，此中不說。㊻

明顯地，述記把「異類」做為種現與種種必須區別的理由之一。這是依據瑜伽師地論所說「法與他性為因，亦與自性為因」而推論出來的必然結果（詳前文）。

事實上，不但是種現之間的因果必須異類，種種之間也必須是某種意義下的異類。此徵諸述記所說的「要因變異之時，果方熟故」㊼，即可證明。

我人還相信，「變化」是必須預設「時間」的，至少必須像龍樹中論所說的那樣：變化與時間是相互依存的（詳前文）。果眞這樣，那麼，種子生現行既是俱時因果，如何可能「異類」而生？而現行熏種子既也是俱時因果，又如何可能「異類」而熏？更令人擔心的是：現種、種現的因果關係當中，既然都是俱時因果，「沒有時間」產生異類的變化，那麼，舊種與新種之間必定沒有任何本質上的變化。如此，當新種再次現行時，其現行果法必與舊種所生的現行果法完全

㊻大正藏卷四三，頁三一〇。

㊼成唯識論述記卷一解釋「異熟」一詞時列有三義：變異而熟、異時而熟、異類而熟。其中「異類而熟」是「與因異性，果酬因故」，可以解釋成種現間的異類因果（有「酬」字故）；而「變異而熟」的解釋是：「要因變異之時，果方熟故。」顯然，這是指種子（因）自類的因果變異。所以，種與種之間也應該有變異才對；這也是為什麼種有善、惡之分，現行果法却只有苦、樂之別的原因。

相同——世界成了一幕幕景色相同、劇情相同，却又永遠放映不完的無聊影片。而有情流轉與還滅的理論，也因此破壞殆盡了。

成唯識論的擁護者當然不希望得到這種結果。然而，要避免這種錯誤，却只有底下兩條路，而它們却又都是行不通的：⑴現行果法有勝功能，能使新種異於舊種；⑵阿賴耶識有勝功能，能使新種異於舊種。

就第⑴點來說，這種來自於現行果法的、能使新種異於舊種的力重，一定不是存在於舊種當中。因爲，如果這力量是舊種所本有的，那麼依據種熏的理論，這力量必是來自舊現行中；其次，舊現行中的這種力量又來自何方？無疑地，它來自於更舊的種子當中。然而，由於沒有時間延續的預設，就沒有變化可言；沒有變化，那麼舊種與舊種之間就沒有本質上的差別。這仍然沒有辦法避免前述那種無法建立流轉、還滅理論的謬誤。因此，附屬於現行法而能使種子產生變化的力量必定來自於有情身心之外的他力，例如佛菩薩或其他有情的影響力。也就是說，改變業果的力量，不再只是有情自身的行爲力量，還決定於其他有情或佛菩薩的影響力。這樣的業力論，就有情的共業而言，也許是合理的，但就純粹的別業來說，却無論如何都是無法會通的；更何況一切的現行果法都生自有情的本識種子，並沒有眞正嚴格意義的「共業」可言。

改變種子本質的力量既然不可能來自現行果法，那麼，只有第⑵條路可走，那就是：這力量乃是發自於阿賴耶識當中。然而，什麼叫做阿賴耶識？發自阿賴耶識與發自種子是相同的說法嗎？明顯地，這種力量不能發自種子，理由已於前段說過。那麼，唯一的可能是發自阿賴耶識本身；這似乎是說：阿賴耶識是一個具有殊勝功能的容器，不但能够貯藏種子，還能賦給新舊二種在本質上生起變化的力量——這是典型的「種識差別論」。種識差別論違背了唯識宗「種識非一非異」的明訓。這不但是成唯識論說它們「不一不異」㊽，而且無著的攝大乘論卷上也說：「非彼種子有別實物於此中住，亦非不異。」而世親的論釋卷二更說：「若有異者，彼諸種子應分分別，阿賴耶識刹那滅義亦不應成。」㊾這是說，如果主張種識差別論，那麼，阿賴耶識即成了常住不變的心體了；這是主張阿賴耶識唯妄非眞的護法唯識所無法同意的，甚至也是無着、世親本人所不能首肯的。所以今人印順說：

世親釋論曾這樣說：「若有異者……阿賴耶識刹那滅義亦不應成」，這是很可留意的！為什麼本識與種子差別，本識就不成其為刹那滅呢？有漏習氣是刹那；楞伽曾明白說到。本識離却雜染種子，就轉依為法身，是眞實常住，也是本論（攝大乘論）與莊嚴論說過的。賴耶，在本論中，雖都在與染種融合上講，是刹那生滅；但它的眞相，就是離染種而顯現其實本來清淨的眞心。眞諦稱之為不生滅的解性梨耶，並非刹那生滅。本論在建立雜染因

㊽成唯識論卷二云：「此中何法名為種子？謂本識中親生自果功能差別。此與本識及所生果不一不異，體用因果理應爾故。」（大正藏卷三一，頁八）。
㊾大正藏卷三一，頁三二八。

果時，是避免涉及本識常住的……。㊿

如此，假設使舊種與新種改變本質的力量來自於阿賴耶識本身，那麼，必然引生連無着和世親都無法同意的種識差別論來。可見，最後一條路也是不通的。

其次，就算種識差別論的錯誤可以避免，也還有新的困難產生：首先，阿賴耶識必具有自我清淨的本能，此卽眞諦所謂的「解性黎耶」51；其次，阿賴耶識還必須具備流轉生死的本能，這却相似於天台的「性惡」說52。而這兩點，都不是主張本識唯妄或本識無覆無記的成唯識論所願

㊿印順之攝大乘論講記頁八〇——八一。

51「解性黎耶」一詞，出自眞諦所譯之攝大乘論釋卷一（世親釋；大正藏卷三一，頁一五六），原文是：「此阿黎耶識界，以解爲性。」其下，眞諦又引兩段經文，將阿黎耶識比附爲如來藏（大正藏卷三一，頁一五七）。可見，眞諦所說的解性黎耶卽是後期大乘經論中的如來藏。這如來藏，依楞伽、勝鬘等經，至少有兩大功能：其一是幻現山河大地，此與唯識經論所說的阿賴耶識相同；其二是做爲有情解脫的動力因，此是唯識經論所不曾論及的。所以，勝鬘經一方面說「生死者，依如來藏」，另一方面又說：「若無如來藏者，不得厭苦樂求涅槃。」（大正藏卷一二，頁二二二）。

52「性惡」之說出自天台宗智顗的觀音玄義。玄義說：「闡提斷修善盡，但性善在；佛斷修惡盡，但性惡在。」（大正藏卷三四，頁八八二）原來，智顗把善分成性善與修善。性善卽有情如來藏中本具的成佛動力，連罪大惡極的一闡提也不會斷除；而修善却是依有情的行爲力積聚而成的善業。同樣地，惡也有性惡與修惡。性惡是有情心體本具的惡性，貴如佛陀者也無法斷除；而修惡却是後天學得的罪業，成佛後卽斷除。智顗還說，佛陀成道之所以能够倒駕慈航，完全是性惡所使然；如說：「佛亦不斷性惡，機緣所激，慈力所熏，入阿鼻，同一切惡事化衆生。」（大正藏卷三四，頁八八三）。

意同意的53。

首先，何以主張改變種子本質的力量在阿賴耶識，就會得到阿賴耶識是如來藏的困難呢？這是因爲解脫、成佛的動力，一定要與阿賴耶識相結合的關係。就無著的攝大乘論而言，出世清淨的可能性是建立在「從最清淨法界等流，正聞熏習種子」之上的54；就瑜伽師地論而言，出世間種分成本性住種與習所成種兩類，並說：「諸出世間法，從眞如所緣緣種子生。」55另外，成唯識論卷二在批駁了護月的唯本有說，難陀、勝軍的唯新熏說之後，接着介紹了它所宗重的護法義，那是和瑜伽師地論相似的本有、新熏俱有說56。不管這些論典所說的內容有多麼大的差異，它們都有一個共同的特色，那就是把出世間的動力建立在種子之上。然而，前文已經說過，沒有

53 成唯識論卷二說到阿賴耶識是「無覆無記」（大正藏卷三一，頁七左右）。其實這是世親原有的頌文，也是無著的攝大乘論卷中所明文說到的（參見大正藏卷三一，一三七）。

54 大正藏卷三一，一三六。

55 瑜伽師地論卷三四說：「云何種性？謂略有二種。一本性住種姓，二習所成種姓。本性住種姓者，謂諸菩薩六處殊勝，有如是相，從無始世展轉傳來，法爾所得，是名本性住種姓。習所成種姓者，謂先串習善根所得，是名習所成種姓。」（大正藏卷三〇，頁四七八）這是說，出世間的種子有本有的，也有新熏的。而「諸出世間，從眞如所緣緣種子生」乙句，出自該論卷五三（大正藏卷三〇，頁五八九），却似乎說的是新熏的出世間種子。

56 參見成唯識論卷二（大正藏卷三一，頁八——九）、成唯識論述記卷二（大正藏卷三四，頁三〇四——三〇六）。

時間之延續性的預設，所有的種子都不可能有任何本質上的變化，因此，這些具有出世動力的種子也就喪失了它們的功能。在這種情況下，無漏出世種子的建立是多餘的，因爲解脫還滅的動力不在種子之上，而在阿賴耶識之上——阿賴耶識成了本具無量清淨功德的如來藏了。

其次，爲什麼主張改變種子本質的力量在阿賴耶識，就會導至阿賴耶識本具性惡的困難？這是因爲性善或性惡的建立，都應該具有相同的理由；建立性善說的那些理由，也都可以做爲建立性惡說的理由。建立性善說的理由是：如果解脫的力量不是來自阿賴耶識本身，而是來自無漏種子，那麼，由於沒有時間延續性的預設，無漏種子卽無法擔負解脫還滅的任務，所以，解脫的力量必定來自阿賴耶識本身——這是阿賴耶識性善、阿賴耶識「以解爲性」、阿賴耶識卽如來藏這種「性善」說的理由。同樣地，阿賴耶識爲什麼必須是「性惡」的呢？因爲，如果阿賴耶識本性非惡，惡性存在於種子當中，那麼，由於沒有時間延續性的預設，本具惡性的種子無法生起變化，以致無法擔負生死流轉的任務，所以，惡性不能存於種子當中，必須存於阿賴耶識當中——阿賴耶識非性惡不可。

把阿賴耶識看做是性善的如來藏，這不是成唯識論的擁護者所能接受的；把阿賴耶識看做是性惡的心體，這更不是成唯識論的擁護者所能接受的。然而，性善、性惡說却是主張沒有時間延續性的種識差別論，所無法避免的邏輯結果。這樣，堅持因果俱時而有的種熏理論，還能成立嗎？

六、結論

至此，我人得到一個結論：要建立起阿賴耶識是染淨依的理論，必須在底下三個條件當中任選一條做爲預設的原因；那就是：

(1)「現在」或「刹那」是有延續性的時間觀；

(2)現行果法（或種子）有勝功能，可以改變新舊二種之間的本質；

(3)阿賴耶識有勝功能，可以改變新舊二種之間的本質；亦卽，阿賴耶識本具性善與性惡兩種功能——阿賴耶識不是無覆無記的。

就第(2)點來說，會引生他力的思想，破壞了「自作自受」的因果法則。就第(3)點來說，雖無理論上的矛盾引生，却是成唯識論，甚至無著、世親等人所無法接受的。因此，要保持成唯識論的理論架構，不做大弧度的修改，唯一的可能只有像勝軍那樣，承認第(1)點——時間是有延續性的。

事實上，成唯識論所一再强調的俱時因果，是必要的嗎？我人以爲，那是理論上所不必要的。俱時因果的理論，主要是爲了說明種子六義中的「果俱有」義以及能熏、所熏四義中的「與能所熏共和合」義。這二者都是無著的攝大乘論所本有的。在攝論中並沒有對這二義詳加解釋，只以偈頌的形式指出：「勝義諸種子，當知有六種，刹那滅、俱有，恒隨轉應知、決定、待衆緣，唯能引自果。堅、無記、可熏，與能熏相應；所熏非異此，是爲熏習相。」57而與時間有關的種熏說則有底下的一段論文：

復次，阿賴耶識與彼雜染諸法同時更互爲因。云何可見？譬如明燈，焰炷生燒，同時更互；又如蘆束，互相依持，同時不倒。應觀此中更互爲因，道理亦爾。58

這段論文用兩個比喻，說明本識與諸法同時更互爲因的道理，與其說它强調因與果的「同時」，不如說是强調因與果的「相依」而不可或缺。這應該是「果俱有」及「與能所熏共和合」的本義。

然而，世親的釋論却對這種理論有所發揮；他說：

言俱有者，謂非過去，亦非未來，亦非相離，得爲種子。何以故？若於此時種子有，即於爾時果生故。59

這的確容易令人引生成唯識論那種俱時因果的結論。考「俱有」一詞，在部派諸阿毘達磨中卽存在，世親的俱舍論將「俱有因」列爲六因之

57 攝大乘論卷上（玄奘譯）；大正藏卷三一，頁一三五。
58 同前書，頁一三四。
59 攝大乘論釋卷二（玄奘譯）；大正藏卷三一，頁三二九。

一[60]，並解釋如下：

> 若法更互爲士用果，彼法更互爲俱有因。其相云何？如四大種更互相望爲俱有因，如是諸相與所相法、心與心隨轉，亦更互爲因。[61]

這是說，甲法若與乙法爲俱有因，則乙法卽成士用果；此時，乙法亦可視爲俱有因，而甲法亦可視爲士用果。這是互爲因果義。文中擧了三個例子：一是地、水、火、風等四大種更互爲因果的例子；第二例是生、住、異、滅等四有爲相，和有爲法更互爲因果的例子；最後是心與心隨轉法[62]更互爲因果的例子。那麼，什麼是「士用果」呢？俱舍論卷六說：

> 俱有、相應得士用果，非越士體有別士用，卽此所得名士用果。此士用名爲目何法？卽目諸法所有作用，如士用故得士用名。如世間說鵶足藥草醉象將軍。爲唯此二有士用果，爲餘亦然？有說，餘因亦有此果，唯除異熟；由士用果與因俱生或無間生，異熟不爾……。[63]

---

[60] 六因是：能作因、俱有因、同類因、相應因、遍行因、及異熟因。詳阿毘達磨俱舍論卷六（分別根品第二之四）；大正藏卷二九，頁三〇左右。

[61] 阿毘達磨俱舍論卷六（玄奘譯）；大正藏卷二九，頁三〇。

[62] 心隨轉法，依俱舍論原文的解釋，共有三種：心所法，靜慮律儀（定共戒）與無漏律儀（道共戒），以及伴隨以上二種心隨轉法的四有爲相（生、住、異、滅）。詳阿毘達磨俱舍論卷六；大正藏卷二九，頁三〇——三一。

[63] 大正藏卷二九，頁三五。

接着，論文又說：「若法因彼勢力所生，即說此法名士用果。」㉄這無疑是說，因爲俱有因或相應因㉅的作用而得到的果，就叫做士用果。而「士用」一詞不過是一種比喻，比喻這種果就像士夫的作用，能成辦種種的事業。

所應注意的是，上引這段論文的最後一句：「由士用果與因俱生或無間生」。這似乎是說：俱有因與其士用果間，以及相應因與其士用果間，是俱生（俱時）因果；而異熟因之外的其他因，即能作因、同類因、遍行因、與其果法（亦可名爲士用果）之間，却是無間前後的異時因果。因此，在俱有因與其士用果乃俱時因果的這種傳統說法下，攝大乘論和成唯識論把種現、現種間的關係視爲俱時因果，也不是沒有所本的。

攝大乘論和成唯識論的俱時因果說雖是有所本的，但却不一定是理論上所必要的；因爲「俱有」或「俱時」、「同時」一詞，不一定要把它看做嚴格意義的因果同時。這不但在部派的有部、經部，以及唯識學的勝軍沒有這樣解釋，就是瑜伽師地論也未必這樣解釋；例如，卷五二有底下的一段問答：

問，若有爲法生老住滅四有爲相俱足可得，何故世尊但說三種，一生、二滅、三住異性？

㉄同前。

㉅相應因是六因之一，特別是指心與心所的俱生俱滅，更互爲因而言。詳俱舍論卷六；大正藏卷二九，頁三二。

答，由一切行三世所顯故。……現在世法二相所顯，謂住及異。所以者何？唯現在時有住可得，前後變異亦唯現在。是故世尊由現在世於有爲法總說住異爲一有爲相。㊻

這段論文明顯地說到「現在」有前後變異可得——「現在」，不是不變的現在，而是有延續性的現在。另外，卷五二還有另外一段論文，對於種現之間的關係，可以給我人很大的啓示：

復次，種子云何？非析諸行別有實物名爲種子，亦非餘處。然卽諸行如是種性、如是等生、如是安布，名爲種子，亦名爲果。當知，此中果與種子不相雜亂。何以故？若望過去諸行卽此名果，若望未來諸行卽此名種子。如是，若時望彼名爲種子，非於爾時卽名爲果；若時望彼名果，非於爾時卽名種子。是故當知種子與果不相雜亂。㊼

這段論文主要是說明種現的不一不異、體不雜亂，但却透露了種現間的因果乃是異時因果；這尤其可以從「非於爾時卽名爲果」、「非於爾時卽名種子」兩句所透露的消息看出來。所以，卽使是瑜伽師地論，也不一定像世親的攝論釋或成唯識論那樣，主張種現、現種間的俱時因果。護法——成唯識論所宗重者，旣然因爲主張種熏間的俱時因果，而引生許多理論上的困難，那麼，爲什麼不放棄這無關緊要的、理論上所不必要的主張呢？

㊻大正藏卷三〇，頁五八六。
㊼同前書，頁五八八。

主要參考書目

一、成唯識論，護法等造，唐・玄奘譯；大正藏卷三一，第一五八五號。
二、成唯識論述記，唐・窺基撰；大正藏卷四三，第一八三〇號。
三、成唯識論了義燈，唐・惠沼述；大正藏卷四三，第一八三二號。
四、成唯識論演秘，唐・智周撰；大正藏卷四三，第一八三三號。
五、瑜伽師地論，彌勒說，唐・玄奘譯；大正藏卷三〇，第一五七九號。
六、攝大乘論本，無著造，唐・玄奘譯；大正藏卷三一，第一五九四號。
七、攝大乘論釋，世親釋，陳・眞諦譯；大正藏卷三一，第一五九五號。
八、攝大乘論釋，世親釋，唐・玄奘譯；大正藏卷三一，第一五九八號。
九、攝大乘論講記，印順著；民國六一年臺北慧日講堂重版。
一〇、阿毘達摩大毘婆沙論，唐・玄奘譯；大正藏卷二七，第一五四五號。
一一、阿毘達摩俱舍論，世親造，唐・玄奘譯；大正藏卷二九，第一五五八號。
一二、勝鬘師子吼一乘大方便方廣經，劉宋，求那跋陀羅譯；大正藏卷一二，第三五三號。
一三、觀音玄義，隋・智顗說，灌頂記；大正藏卷三四，第一七二六號。
一四、說一切有部爲主的論書與論師之研究，印順著；民國五七年臺北慧日講堂初版。

論俱時因果在成唯識論中的困難

一、成唯識論的過未無體論

大乘佛法站在法空的立場，連過去、現在、未來這三世時間的流轉，也在否定之列。最早期的大乘學者——龍樹，把時間的流轉化歸於有爲法的變化之上；所以，他說：「若離於去者（運動者），去法（運動這一現象）不可得。」❶又說：「因物故有時，離物何有時？物尚無所有，何況當有時！」❷明顯地，龍樹之所以認爲時間的空幻，是因爲他認爲時間是依靠萬物的運轉而施設的；而萬物是空幻不實的，因此，依靠萬物而施設的時間，也就成了空幻不實的存在了。

中期大乘佛敎的代表作——『瑜伽師地論』，和龍樹相同，也把時間建立在萬物的相續活動

❶中論卷一（觀去來品第二）；大正藏卷三〇，頁四。
❷中論卷三（觀時品第十九）；大正藏卷三〇，頁二六。

上，因此，時間也必定是虛幻的；如說：

問，何以分位建立時間？此復幾種？答，依行相續不斷分位建立時。此復三種，謂去、來、今。❸

論文中的「行」，即三法印「諸行無常」中的「行」，泛指一切世間的事物（有爲法）。「依行相續不斷分位建立時」，這明顯地說到：時間是依照有爲法的相續不斷而建立起來的。既然這樣，時間必是虛幻不實的。

比『瑜伽師地論』稍後的『成唯識論』，把時間建立在種熏的理論之上，但却有主張「現在實有」的傾向。例如，『成唯識論』卷三說：

謂此識性無始時來刹那果生因滅。果生故非斷，因滅故非常。非斷、非常，是緣起理。故說此識恒轉如流。……前因滅位後果即生，如秤兩頭，低昂時等。如是因果相續如流，何假去來方成非斷。……應信大乘緣起正理，謂此正理深妙難言，因果等言皆假施設。觀現在法有引後用，假立當果對說現因；觀現在法有酬前相，假立曾因對說現果。❹

按，這段論文是解釋世親之『唯識三十頌』中的第五頌第三句的「恒轉如暴流」，窺基的

❸瑜伽師地論卷五六；大正藏卷三〇，頁六〇七。
❹大正藏卷三一，頁一二——一三。

『成唯識論述記』把它判爲「解本識因果法喻門」❺。這是用相續不斷的暴流以及低昂時等的桿秤，來比喻阿賴耶識當中的種子，與其現行果法之間的因果關係。顯然，這種因果關係是不必預設過去及未來的時間，只有現在的一剎那。有關這點，窺基的『述記』說得更清楚：

謂大乘中唯有現法。觀此現法有能引生當來之用。當果雖無，而現在法上有引彼用。用者功能，行者尋見現法之上有此功用，觀此法果，遂心變作未來之相。此似未來，實是現在。卽假說此所變未來名爲當果。對此假當有之果，而說現在法爲因。此未來果，卽觀現法功能而假變也。❻

這是窺基對『成唯識論』中「觀現在法……對說現因」一句的註解，明顯地說到時間只有現在沒有未來，因爲，所謂的未來，不過是現在法能引生「當果」的意思，而當果是不存在的。類似地，窺基註解了論文中的另外一句「觀現在法……對說現果」：

觀此現法有酬前之相，卽熟變相等。觀此所從生處，而心變爲過去，實非過去，而是現在，假說所變爲現法因。對此假曾有過去因，而說現在爲果。❼

這也明白說到沒有過去只有現在，因爲所謂過去，是相對於現在法之因而假說的。

❺成唯識論述記卷三；大正藏卷四三，頁三三七。
❻同前書卷三；大正藏卷四三，頁三三九。
❼同前。

因此，在種熏的理論上，『成唯識論』建立起唯有現在，沒有過去、未來的時間觀。這種「過、未無體論」，其實不是唯識學者所首倡的，早在部派時代，大衆部卽高唱這種唯有現在的時間觀了。❽

二、成唯識論的俱時因果論

『成唯識論』的過未無體論既然是建立在種熏的理論之上，我人就必須進一步對這種理論做較詳細的考查。

說到種熏的理論，『成唯識論』卷二分成種子六義、所熏四義、以及能熏四義等三方面來說明。在種子六義乙段中，論文用六義來說明種子所必備的六種必要條件❾。六義是：刹那滅、果

❽世友的異部宗輪論曾說大衆部、一部部、說出世部、鷄胤部等主張「過去、未來非實有體」（詳大正藏卷四九，頁一六）。而阿毘達磨大毘婆沙論卷一三說：「謂或有說過去、未來無實體性，現在是有而是無爲。」（大正藏卷二七，頁六五）這也應該是指大衆部的時間觀，因爲大衆部列有九種無爲法，其中第八種是「緣起性支」（詳異部宗輪論；大正藏卷四九，頁一五），它包括了時間。（參見演培法師之印度部派佛教思想觀，頁一三〇——一三三）。

❾六義是「必要條件」（necessary condition）而不是「充分條件」（sufficient condition）；亦卽，如果是種子，則必須具足六義，反之不必然。而六義只是必要條件而非充分條件，可以從窺基的成唯識論述記卷三的一句話看出來：「又說種子具有六義，非顯具六卽是種子。」（大正藏卷四三，頁三一一）。

俱有、恒隨轉、性決定、待衆緣、以及引自果。其中，刹那滅是說種子是刹那生滅的有爲法，而不是常住不變的無爲法。恒隨轉，是說種子可以生種子，直到解脫成佛（轉依）爲止。性決定，是說善業所熏成的種子，必然引生善果；反之，惡業所熏成的種子，必然引生惡果。待衆緣，是說剛剛熏成的種子不會馬上現行，必須等待適當的機緣，才會現行。引自果，是說一顆種子只能引生一果，不能引生其他的果法⑩。而什麼叫做「果俱有」呢？按照論文的解釋是：

> 謂與所生現行果法俱現和合，方成種子。此遮前後及定相離。現種異類，互不相違；一身俱時，有能生用。非如種子自類相生，前後相違，必不俱有。雖因與果有俱不俱，而現在時可有因用，未生、已滅無自體故，依生現果立種子名，不依引生自類名種。故但應說與果俱有。⑪

這是把種子分成兩大類，一類仍叫「種子」，第二類則名爲「種類」。種子是相對於現行果法而言，其關係是沒有前後的同時因果。而種類則指阿賴耶識當中「待衆緣」的種子，當它們還沒現行時，仍然刹那生滅，引生下一刹那的自類種子；這種種生種的因果關係，則是有前後的異時因果。除了同時、異時的區別之外，依照論文看來，這兩類種子還有異類、自類之分。所以『述記』說：

---

⑩詳成唯識論卷二；大正藏卷三一，頁九。

⑪成唯識論卷二；大正藏卷三一，頁九。

依生現行果之種子名爲俱有，不依引生自類名種。何故爾耶？能熏生故，望異類故、果現起故、相易知故。種望於種非能熏生，非異類故，非現起故，非易知也，此中不說。故『攝論』第二云：「不生現行，名爲種類，生現行時名爲種子。」⑫

這是列舉四種理由，說明種子與種類的不同。其中第二個理由就是「異類」與「非異類」（自類）的不同。有關這點，『成唯識論』卷二還說：

能熏生種，種起現行，如俱有因得士用果。種子前後自類相生，如同類因引等流果。此二於果是因緣性，除此餘法皆非因緣，設名因緣應知假說。⑬

這是利用阿毘達磨中的名詞，來說明種子與種類的不同。種生現、現熏種是俱有因、士用果之間的關係；種生種則是同類因、等流果之間的關係。依『俱舍論』，這雖沒有明顯地把這兩類因果建立在時間的同時與異時上，但由論文「士用果與因俱生」一詞，可以看出種子與現行之間

---

⑫成唯識論述記卷三（大正藏卷四三，頁三一〇）。此中，述記所引攝大乘論論文，遍查原論皆不得。這應該出自無性的攝大乘論釋卷二（大正藏卷三一，頁三八九下）。然，無性的註釋也不曾把這兩類種子分別取名爲「種子」與「種類」，僅僅指出了這兩類種子的分別。考成唯識論論文，也沒有爲這兩類種子取名。因此，把這兩類種子取名爲「種子」與「種類」，就文獻看來，應始自窺基的著作。

⑬大正藏卷三一，頁一〇。

的關係的確是俱時因果。

有關這兩類種子、兩種因果的理論，『成唯識論』卷四還引述『瑜伽師地論』中的一段論文說明，這是値得注意的：

然種自類因果不俱，種現相生決定俱有。故『瑜伽』說：「無常法與他性爲因，亦與後念自性爲因，是因緣義。」自性言顯種子自類，前爲後因。他性言顯種與現行互爲因義。⓯

這是引述『瑜伽』卷五的一段話，再次證明種子與種類的不同。考『瑜伽』卷五的原文是：

又雖無常法爲無常法因，然與他性爲因，亦與後自性爲因，非卽此刹那。又雖與他性爲因，及與後自性爲因，然已生未滅方能爲因，非未生已滅。⓰

⓮阿毘達磨俱舍論卷六說：「俱有、相應得士用果。」這是說，由俱有因或相應因而得到的果法，都叫做士用果。（相應因是指心、心所之間同時生起的因果關係。）接着，論文又說：「有說，餘因亦有此果，唯除異熟。由士用果與因俱生或無間生，異熟不爾。」這是說，不但俱有因、相應因可以得到士用果，就是能作因、同類因和遍行因也可以得到士用果。所以，六因當中只有異熟因不能得到士用果。理由是：俱有、相應二因都可以與其士用果同時生起；能作、同類和遍行三因，可以無間引生其士用果；而異熟因却不能與其果法同時生起，也不能無間引生果法。從俱舍論的這段說明，可推知俱有因與其士用果之間是俱時因果。所以，成唯識論把種與現、現與種之間的俱時因果，看做是阿毘達磨中的俱有因與士用果之間的關係。參見大正藏卷二九，頁三〇——三六。

⓯大正藏卷三一，頁一九。

⓰大正藏卷三〇，頁三〇二。

這是『瑜伽』所說「七種因相」當中的第二、第三種。『成唯識論』把其中的「與他性爲因」配種子六義中的「果俱有」義，說種現、現種之間是同時因果；而把「與後自性爲因，非卽此刹那」配六義中的「恒隨轉」義，說種子自類相生是異時因果。如此，種子只成了五義，另外的「恒隨轉」成了種類才具有。這與無著之『攝大乘論』的原義是相違背的⓱，也與『瑜伽』的本義不合。所以今人印順說：

一般學者，把種子六義，與『瑜伽』七義作綜合的觀察，因此說：與後念自性爲因的，是種子的自類前後相生；與他性爲因的，是種子的同時生起現行。其實『瑜伽』的本義並不如此，它是從諸法的前後相生與俱有因說的。種子本來具足六義，因爲唯識學者將種生現與種生種二類，配合俱有義及恒隨轉義，所以就不具六義了。⓲

另外，『成唯識論』在介紹了種子六義之後，又分別介紹了所熏四義與能熏四義。由於這能所八義中對本主題的了解不太重要，玆略。

⓱攝大乘論卷上（玄奘譯）曾以偈頌形式，列舉了種子有刹那滅乃至引自果等六義。因此，成唯識論所說到的種子六義，應來自攝論。其實，不但是種子六義，能熏、所熏各四義，也是來自攝論。詳大正藏卷三一，頁一三五。

⓲攝大乘論講記頁九六——九七。

三、成唯識論所破斥的異時因果論

『成唯識論』站在俱時因果的立場，自然對那些主張異時因果的學派施以無情的批評。這些批評，依窺基的述記，最主要的是針對經量部、上座⑲、說一切有部、正量部（以上皆小乘部派），以及唯識學者勝軍論師的學說。說一切有部和正量部都是主張「三世實有」的部派，有部更以「三世實有，法體恒存」的主張而聞名⑳；這當然是主張過未無體的『成唯識論』所要破斥的對象。經量部及上座（室利邏多）雖主張過未無體，但却又主張剎那相續的異時因果，與『成唯識論』那種剎那俱時的因果理論相違背，所以也在破斥的對象之列。而勝軍的理論也與上座（室利邏多）的說法相似，主張一剎那中有二時的延續（詳下），與『成唯識論』那種一剎那中

---

⑲此中所說的上座部，應是「上座——室利邏多」之誤。按，上座部（ārya-sthavira-nikāya）乃主張「三世實有」的部派，與其子系說一切有部、正量部等相同。而「上座」（sthavira），譯爲勝受或執勝，乃經量部一代大師室利邏多（Ŝrirâta）的尊稱。室利邏多主張過未無體、異時因果等，這都不是上座部所能同意的。所以，述記卷三（大正藏卷四三，頁三三八——三四一）中所說的「上座部」，應是「上座——室利邏多」之誤。（有關室利邏多的生平、學說，請參見印順之說一切有部爲主的論書與論師之研究第一一章第四節。）

⑳有關有部「三世實有，法體恒存」的主張，請參閱大毘婆沙論卷三九、七六、七七等（大正藏卷二七，頁一九九左右、三九三左右、三九六左右）。

唯有一時的說法不同，所以也在破斥之列。本文爲了不使問題太過複雜起見，僅說明勝軍的主張與上座的主張。之所以說明勝軍的主張，是因爲它是唯識學者的不同意見；之所以說明上座的主張，是因爲它與勝軍的相似處，這有助於我人了解勝軍的說法。

『成唯識論述記』有兩處提到了勝軍和上座的思想，其一是在註解種子六義中的「果俱有」義時，它說：

> 有說，種生現行之時，必前後念，非此刹那。如何解此？彼師意說，如上座部（應是上座室利邏多；詳⑲）心有二時，卽因在生、果在滅，故同在現在，亦不相違。此卽勝軍假明上座，非實用之。㉑

這是說，上座主張「現在」有二時，因在前一時，果在後一時，因與果雖不同時，却同在「現在」。明顯地，上座主張「現在」是有前後延續性的，因此，因與果也必然是異時的關係。如果把這種理論應用在種熏上面，那麼，種生現和現熏種也都變成了前後異時的因果關係，而不是『成唯識論』所說的俱時因果了。而勝軍的理論與上座的說法大同小異，所以說「假明上座，非實用之」。

從這段引文我人可以看出，「現在」一詞在學派中的用法是有歧義的。上座所了解的「現在」有前後異時的延續性；而『成唯識論』所了解的「現在」，却像電光石火一般，沒有前後的

㉑成唯識論述記卷三；大正藏卷四三，頁三〇九。

延續性。㉒

那麼，勝軍的理論是怎樣的呢？『成唯識論』卷三有底下這樣的一段描寫：

有餘部說，雖無去來而有因果恒相續義。謂現在法極迅速者，猶有初後生滅二時；生時酬因，滅時引果。時雖有二而體是一。前因正滅，後果正生，體相雖殊，而俱是有。㉓

這和前引『述記』的論文大同小異。『述記』卷三說「有餘部」是指上座部（應是上座室利邏多），又說：「此中亦同勝軍論師種子等法前果後因俱時而生。」㉔這明顯地說到上座與勝軍都主張「現在」一詞是有前後二時的延續性。

為了更清楚地了解勝軍的主張，讓我人再來看看『述記』另一段對上座思想的描寫：

上座等云，色法遲鈍有三相，用時經一世。謂生、住、滅，更無異時。心法迅速但有二時，謂生及滅。此二相即法辨，離法無別體。然俱現在，彼無過未故。㉕

從這段引文，我人可以了解，上座室利邏多把萬法分成色、心兩類。第一類是色法，由於它們的變化較遲鈍，所以有生、住、滅三相的前後次第，當然，這三相都是同時存在於「現在」，

㉒所以無性在其攝大乘論釋卷二說：「雖復俱有，然非一二三剎那住，猶如電光。」（大正藏卷三一，頁三八九）這是無性註解種子六義中「果俱有」的一段話。

㉓大正藏卷三一，頁一三。

㉔成唯識論述記卷三；大正藏卷四三，頁三三九。

㉕同上，頁三四〇。

「更無異時」。第二類是心法，由於它們的迅速變化，所以只有生、滅二相，它們也同時俱存於「現在」。另外，這三相或二相都和萬法同體，不可分割，也就是說，能相的三有爲相（或二有爲相）與所相的色法（或心法），是非一非異，不可分離的；所以引文說：「此三相（或三相）即法辨，離法無別體。」

撇開能相與所相的非一非異不談，這段引文最值得注意的是：「現在」這一概念具有前後的延續性。就色法來說，它有三相的次第延續；就心法而言，則有二相的前後變化。——「現在」，並不如『成唯識論』所說的那樣，僅僅像電光石火一般的短暫。像這樣，「現在」具有三相或二相的說法，與勝軍是很相似的。『述記』這樣描寫勝軍的理論：

彼謂因果恐有斷過，被他如先有因時無果等難已，復以大乘，假說現在之三相，用不同時起。前法至生，後法未起；至住之時，後法未生；至異之時，後果方生。恐因果斷故。㉖

顯然，勝軍也和上座一樣，主張「現在」有生、住、異（滅）三相的次第延續。而勝軍之所以這樣主張，是爲了避免「有因時無果」的責難，是爲了避免「因果斷」的緣故。

以上是『成唯識論』及『述記』所介紹的兩種異時因果論。那麼，『成唯識論』和『述記』又如何破斥上座和勝軍的這兩種異時因果論呢？『成唯識論』的破斥是：

彼有虛言，都無實義。何容一念而有二時？生滅相違，寧同現在？滅若現在，生應未來；

㉖成唯識論述記卷三，大正藏卷四三，頁三三九。

有故名生，既是現在，無故名滅，寧非過去！滅若非無，生應非有。生既現有。滅應現無。又二相違，如何體一？非苦樂等見有是事。生滅若一，時應無二。生滅若異，寧說體同！故生滅時俱現在有同依一體，理必不成。㉗

依『述記』說，除了第一句總破之外，剩下的可以分成七段，其中最後一段是總結；所以中間有六段，分破上座的異時因果論。第一段，我人可以稱之爲「一念二時難」；第二段可名爲「生滅同時難」。第三段，從「滅若現在」一直到「寧非過去」，是敍述唯識的正義，大意是：生與滅是不可能同在「現在」的，其中一個如果在現在，另一個一定在過去或未來。其次，「滅若非無……滅應現無」是第四段，也是敍述唯識正義，大意是：生與滅是互相違背的兩個現象，有滅就沒有生，有生就沒有滅。第五段是「又二相違……見有是事」，是以苦樂不能同體作比喻，說明生滅也同樣不能同體。第六段是「生滅若一……寧說體同」，這是用兩難式(dilemma)，也就是窮舉證法（proof by cases），說明上座的錯誤，大意是：如果生與滅是同體的，那麼時間也就沒有前後二時之分；如果生與滅是異體的，那麼，當生屬於現在時，滅就應該屬於過去，二者也不可能是同時的。

我人必須指出的是，成唯識論以六段來破斥上座的異時因果論，並沒有成功；因爲這六段說明，有些並不提出理由，只宣說唯識正義，例如第三、第四段；有些是誤會了上座的詞意，例如

㉗成唯識論卷三；大正藏卷三一，頁一三。

第一段「一念二時難」，上座並不會主張一念有二時，只主張「現在」有二時——這是誤把「現在」看做是「一念」。而第二段「生滅同時難」，理由是生與滅性質完全不同，所以不能同存於現在；但上座也可以以彼之矛攻彼之盾地說：因與果性質完全不同（有『瑜伽』卷五「無常法與他性爲因」爲證），因此，種現、現種不能是俱時因果。因此，第二段文並不是成功的評破。

比較算得上成功的是第五、第六兩段，它們都與生滅是否同體這個問題有關。考上座原義，「生滅同體」的意思是：「能相的生滅二相，與所相的法體，是非一非異，不可分割的。」（詳前文所引『述記』文）。因此，所謂「生滅同體」並不是說生卽滅、滅卽生。上座的意思是：生可以不是滅，滅可以不是生，但二者却都必須同時（其實是前後刹那）存在於某一法體之上。如果上座的原義的確這樣，那麼，『成唯識論』顯然誤解了它，因爲第五、第六兩段，都把問題擺在「生卽滅，滅卽生」這一意義之上。所以，第五、第六兩段，也不是成功的評破。

『成唯識論』以六段論文來評破上座的異時因果論，已如上述，都沒有成功。那麼，它又如何評破勝軍的異時因果論呢？答案是：沒有評破。不過，窺基的『述記』卷三却說，評破了上座就等於評破了勝軍，還說，勝軍的理論另外還犯了「二趣並生過」：

又有二趣並生過故。前人等趣，至異之時，後天等趣，已至生故。彼言，以是次生時勝，前法變異無多力能，但名一趣，隨所當生，彼得趣名，非於前趣，故無此過者，不然！阿

賴耶識分二趣故。㉘

這段引文分成三段：第一段是前兩句，正說勝軍的異時因果論觸犯了二趣並生過。第二段從「彼言」開始，一直到「故無此過者」爲止，敍述勝軍的反駁。最後一句則是窺基的再次反駁。

按，勝軍的主張是「現在之三相，用不同時起」（詳前文所引『述記』文），也就是說，前因必須歷經生、住二時，到了異時後果方才生起。就拿有情從人趣化生到天趣的情形來說，人趣的最後心（阿賴耶識）必經歷生、住二時，在第三異時才生起天趣的初心（阿賴耶識）。因此，就第三「異」時，人趣的後心和天趣的初心是並生的；這是『述記』所說的「二趣並生過」和「阿賴耶識分二趣過」。事實上這種評破是難以自圓其說的，因爲，既然二趣之心不能並生，爲什麼種現、現種就可以並生呢？如果說二趣是「異類」，所以二趣之心不能並生，那麼，種現之間也是「異類」呀，應該也不能並生才對。（有關種現是異類，『成唯識論』在種子六義中的「果俱有」義當中說到了，而且論文和『述記』都引述『瑜伽』卷五的「無常法與他性爲因」，來證明種現的異類俱時因果；詳前文。）

總之，『成唯識論』及述記是主張俱時因果的，因此對勝軍等學者的異時因果論曾給予無情的評破，然而却沒有成功。

㉘成唯識論述記卷三；大正藏卷四三，頁三四〇。

四、成唯識論俱時因果說的困難

『成唯識論』（及『述記』），不但沒有成功地評破異時因果說，而且連它自己所主張的俱時因果論，也是困難重重的。據我人的研究，俱時因果的種熏說，會導至種識差別論和本識非無記論；這兩種結論都不是主張種識非一非異和主張本識無覆無記的『成唯識論』所能同意的。

我人之所以得到這兩個結論，乃是基於一個自明的命題，那就是：變化必須在時間的延續當中才能進行。如果這個命題是對的，那麼，『成唯識論』的俱時因果說，必定會導出上面所說的兩種困難。底下是詳細的論證：

首先，我人要指出的是：如果種現、現種之間的關係是俱時因果的話，那麼，流轉、還滅的業力論卽無法建立起來，因爲世間是靜止不動的。種現、現種之間的關係既然是俱時因果，也就是說沒有任何時間的前後延續，那麼，當舊種子生起現行再回熏而成新種子時，舊種與新種之間必定沒有任何本質上的變化，因爲它們實在「沒有時間」產生變化。因此，當新種子再度生起新現行時，新現行也與舊現行沒有任何本質上的差別。這樣，此刻我人所看、所聽、所嗅的世界，與百萬年前或億萬年後的世界完全沒有兩樣；事實上，這一切只不過是一幕幕景色相同、人物相同、故事也相同，却又刹那生起、刹那謝落的影片。這樣，地獄衆生永遠是地獄衆生，十地菩薩永遠是十地菩薩；做生意的永遠做生意，舉起一隻手的永遠舉起一隻手；「善有善報，惡有惡報」的業力論，又如何才能建立起來呢？

『成唯識論』的擁護者當然不願意看到這個結果，因此必須賦給舊種子某種形式的力量，使它在現行、回熏當中，生起本質上的變化，以便熏成不同本質的新種子。然而，這種力量的來源在那裏呢？這不外來自本識或本識所變的外在世界。

如果是來自本識所變的外在世界，也就是來自種子所生起的現行果法的話，那也有兩種可能。第一種可能是：這種改變種子本質的力量，乃佛菩薩或其他有情，透過現行果法（亦卽外在世界的一花一草）而賦予的；也就是說，這種力量來自他力。這種可能就有情的「共業」來說，也許是可以成立的，因爲此時的現行果法到底是共業所生，理應彼此相互交涉、相互影響。但是，這種可能如果擺在「別業」來看，那就難以會通了，因爲「他力」之說，到底是違背「自作自受」的因果法則的。

因此，如果改變種子本質的力量來自於外在世界，那只有第二個可能，那就是：這種力量不是其他有情所賦予，而是純粹由自種子所生起的自現行法所賦予的。但是，新的困難又產生了。改變種子本質的力量既然來自於自種子所生起的自現行法，那麼，這力量一定是來自於自種子；但是，這自種子的力量又來自何方呢？答案不外是說：來自舊現行果法。如此繼續追問，卽成無窮之過。所以，把那改變種子本質的力量，說成是來自於自現行法，也是不通的。

至此，我人已得到一個結論：促使舊種與新種之間產生本質變化的力量，不可能來自外在的世界。

新舊種之間產生本質變化的力量，既然不是來自外在的世界，那麼一定是來自內在的本識（七轉識也可算做外在的世界，故不論）。此時，我們第一個碰上的問題是：這力量有可能來自本識中的種子嗎？這個問題其實包含兩個問題：其一是這力量有可能來自這一顆種子本身嗎？另一是，這力量有可能來自其他的種子嗎？

第一個問題的答案是否定的，因爲這力量如果來自於這顆種子本身，那麼，這顆種子的力量又從那裏來呢？答案必然是說從舊現行來。如此，我人已在前文說過，這會產生無窮之過。

第二個問題的答案也是否定的，因爲，甲種子的力量如果來自乙種子，那麼乙種子的力量又來自那裏？答案不外是來自舊現行或來自丙種子。這樣追問下去，也同樣會引生無窮之過。

所以，如果促使種子產生變化的力量來自本識，那麼，一定不是來自本識當中的種子，而是來自貯存種子的本識本身。這種結論明顯地蘊含着本識與種子是不同的兩種存在——這是「種識差別論」。

種識差別論，在玄奘師資當中有很明顯的傾向。例如，玄奘所譯世親之『攝大乘論釋』卷二，對於種子六義中「引自果」義的解釋是：「唯能引自果者，謂自種子但引自果，如阿賴耶識種子唯能引生阿賴耶識。」㉙這明顯地說：阿賴耶識與阿賴耶識的種子並不相同。但是，眞諦的譯本只說：「是自種子能引生自果，若阿黎耶識能引生阿黎耶識果。」㉚這並沒有說阿黎耶識的種子引生阿黎耶識。同樣地，達磨笈多的譯本，也只說到「如阿黎耶識還引生阿黎耶識」㉛。這可見玄奘譯本中的「種子」二字，是玄奘站在種識差別論的立場，而擅自加入的。

其後，窺基的述記處處說到阿賴耶識有種子賴耶及現行賴耶兩種，這是玄奘之種識差別論的更進一步。最明顯的是在本識的四分說之上。例如，『述記』卷一在註釋論文「變謂識體轉似二分」乙句時，曾轉述護法的主張說：

> 護法等云，謂諸識體卽自證分，轉似相、見二分而生。此說識體是依他性，轉似相、見二分非無，亦依他起。㉜

這是說，每一識（包括阿賴耶識）都有自證、相、見三分，自證分是識的主體，相分與見分都由自證分（當中的種子）所變現出來。而且，自證分是種子的貯藏處（所熏處）㉝，而變現出

㉙大正藏卷三一，頁三二九。
㉚同上，頁一六六。
㉛同上，頁二七七。
㉜大正藏卷四三，頁二四一。
㉝述記卷二以爲本識的自證分才是受熏持種的地方；如說：「此種雖依異熟識體，卽是依於自體分也。亦非見分，見分一向緣前境故。此言種子依識自體，自體卽是所受熏處，不可見分初受餘熏種後便依自體分住。」（大正藏卷四三，頁三〇三）可見受熏持種的是阿賴耶識的自證分。

來的相分當中除了有根身與器世間之外，還有種子㉞。這明顯地把阿賴耶識（的主體）——自證分與其所緣（所認識）的對象——相分中的種子（及有根身、器世間），硬生生地區分開來；其種識差別論的傾向，昭然若揭。

種識差別論，如上所說，是玄奘師資所願意承認的；但是，當它與俱時因果的種熏說相結合的時候，却可以導出一些玄奘師資所不願意接受的結論，——那就是阿賴耶識不是無覆無記的。底下是詳細的論證：

首先，既然改變種子本質的力量不是來自現行，也不是來自種子，而是來自能夠貯藏種子的本識自身，那麼，本識必定蘊藏着一股力量，能使有情解脫成佛。這股力量從那裏來呢？不是佛菩薩或其他有情，透過外在的現行果法所給予的，因爲那是違背「自作自受」這一因果法則的他力主張；這點已在前文破斥過了。其次，這股促使有情解脫的力量，也不是來自種子（例如唯識

㉞例如述記卷二說：「以現行（阿賴耶識）執持諸法自他種子，令不失故，名一切種（識）。」（大正藏卷四三，頁三〇二）又說：「種子非是識實性故，故爲相分。」（同上頁三〇三）這明顯地把種子看做是阿賴耶識（的見分）所執持、認識（所緣）的對象。另外，成唯識論卷二把種子看做是阿賴耶識的兩種執受之一（另一是有根身），而述記卷三解釋「執受」一詞時說：「執是攝義、持義，受是領義、覺義。攝爲自體，持令不壞，安危共同，而領受之，能生覺受，名爲執受；領爲境也。」（大正藏卷四三，頁三一五）。這更可看出種子是阿賴耶識所執持、領受的對象。——阿賴耶識是主，種子是客；阿賴耶識是能認識的心，種子則是所認識的境。這明顯的是種識差別論者的主張。

經論所說的「無漏種子」）；因爲，既然不預設時間的延續性，這些種子儘管蘊藏着這股力量，也「沒有時間」起本質上的變化而成熟。所以，這股力量一定來自阿賴耶識自身。這麼一來，阿賴耶識豈不是有自我淨化的功能，豈不成了「解性黎耶」或「如來藏」了嗎㉟？誠然，有些唯識學者會把阿賴耶識看做是至善（而非無記）的如來藏，但這在像玄奘、窺基這樣的學者看來，似乎是完全無法接受的。

種識差別論所衍生出來的第一個困難是：阿賴耶識不是無記性的，而是含有至善的如來藏性；已如上述。它所衍生出來的第二個困難是：阿賴耶識含有至惡的「性惡」（如天臺宗所說）；這同樣地也說明阿賴耶識不是無記性的。

阿賴耶識含有性惡與含有性善的推論，是完全一樣的。首先，促使種子起本質上之變化的力

㉟「解性黎耶」一詞出自眞諦所譯的攝大乘論釋卷一（世親釋本），原文是：「此阿黎耶識界，以解爲性。」（大正藏卷三一，頁一五六）眞諦譯本又引述了兩段經文，說明阿黎耶識就是如來藏（同上，頁一五七）。按，世親的佛性論卷二（顯體分第三、如來藏品第二），也曾說到如來藏及佛性；但他以水的無關淨、穢作喻，說明佛性（如來藏）的本來清淨，仍與阿賴耶識的「無覆無記」相同。也就是說，說佛性本來清淨與說佛性無覆無記是沒有兩樣的，二者都是中性的。所以，世親雖用佛性（如來藏）之名，其實那不過是阿賴耶識的別稱罷了。（參見大正藏卷三一，頁七九五——七九六）然而，眞諦的「解性黎耶」却有所不同，眞諦所了解的阿黎耶識並不是中性的（不是無記性的），因爲它有「解性」，是至善的精神體；這二者間的差別不可不注意。

量，既然不在現行也不在種子，那麼，它必定是在阿賴耶識自身。其次，如果這種變化不是往解脫成佛之道變化，而是往流轉生死、甚至墮入地獄的方向變化，那麼，試問這種墮落的力量從那裏來？答案是很確定的：從阿賴耶識自身而來。這力量既然從阿賴耶識自身來，那麼，阿賴耶識不得不蘊含着本質上的惡——性惡；這和天臺宗智顗的「性惡說」是很相近的，但却是主張本識無記的『成唯識論』所無法同意的。

智顗的性惡說，是站在「闡提不斷性善」這一命題的相反立場而提出來的。在他看來，最大惡極的一闡提既然仍可成佛、不斷佛性，那麼，至善至尊的佛陀爲什麼非要斷除其本性之惡呢？他說，善有修善和性善，闡提斷除了後天累積的修善，但其本具的性善却依然存在，這是他還能成佛的原因；相反地，惡也有修惡與性惡，佛陀斷除了後天習成的修惡，而其本性之惡却永遠無法斷除，這是他還能倒駕慈航、普度衆生的原因。智顗在其『觀音玄義』中，對這性善、性惡之說，有很詳細的問答說明；如說：

問：闡提與佛斷何等善惡？

答：闡提斷修善盡，但性善在；佛斷修惡盡，但性惡在。

問：性德善惡何不可斷？

答：性之善惡但是善惡之法門。性不可改，歷三世無誰能毀。復不可斷壞，譬如魔雖燒經，何能令性善法門盡？縱令佛燒惡譜，亦不能令惡法門盡。如秦焚典坑儒，豈能令善惡斷盡耶？

問，闡提不斷性善，還能令修善起；佛不斷性惡，還令修惡起耶？

答，……佛雖不斷性惡，而能達於惡。以達惡故，於惡自在，故不爲惡所染，修惡不得起，故佛永無復惡。以自在故，廣用諸惡法門化度衆生，終日用之，終日不染。……機緣所激，慈力所熏，入阿鼻，同一切惡事化衆生。㊱

像智顗這樣，把阿賴耶識看做既具性善又具性惡的心體，在理論上並沒有什麼不可以；但是，這樣一來，阿賴耶識就失去了它那「無覆無記」的本性，這是『成唯識論』的擁護者所萬萬不能同意的。然而，如果一方面堅持種識差別論，一方面又主張俱時因果，這種既善且惡的本識論，却是不可避免的！

事實上，種識差別論即使排除了俱時因果的預設，仍然是與無著、世親的原義相違背的，甚至也與『成唯識論』不相協調。無著的『攝大乘論』卷上說本識與種子是：「非彼種子有別實物於此中住，亦非不異。」㊲『成唯識論』卷二說種識之間的關係是：「此與本識及所生果不一不異，體用、因果理應爾故。」㊳這兩段引文都說本識與種子是非一非異，並沒有像玄奘師資那

㊱觀音玄義卷上；大正藏卷三四，頁八八二——八八三。
㊲大正藏卷三一，頁一三四。
㊳同上，頁八。

樣地偏向種識差別論。而世親的『攝論釋』卷三，對前引攝論的「不一不異」乙文，有底下的註釋：

若有異者，彼諸種子應分分別，阿賴耶識刹那滅義亦不應成。有別異故，由善、不善熏習力故，種子應成善、不善性；然許無記。若不異者，云何有多？此不應理。是故二說俱有過失。非彼種子有別實物於此中住，亦非不異。㊴

這明白地說到，如果主張種識差別論，那麼：種子就失去其統一性，而成一分一分的散失狀態，而無法攝持住；而且，阿賴耶識就失去了刹那性，成爲常住不變的無爲法；甚至原本屬於無記性的各類種子，也成了有善有惡的種子了。所以，種子與本識非要「不異」不可。㊵

窺基等人之所以主張種識差別論，已如上述，原因在他們主張種子屬於本識的相分，而本識

㊴同上，頁三二八。

㊵對於世親的這段註釋，今人印順曾有底下的說明，很可幫助我人進一步了解世親的本意：「世親釋論曾這樣說：『若有異者……阿賴耶識刹那滅義亦不應成』，這是很可留意的！爲什麼本識與種子差別，本識就不成其爲刹那滅呢？有漏習氣是刹那，楞伽曾明白說到，本識離却雜染種子，就轉依爲法身，是眞實常住，也是本論與莊嚴論說過的。賴耶，在本論中，雖都在與染種融合上講，是刹那生滅；但它的眞相，就是離染種而顯現其實本來清淨的眞心。眞諦稱之爲不生滅的解性黎耶，並非刹那生滅。本論在建立雜染因果時，是避免涉及本識常住的，但與成唯識論，連轉依的本識，還是有爲生滅不同。」（印順之攝大乘論講記頁八〇——八一）。

的自體分（自證分）則是受熏持種之處。依今人霍韜晦氏的研究，這種誤解源自玄奘對世親之『唯識三十頌』的誤譯與誤解。玄奘所譯之『唯識三十頌』第三頌第一、二句是：「不可知執受，處了常與觸。」㊶並在『成唯識論』卷二的論文裏註釋說：「此識行相、所緣云何？謂不可知執受、處、了。了謂了別，即是行相。識以了別為行相故。處謂處所，即器世間，是諸有情所依處故。執受有二，謂諸種子及有根身。……執受及處，俱是所緣。」㊷這明顯地把不可知的對象分成三大類，亦即：執受、處，以及了。前二是本識之所緣（所認識）的對象；而「了」則是本識的行相。（依玄奘看來，「行相」是一種取境的活動。）其中所緣中的執受，還包括了種子與有根身；換句話說，種子是本識所認識的對象。

在玄奘這樣把種子視為本識所緣的註釋下，窺基之所以進一步說「種子屬於本識的相分所攝」（詳前文），也就變得可以理解了；而種識差別論，不過是這種說法的更進一步罷了。所以霍氏評論說：

> 窺基強調執受是指「一切有漏善等諸法種子」，即此種子，便是阿賴耶識的所緣（參看『述記』卷三，頁二〇至二二）。所以若順窺基思路，很容易便會產生阿賴耶識轉化為一切種子的觀念（傳統唯識家即以賴耶緣種子、有根身、器世間等三境作釋，又說賴耶見分

㊶詳成唯識論卷二；大正藏卷三一，頁七。

㊷大正藏卷三一，頁一〇。

可以親取前二者而不須別變影像而緣之。此卽無異將賴耶與種子從一能所的關係上分隔，各爲一獨立之存在，失世親轉化義）。㊸

霍氏還說，『唯識三十頌』第三頌第一、二句應只有兩種不可知，那就是：執受及處了（他把「處了」譯成「處表別」，並有詳細的註釋）。其中的「執受」是指本識所轉化出來的有情自體，而「處了」（處表別）則指本識所轉化出來的器世間；這二者對本識的認知作用而言，都是「不可知的」（沒有明晰的覺受）。他說：玄奘把不可知譯成執受、處、了三種，那是錯譯了；而窺基却根據錯譯，進一步開展出種識差別論來。㊹

五、結　論

俱時因果的種熏說，既然會導出種識差別乃至本識既善且惡的結論，那麼，我人就有必要檢討這種俱時因果論的是否必要了。

首先，我人已在前文說過，『成唯識論』對於勝軍等人的異時因果論，並沒有成功地破斥。因此，到目前爲止，異時因果論已處於較優的態勢。其次，就勝軍等人看來，無著和世親所說的

㊸霍韜晦之『安慧「三十唯識釋」原典譯註』頁四四。

㊹同上，頁四二——四九。

「果俱有」義（種子六義之一）和「俱生俱滅」義，並不一定非要解釋成俱時因果不可。『述記』卷四曾敘述難陀、勝子——另外兩個異時因果論者的主張如下：

> 言果俱有者，此前後俱也。俱生俱滅者，二法（指因與果）俱有生有滅也，非謂因果同一時生同一時滅。㊺

這明顯地以異時因果論的立場，來說明「果俱有」義和「俱生俱滅」義。原來，難陀和勝子也有文證，他們引了『大乘阿毘達磨集論』卷二的一句話——「無種已生」㊻，來證明他們的異時因果論的正確。難陀和勝子對這句話的解釋是：阿羅漢快要入無餘涅槃的時候，其五蘊的種子已經滅去，而其五蘊（卽五蘊種子的現行果法）却依然存於現在，所以叫做「無種已生」（五蘊種已沒有了而現行五蘊却仍然存在）。這可見種子與現行之間不是俱時因果，而是異時因果。㊼

㊺大正藏卷四三，頁三八〇；按，此段引文是窺基註釋成唯識論卷四所說的一段話：「有作是說，要種滅已現果方生，無種已生，集論說故，種與芽等不俱有故。」（大正藏卷三一，頁一九）其中，集論的引文「無種已生」，詳下文。

㊻無種已生，是集論所說的二十四種已生當中的第十三個已生。詳大正藏卷三一，頁六六八。

㊼以上詳見成唯識論述記卷四（大正藏卷四三，頁三八〇）。又，有關「無種已生」乙句，護法却不像難陀、勝子這樣地解釋；護法並依自己的解釋，來批駁難陀、勝子的異時因果論。然而，集論原文僅此一句，也沒有說明，雖不能說難陀等的解釋一定對，但也不能說護法的解釋一定對。所以，護法的批駁等於沒有論證，只提出他不同的主張罷了。詳見成唯識論述記卷四；大正藏卷四三；頁三八〇。

不但『成唯識論』（及述記）沒有成功地評破異時因果論，而且，『瑜伽師地論』也有很多段落，證明它有異時因果論的傾向；例如，卷五二有一段描寫種現關係的論文說：

復次，種子云何？非析諸行別有實物名爲種子，亦非餘處。然卽諸行如是種性，如是等生，如是安布，名爲種子，亦名爲果。當知此中果與種子不相雜亂。何以故？若望過去諸行卽此名果，若望未來諸行卽此名種子。如是，若時望彼名爲種子，非於爾時卽名爲果；若時望彼名果，非於爾時卽名種子。是故當知，種子與果不相雜亂。㊽

我人應特別注意「如是」以後的兩句，這兩句論文，不是很明顯地暗示種子與現行（果）之間的異時關係嗎？因此，既然俱時因果論會導出唯識學者所不能接受的結論，而異時因果論又有明顯的文證，那麼，成唯識論的擁護者，爲什麼還不放棄他們那種俱時因果的主張呢？

主要參考書目

一、成唯識論，護法等造，唐・玄奘譯；大正藏卷三一，第一五八五號。
二、成唯識論述記，唐・窺基撰；大正藏卷四三，第一八三〇號。
三、瑜伽師地論，彌勒說，唐・玄奘譯；大正藏卷三〇，第一五七九號。
四、攝大乘論釋，世親釋，陳・眞諦譯；大正藏卷三一，第一五九五號。

㊽大正藏卷三〇，頁五八八。

五、同上，唐·玄奘譯；大正藏卷三一，第一五九八號。

六、阿毘達磨俱舍論，世親造，唐·玄奘譯；大正藏卷二九，第一五五八號。

七、觀音玄義，隋·智顗說，灌頂記；大正藏卷三四，第一七二六號。

八、安慧三十唯識釋原典譯註，霍韜晦著；香港中文大學出版社一九八〇年初版。

壇經的作者及其中心思想

一、引言

民國十五、十六年，胡適（一八九一——一九六二）分別從倫敦博物館、巴黎圖書館、日本友人處，得到了一批敦煌卷子的影印本；它們都是有關早期中國禪宗的史料❶。民國十九年，胡適一連發表了兩篇論文：一是『荷澤大師神會傳』，另一是『跋曹溪大師別傳』❷。民國二十三

❶詳胡適校、敦煌寫本神會和尚遺集序；民國五十七年臺北中央研究院胡適紀念館出版。又見，胡適『海外讀書雜記』，胡適文存三集卷四；民國六十八年臺北遠東圖書公司出版。

❷『荷澤大師神會傳』（下文簡稱『神會傳』），是胡適校、敦煌寫本神會和尚遺集的卷首；該書原由上海亞東圖書館出版，民國五十七年又由臺北中央研究院胡適紀念館再版。『跋曹溪大師別傳』最初刊在『武漢大學文招季刊』一卷一期，後改名爲『壇經考之一』，收集在胡適文存四集卷二。（參見柳田聖山『胡適博士與中國初期禪宗史之研究』，胡適禪學案頁五——二二；民國六十四年臺北正中書局版。）

年，胡適又發表一篇論文：『壇經考之二——記北宋本的六祖壇經』❸。這三篇論文有一個共同的結論：壇經的作者是荷澤神會，而不是六祖惠能。這和傳統的說法——壇經是惠能所說、法海所記——明顯地違背，以致其後三、四十年間，陸續引起學術界的討論，不但在中國大陸和臺灣引起了論戰，也在日本甚至南洋的學術界引起廣泛的注意。❹

首先，民國三十四年，錢穆發表了『神會與壇經』，反駁胡適的看法。其次，民國四十二年元月，胡適在臺北蔡孑民八十四歲誕辰紀念會上，演講了『禪宗史的一個新看法』，引起了半癡、東初等人的反駁。民國五十八年，錢穆發表了『六祖壇經大義——惠能眞修眞悟的故事』，再度引起王禮卿、楊鴻飛、澹思、蔡念生等人的大論戰。民國六十年，又有印順的『中國禪宗史』出版，詳評這三、四十年來中外學者對壇經的大論戰；同年，印順又從該書摘要地寫成『神會與壇經——評胡適禪宗的一個重要問題』，反駁胡適的主張。❺

❸又名『跋日本京都堀川興聖寺藏北宋惠昕本壇經影印』，收集在胡適文存四集卷二及胡適禪學案中。

❹詳柳田聖山『胡適博士與中國初期禪宗史之研究』，胡適禪學案頁五——二二；民國六十四年臺北正中書局出版。

❺錢穆的『神會與壇經』原刊在重慶版『東方雜誌』四一卷一四期。印順的『中國禪宗史』乃臺北慧日講堂出版，而『神會與壇經』則刊在新加坡發行的『南洋佛教』第二三、二六、二七、二八各期。而錢穆與楊鴻飛等人的論戰，則陸續刊在臺北『中央日報』（民國五十八年三月起）。這些論文，除了印順的中國禪宗史外，大都收集在胡適禪學案，以及六祖壇經研究論集（張曼濤編，民國六十五年臺北大乘文化出版社初版）、中國佛教文史論集（編者、出版社同前書，民國六十九年初版）。

本文希望對這三、四十年來有關壇經的討論，做一簡略的考查，並探討壇經的中心思想及其思想的根源與影響，以便對中國禪宗史，特別是早期的中國禪宗史，有一比較明確的認識。

二、胡適的論據

（一）『神會傳』的主要結論

在『神會傳』中，胡適首先介紹了神會的生平（包括他與惠能的關係），然後介紹了他的思想，最後，在一段標名為「神會與六祖壇經」的結論中，列舉了三大理由，說明壇經乃神會（或其門下）的作品。這三大理由是：

1. 敦煌本壇經明顯地暗示神會是惠能的唯一傳人：

胡適以為，敦煌本壇經是最古本的壇經❻，而其經文，至少有兩處明顯地暗示神會是惠能的唯一傳人，因此，（敦煌本）壇經是神會或其門下所偽造。這兩處經文是：

(1) 敦煌本壇經預言神會在惠能死後二十年召開無遮大會：

---

❻敦煌本壇經一般相信是目前最古本的壇經，全名為南宗頓敎最上大乘摩訶般若波羅蜜經六祖惠能大師於韶州大梵寺施法壇經，收集在大正藏四八卷，乃一九〇七年英國斯坦因爵士（Sir Aurel Stein），在敦煌洞窟中所發現者，原本現存於英國倫敦大英博物館。

上座法海向前言，「大師，大師去後，衣法當付何人？」大師言，「法卽付了，汝不須問。吾滅後二十餘年，邪法遼亂，惑我宗旨。有人出來，不惜身命，弟佛教是非，竪立宗旨，卽是吾正法。衣不合轉。……」❼。

(1)按，惠能的弟子神會，曾在開元二十年（西元七三二年）正月十五日，於滑臺大雲寺召開「無遮大會」，批判北宗普寂禪師（神秀的弟子）妄稱七祖，以闡揚南宗惠能的頓禪；而開元二十年，正是惠能去世後第二十年。因此，上引壇經的那段經文，胡適以爲是暗示神會的召開無遮大會，更進而推論到壇經乃神會或其門下所僞造者。他說：此一段今本皆無，僅見於敦煌寫本壇經，此是壇經最古之本，其書成於神會或神會一派之手筆，故此一段暗指神會在開元天寶之間「不惜身命，弟佛教是非，竪立宗旨」的一段故事。❽

(2)敦煌本壇經暗示神會是惠能的唯一傳人：

大師先天二年八月三日滅度，七月八日喚門人告別……法海等衆僧聞已，涕淚悲泣，唯有神會不動亦不悲泣。六祖言，神會小僧却得善等，毀譽不動，餘者不得❾。

❼大正藏卷四八，頁三四四。
❽神會和尚遺集，頁一〇。
❾大正藏卷四八，頁三四三。

按，較後的壇經，例如至元本、明藏本⑩，都沒有「餘者不得」乙段；不但沒有「餘者不得」乙段，甚至還多出青原行思、南嶽懷讓得法的事跡⑪。所以，胡適認定最古本的敦煌本壇經是神會或其門下所作；他說：「壇經古本中無有懷讓行思的事，而單獨提出神會得道，『餘者不得』，這也是很明顯的證據。」⑫

2.韋處厚的『大義禪師碑銘』曾說神會的門下以「壇經傳宗」：

胡適認爲壇經是神會或其門下所作的第二個論據是：韋處厚所撰的『興福寺大義禪師碑銘』乙文中，曾經說到神會的「習徒」以「壇經傳宗」：

在高祖時有道信叶昌運，在太宗時有弘忍示元珠，在高宗時有惠能筌月指。自脉散絲分，或遁秦，或居洛，或之吳，或在楚。秦者曰秀，以方便顯，普寂其胤也。洛者曰會，得總持之印，獨曜寶珠。習徒迷眞，橘枳變體，竟成檀經傳宗，優劣詳矣⑬。

⑩至元本壇經，共有二本：一是至元二十七年（西元一二九〇年）德異在吳中刊行，所以又叫「德異本壇經」；另一是至元辛卯年（一二九一年）或更後，由宗寶在南海所刊行者，叫做「宗寶本壇經」。依印順之中國禪宗史所說，憨山大師所刊行的「曹溪原本」壇經，卽是德異本；而明藏（明太祖、成祖所刊行之大藏經）中的壇經則是宗寶本，另外，大正藏卷四八也刊有宗寶本壇經。（詳其中國禪宗史六章三節。）

⑪詳大正藏卷四八，頁三五七。

⑫神會和尚遺集，頁七四。

⑬見全唐文卷七一五。

胡適並沒有說明什麼叫做「檀經傳宗」，却下結論說：「韋處厚明說檀經（壇經）是神會門下的『習徒』所作。可見此書出於神會一派，是當時大家知道的事實。」⑭他甚至還認定壇經是神會自己所造，不是其門下所造；他說：「如果不是神會作的，便是神會的弟子採取他的語錄裏的材料作成的。但後一說不如前一說的近情理，因爲壇經中確有很精到的部分，不是門下小師所能造作的。」⑮想來，胡適以爲神會沒有高徒！

3. 敦煌本壇經與神會語錄中的內容有多處相同：

神會語錄是泛稱神會的某些作品。在胡適校的神會和尚遺集中，標名爲「神會語錄」的有卷一、卷二、卷三，以及附錄（Ⅱ）的『南陽和尚問答雜徵義：劉澄集』。而實際上，附錄（Ⅰ）的『菩提達摩南宗定是非論』（上、下兩卷），甚至是『南陽和上頓教解脫禪門直了性壇語』，也可以列爲神會語錄的一部分吧！

胡適發現，敦煌本壇經與神會語錄，在內容上至少有五處相同，因此他說，壇經是神會或其門下的作品。這五處是：

(1)定慧等：

二書都主張「定慧一體」。例如（敦煌本）壇經說：「善知識，我此法門以定慧爲本。第

---

⑭神會和尚遺集頁七六。

⑮同上。

一切迷言慧定別。定慧體一不二。卽定是慧體，卽慧是定用。卽慧之時定在慧，卽定之時慧在定。善知識，此義卽是定慧等⑯。」

而神會語錄也有類似的說法：

卽定之時是慧體，卽慧之時是定用。卽定之時不異慧，卽慧之時不異定。卽定之時卽是慧，卽慧之時卽是定。何以故？性自如故。卽是定慧等學。⑰

(2)坐禪：

二書對「坐禪」都有相同的說明，所以（敦煌本）壇經是神會所作。例如，（敦煌本）壇經說：「此法門中，何名坐禪？此法門中，一切无碍，外於一切境界上念不去（起），爲坐。見本性不亂，爲禪⑱。」而神會語錄則有底下相同的說明：「今言坐者，念不起爲坐。今言禪者，見本性爲禪。」⑲

(3)關當時的禪學：

---

⑯大正藏卷四八，頁三三八。

⑰見神會和尚遺集，頁一二九；原文「慧」字作「惠」，今依該書卷首之『神會傳』，改正爲「慧」（參見該書第七八頁）。

⑱大正藏卷四八，頁三三九。

⑲見神會和尚遺集，頁一七六。

二書都批判流行在神會當時看心、看淨的禪學，可見（敦煌本）壇經是神會所作。例如，（敦煌本）壇經說：

迷人著法相，執一行三昧，眞心坐不動，除妄不起心，即是一行三昧。若如是，此法同無情，卽是障道因緣。……善知識，又見有人敎人坐，看心、看淨，不動不起。從此置功，迷人不悟，便執成顚。卽有數百般如此敎道者，故知大錯⑳。

而神會語錄也有類似的說明：

遠師問，嵩岳普寂禪師，東岳降魔禪師，此二大德皆敎人「凝心入定，住心看淨，起心外照，攝心內證」，指此以爲敎門。禪師今日何故說禪不敎人「凝心入定，住心看淨，起心外照，攝心內證」？何名爲坐禪？和尙答曰，若敎人「凝心入定，住心看淨，起心外照，攝心內證」者，此是障菩提。今言坐者，念不起爲坐。今言禪者，見本性爲禪㉑。

神會語錄還說：「大乘定者，不用心，不看心，不看淨，不觀空，不住心，不澄心，不遠看，不近看……。」㉒

胡適依此二書的文證，斷言二書中所批判的禪學，是神秀弟子普寂和降魔的禪學。他還

⑳大正藏卷四八，頁三三八；此中，引文原文有些錯誤，今改正之。
㉑神會和尙遺集，頁一七五——一七六。
㉒同上書，頁一五一。

說：「如果看心看淨之說是普寂和降魔藏的學說，則慧能㉓生時不會有那樣嚴重的駁論，因爲慧能死時，普寂領衆不過幾年，他又是後輩，慧能怎會那樣用力批評？但若把壇經中這些話看作神會駁普寂的話，一切困難便都可以解釋了。」㉔顯然，在胡適看來，（敦煌本）壇經的確是神會所作！

(4) 論金剛經：

胡適以爲，因爲二書都宗重金剛經，所以（敦煌本）壇經是神會所作。例如，（敦煌本）壇經說：「善知識，若欲入甚深法界，入般若三昧者，直修般若波羅蜜行，但持金剛般若波羅蜜經一卷，即得見性，入般若三昧。當知此經功德無量，經中分明讚歎，不能具說。此是最上乘法，爲大智上根人說㉕。」

㉓慧能，即惠能之別寫，然不知何者爲正？依法海的『六祖大師法寶壇經略序』所說，「惠能」一名的本義是「惠者，以法惠施衆生；能者，能作佛事」（見全唐文卷九一五），如此，則應以「惠能」爲正，「慧能」爲誤寫。一般以爲，法海乃惠能的弟子、壇經的集錄者，但印順却說：「『略序』所說，與『壇經』每每不合，決非『壇經』記錄者法海所作。」（詳其中國禪宗史，頁二六七）因此，『略序』所說，也不能作爲「慧能」是「惠能」誤寫的根據。也許，在古文中，慧能與惠能是通用的吧？因爲，依說文，「慧」與「惠」原是時常混用的！

㉔『神會傳』，神會和尚遺集，頁八四——八五。

㉕大正藏卷四八，頁三四；原文有誤，今改正之。

而神會語錄則說：「若欲得了達甚深法界，直入一行三昧者，先須誦持金剛般若波羅蜜經，修學般若波羅蜜法。……金剛般若波羅蜜經者，如來爲發大乘者說，爲發最上乘者說。」㉖

(5)無念：

二書都主張「無念」且有相同的解釋，所以胡適以爲壇經乃神會所作。例如，(敦煌本)壇經說：

無者無何事？念者何物？無者，離二相諸塵勢。(念者，念眞如本性)。眞如是念之體，念是眞如之用。性起念，雖卽見聞覺知，不染萬境，而常自在。㉗

而神會語錄則說：「問，无者无何法？念者念何法？答，无者无有云然，念者唯念眞如。問，念與眞如有何差別？答，无差別。問，旣无差別，何故言念眞如？答，言其念者，眞如之用。眞如者，念之體。以是義故，立无念爲宗。若見无念者，雖具見聞覺知，而常空寂。」

㉖神會和尙遺集，頁一八一——一八五。
㉗見大正藏卷四八，頁三三八；其中括弧中的句子乃原經所無，而是胡適引用時，依明藏本壇經而加入者。參見『神會傳』，神會和尙遺集，頁八七。
㉘神會和尙遺集，頁一二九——一三〇。

從以上的1、2、3、（3.中含(1)——(5)）等五例，胡適下結論說：大概壇經中的幾個重要部分，如明藏本的「行由」品，「懺悔」品，是神會用力氣撰著的，也許是有幾分歷史的根據的；尤其是懺悔品，神會語錄裏沒有這樣有力動人的說法，也許眞是慧能在時的記載。此外，如「般若」、「疑問」、「定慧」、「坐禪」諸品，都是七拼八湊的文字，大致是神會雜採他的語錄湊成的。付囑品的一部分大概也是神會原本所有。其餘大概是後人增加的了。壇經古本不分卷；北宋契嵩始分爲三卷，已有大改動了；元朝宗寶又「增入弟子請益機緣」，是爲明藏本之祖。㉙

在胡適看來，神會太偉大了，他呼神會是「南宗的聖保羅」㉚，還說：「南宗的急先鋒，北宗的毀滅者，新禪學的建立者，壇經的作者，——這是我們的神會。在中國佛教史上，沒有第二個人有這麼偉大的功勳，永久的影響。」㉛

也許正因爲胡適的這種看法，影響了他的擁護者楊鴻飛，以致在他那批評錢穆的文章當

㉙見神會和尚遺集，頁八九；其中，「北宋契嵩始分爲三卷」是指「契嵩本壇經」，共三卷，現已失佚（參見胡適『壇經考之一』，胡適禪學案，頁六六——七五）。而所謂宗寶本又「增入弟子請益機緣」，那是指宗寶本的跋文（宗寶所撰）；跋文中，宗寶自述編集壇經的經過說：「訛者正之，略者詳之，復增入弟子請益機緣，庶幾學者得曹溪之旨。」（詳大正藏卷四八，頁三六四。）

㉚『跋神會語錄第一殘卷』，神會和尚遺集，頁一五六。

㉛『神會傳』，神會和尚遺集，頁九〇。

中，他還進一步否定惠能的偉大，甚至還暗示神會不但僞造了壇經，還僞造了惠能；他說：「不過錢先生所說的那『惠能』，換句話說，應該是後世所謂『南禪』之人格化了的惠能……而不是當時歷史性上一位眞實的惠能。」㉜當然，楊鴻飛也有他的文證，那是獨孤及的『舒州山谷寺覺寂塔隋故鏡智禪師碑銘並序』所說：「能公退而老曹溪，其嗣無聞焉。」㉝他下結論說：「所以根據人文史實的研究，不但那時的懷讓、行思、慧忠，非惠能之弟子；就是連打着惠能旗號而奔走革命的神會，也未正式被視爲惠能之弟子。」㉞

（二）『壇經考』的主要結論

標名爲「壇經考」的，有兩篇論文，這可以說是『神會傳』的補充。『壇經考之一』原名爲『跋曹溪大師別傳』，是一篇研究曹溪大師別傳的論文㉟。依據胡適的推測，別傳的作者可能是活躍於江東或浙中的和尚，撰寫的年代可能是惠能死後六十八年，即唐建中二年（西元七八一年）。別傳最大的特點是，惠能預言他去世七十年後有人出來「重建我教」。這個預言與敦

㉜楊鴻飛『關於六祖壇經』；六祖壇經研究論集，頁一九六，張曼濤編，民國六十五年臺北大乘文化出版社初版。

㉝全唐文卷三九〇，頁二三；欽定全唐文八，臺北滙文書局出版。

㉞『關於六祖壇經』，張編壇經論集，頁二〇二。

㉟曹溪大師別傳一卷，收集在續藏經卷一四六，頁九六五——九七五。作者不知是誰。此中，曹溪大師即惠能。

煌本壇經預言「吾滅後二十餘年……有人出來……弟佛教是非，竪立宗旨」不同，但却與明藏本的預言相同㊱。胡適推測，明藏本壇經中「七十年」的預言，是北宋契嵩依別傳的「七十年」預言，妄改敦煌本的「二十餘年」而成的；他說：「契嵩之時，神會之名已在若有若無之間，故二十年的懸記已不能懂了。所以契嵩採取曹溪大師傳中的七十年懸記來替代此說。」㊲顯然，胡適在『壇經考之一』當中，並沒有否定他的結論：壇經是神會所作。他對壇經版本的主張，曾用下圖表示：㊳

敦煌古本——契嵩本——宗寶本——明藏本
別傳——┘（接契嵩本）

『壇經考之二』有一個附標題是：「跋日本京都堀川興聖寺藏北宋惠昕本壇經影印本」。這是胡適對惠昕本壇經的研究論文。惠昕是宋太祖時代的人，胡適認爲他改訂壇經是在西元九六七年（宋太祖乾德五年）㊴。胡適還說，這本分爲二卷十一門的壇經，應刊行在敦煌本後、契嵩

㊱別傳的預言是：「我滅度七十年後，有東來菩薩，一在家菩薩修造寺舍，二出家菩薩重建我教。」（詳續藏經卷一四六，頁九七一）其中的「出家菩薩」，胡適認爲即別傳的作者。敦煌本壇經的預言，見前節1.⑴。而明藏本壇經的預言是：「吾去七十年，有二菩薩從東方來，一出家，一在家，同時興化，建立吾宗，締緝伽藍，昌隆法嗣。」（詳縮刷藏經騰四）按，大正藏所收之宗寶本壇經未有此條預言。

㊲胡適禪學案，頁六九。

㊳此圖在前書頁七一。

㊴胡適禪學案，頁七八——七九。

本前，理由有三：首先惠昕本和敦煌本一樣，仍然保有「二十餘年」的預言。其次，惠昕本的傳法世系（從七佛下共四十代），與敦煌本大同小異，却與明藏本顯著不同。第三，惠昕本只比敦煌本多兩千字（敦煌本約有一萬兩千字），但比明藏本少很多（明藏本約有兩萬一千字）。所以，惠昕本在敦煌本後、契嵩本（明藏本之祖本）前。

因此，如果加上『壇經考之一』的圖表，胡適對壇經版本的主張，可以總結如下表：

敦煌本——惠昕本——┐
曹溪大師別傳————┘契嵩本——宗寶本——明藏本

三、反對者的論據

對於「壇經是神會所作」這個命題，錢穆以及其他反駁者的論文當中，往往雜有爲數不少的猜測之詞，甚至有些出自佛教界的論文，只顧詈罵或提出一些不相干的論據（例如壇經的思想很偉大、禪宗的精神很重要等），以致使得這些反駁顯得脆弱而無力。印順的反駁却是理性而有力的，他根據胡適的三大論據，一一加以批評：

㈠對「壇經暗示神會乃惠能唯一傳人」的反駁

印順和胡適一樣，認爲敦煌本壇經是目前最古老的版本；但是，他却與胡適不同，認爲敦煌本之前，還有更古老的版本（他稱之爲「曹溪原本」㊵），只是目前已經失佚而已。他說，曹溪原本是記錄惠能晚年大梵寺說法的情形，所以大梵寺說法的內容，乃曹溪原本的主要內容——這些內容是與懺悔、歸戒相結合的，所謂「戒禪合一」。他說：

> 東山門下的禪法，取公開的、普遍的傳授方式，與懺悔、歸戒等相結合。所以仿照「戒壇」（或「懺壇」）而稱之爲「法壇」、「施法壇」。慧能在大梵寺，「說摩訶般若波羅蜜法，授無相戒」。弟子們記錄下來，就稱爲「壇經」或「施法壇經」。這就是「壇經」的主體，「壇經」的原始部分㊶。

依據他的考證，惠能在大梵寺的說法內容及其次第如下：定慧爲本、一行三昧、無相爲體、無念爲宗、無住爲本、無相戒、四弘願、無相懺悔、三歸戒、說摩訶般若、我法爲上上根人說、從來默傳分付、不解此法而輒謗毀。這些內容和次第，是契嵩的『壇經贊』所列擧的，與敦煌本壇經相同，所以敦煌本壇經乃現存最古老的版本。他說：「契嵩所贊的『壇經』內容，就是大梵寺說法部分，次第完全與敦煌本相同。這是敦煌本『壇經』，爲現存各本『壇經』中最古本的明證。」㊷敦煌本壇經雖說是現存最古本，但是，印順認爲，更古的「曹溪原本」，卻不

㊵詳其中國禪宗史，頁二四七。

㊶同上書頁二四六；其中，東山門下乃泛指五祖弘忍門下，而「說摩訶般若波羅蜜法，授無相戒」乙句，出自敦煌本壇經（詳大正藏卷四八，頁三三七）。

㊷中國禪宗史，頁二四四。

是神會所作，原因是，與神會同一時代的南陽慧忠㊸，已經看到了糅添「南方宗旨」的壇經——它顯然與神會的思想不同！印順說：

但依我們所知，敦煌本是現存「壇經」各本中的最古本，而不是「壇經」的最古本。從「壇經」成立到敦煌本，至少已是第二次的補充了。敦煌本「壇經」，可稱爲「壇經傳宗」本，約成於七八〇——八〇〇年間，由神會門下，增補法統、禀承等部分而成。在「壇經傳宗」以前，南陽慧忠已見到南方宗旨的添糅本，如「景德傳燈錄」卷二八（大正五一，四三八上）說：「吾（慧忠自稱）比遊方，多見此色，近尤盛矣，聚却三五百衆，目視雲漢，云是南方宗旨。把他壇經改換，添糅鄙譚，削除聖意，惑亂後徒，豈成言教！苦哉，吾宗喪矣！」㊹

印順總結說：「南方宗旨，在現存的敦煌本中，明顯的保存下來（南方宗旨，與神會所說不同），可見敦煌本是以『南方宗旨』爲底本增補些法統、禀承而成。慧忠知道『南方宗旨』本是添糅本，可見慧忠在先已見過『壇經』原本。從『壇經』的『曹溪原本』，添糅而成『南方宗旨本』；再由神會門下，增補爲『壇經傳宗』本。胡適認定的『壇經』最古本，其實至少已增補兩

㊸依印順，慧忠死於西元七七五年、神會死於西元七六二年；依胡適，神會則死於西元七六〇年。詳中國禪宗史，頁二五八，頁二八二，以及神會和尚遺集，頁六。

㊹印順『神會與壇經』；張編六祖壇經研究論集，頁一一七。

㊺同上頁一一七——一一八。

次了。」㊺依此，印順以為壇經版本的演變是：㊻

曹溪原本——南方宗旨本——敦煌本——惠昕本——至元本。

然而，什麼是慧忠的「南方宗旨」？景德傳燈錄卷二八，慧忠與南方禪客之間有底下的問答：師

南陽慧忠國師問禪客，從何方來？對曰，南方來。師曰，南方有何知識？曰，知識頗多。師

曰，如何示人？曰，彼方知識直下示學人，卽心是佛，佛是覺義。汝今悉具見聞覺知之性，

此性善能揚眉瞬目，去來運用，遍於身中。挃頭頭知，挃脚脚知，故名正遍知。離此之外，

更無別佛。此身卽有生滅，心性無始以來未曾生滅。身生滅者，如龍換骨，蛇脫皮，人出故

宅。卽身是無常，其性常也。南方所說，大約如此㊼。

從這段對話可以知道，所謂「南方宗旨」，是「卽心卽佛」、「見聞覺知卽佛」，或「色身無常心性是常」的理論。這和洪州宗的「性在作用」甚至「平常心是道」是很相近的㊽。但是，

㊻參見中國禪宗史第六章。

㊼大正藏卷五一，頁四三七。

㊽洪州宗是指南嶽懷讓、馬祖道一下的一脈，因為道一曾住洪州（今江西南昌縣）而得名。此一派的禪風和惠能一樣，主張「卽心卽佛」，但却又主張「性在作用」、「平常心是道」，亦卽心性、佛性在揚眉瞬目、吃飯睡覺當中；如傳燈錄卷六，曾描述道一的主張說：

汝等諸人各信自心是佛，此心卽是佛心。……心外無別佛，佛外無別心……故三界唯心，森羅萬象，一法之所印。凡所見色，皆是見心。心不自心，因色固有，汝但隨時言說，卽事卽理，都無所碍。……若

在神會的作品當中，「南方宗旨」却是看不到的(雖然在敦煌本壇經當中仍然保有這種主張)。因此，印順說：神會宣揚南宗頓教，也說「無情無佛性」，但身心無常而性是常的對立說，在神會的語錄中，沒有明確的文證。不能因荷澤門下的「壇經傳宗」，而說「南方禪客」代表洛陽神會的宗旨。……「壇經傳宗」的添改，爲洛陽神會門下，約爲七八〇——八〇〇年間。「色身無常而性是常」的添改，應比「壇經傳宗」的添改爲早，因爲敦煌本——「壇經傳宗」本，是在「南方宗旨」本上，增補一些傳承依約而成的㊾。

至於韋處厚『大義禪師碑銘』中，「壇經傳宗」的文證，印順則與錢穆一樣，認爲那是胡適誤解了碑銘的文義㊿。

(二)對「壇經傳宗的反駁」

他說，碑銘的原意應該是：韋處厚的「大義禪師碑」，代表了道一門下的意見。依碑文說，神會「得總持之印，獨曜寶珠」，對神會有崇高的敬意。即使神會不是「獨」得慧能的正傳，也

了此心，乃可隨時著衣喫飯，長養聖胎，任運過時，更有何事！(大正藏卷五一，頁二四六。)這種說法，和慧忠所說的「南方宗旨」不是很相近嗎？(另外，有關道一「平常心是道」的主張，請參見傳燈錄卷二八，大正藏卷五一，頁四四〇。)

㊾中國禪宗史，頁二六四。

㊿錢穆說，「竟成壇經傳宗」中的「傳宗」，是「紹祖」的意思；詳其『神會與壇經』，張編六祖壇經研究論集，頁八二。

是能得大法的一人（會昌法難以前，洪州門下還不會譏毀神會）。但神會的「習徒」「迷眞」向俗，如「橘逾淮而變枳」一樣，「竟」然變「成」用「壇經」來作爲「傳宗」的依約。失去傳法——「默傳心印」的實質，而換來傳授「壇經」的形式。所以神會是「優」越的，神會的門下是低「劣」的。這是道一門下對神會門下的批評❺❶。

(三) 對「壇經與神會語錄內容雷同」的反駁

1. 對「關當時禪學」的反駁：

和錢穆相同❺❷，印順指出，看心、看淨的禪學，是四祖道信以來即已形成的禪學，並非普寂、降魔所首倡。他說，道信引用文殊說摩訶般若波羅蜜經中的「一行三昧」❺❸，開展出重於

---

❺❶印順『神會與壇經』，張編六祖壇經研究論集，頁一一四；原文中，印順還引了許多文證，證明神會門下以一卷壇經做爲傳法的依約，卽所謂的「傳宗」，玆略。另外，應注意的是，胡適的引文是「橘柘變體」，而印順却解釋成「橘逾淮而變枳」，其中有柘、枳之差。

❺❷錢穆『神會與壇經』說，看心、看淨的禪學源自四祖道信所說，甚至天臺宗的智顗也這樣主張，所以不可單單視爲普寂的禪風。詳張編六祖壇經研究論集，頁八七——九七。

❺❸文殊說般若經共有三譯，道信所採用的是梁曼陀羅仙所譯的，全名是文殊師利所說摩訶般若波羅蜜經（二卷）。「一行三昧」則出現在經文的下卷（大正藏卷八，頁七三一下）。而道信所了解的「一行三昧」是：「法界一相，繫緣法界，是名一行三昧。」「善男子善女人欲入一行三昧，應處空閑，捨諸亂意，不取相貌，繫心一佛，專稱名字。」（詳道信之入道安心要方便門；大正藏卷八，頁七三一。）

長坐的、看心看淨的禪風；如杜朏的傳法寶記說：「（道信）每勸諸門人曰，努力勤坐，坐爲根本。能作三五年，得一口食塞飢瘡，卽閉門坐。莫讀經，莫共人語。能如此者，久久堪用[54]。」印順甚至還指出，常坐不臥的「一行三昧」，不但道信宗重，早在隋朝的天臺智顗卽已受到重視，甚至更早的眞諦，在其所譯的大乘起信論中，也提到了「一行三昧」[55]。所以，印順總結地說：「在慧能生前，或者比慧能更早，這種『看心、看淨、不動、不起』的禪風已經存在，那爲什麼不可能是慧能的批評呢？胡適一口咬定，『壇經』所批評的是普寂，只是憑一部『神會語錄』，其實禪宗史的發展，是不能憑一部『神會語錄』而可以充分了解的。」[56]

2. 對「論金剛經」的反駁：

前文說到，四祖道信是宗重文殊說般若經的。事實上，早在初祖達摩與二祖慧可時代，已與般若思想有所接觸。達摩的主要思想是「二入四行」，二入是理入與行入。所謂理入，不外是「深信含生凡聖同一眞理，但爲客塵妄覆，不能顯了」的如來藏思想[57]。而所謂行入，是指深信了人人本具如來藏之後，還要依此修行，而其修行法有四種，卽四行：報怨行、隨緣

---

[54] 詳柳田聖山之初期禪宗史書の研究附錄（資料の校注第六）頁五六六；日本京都法藏館昭和四二年出版。
[55] 詳中國禪宗史，頁六〇。
[56] 印順『神會與壇經』，張編六祖壇經研究論集，頁一一一。
[57] 詳淨覺之楞伽師資記，大正藏卷八五，頁一二八五。

行、無所求行、稱法行[58]。在這四行的前三行中，都引有阿含經及法句經的經文；而第四稱法行中，引用了維摩經的經文：「法無衆生，離衆生垢故；法無有我，離我垢故。」[59]又，第四稱法行中，又說：「法體無慳，於身命則行檀捨施，心無恪惜，達解三空，不倚不著，但爲去垢。」[60]這是般若經的常談。所以，達摩雖以四卷楞伽爲心傳，却與般若經乃至多分偏於般若經的維摩經有密切的關係。

而慧可呢？續高僧傳卷一六中的慧可（僧可）傳說：「可乃奮其奇辯，呈其心要。故得言滿天下，意非建立；玄籍遐覽，未始經心。」[61]這和三論宗那種「但破不立」、「離四句，絕百非」的般若思想，不是很相近嗎？

達摩、慧可、道信等人的引入般若，使得禪宗一開頭就顯得不完全是楞伽經爲主的楞伽禪。但是，到了弘忍、惠能、神會時代，這種宗重般若的禪風，却漸漸明顯起來。這尤其是指金剛般若經。

依印順所說，金剛經之所以廣大流行於江南，與開善智藏（卒於西元五二二年）有關。道宣

[58] 同上書頁一二八五。

[59] 同上書頁一二八五；此中，維摩經的經文見羅什譯本弟子品第三，大正藏卷一四，頁五四〇。

[60] 同上書頁一二八五。

[61] 大正藏卷五〇，頁五五二。

的續高僧傳卷五智藏傳說，智藏因爲誦持金剛經得到延壽的感應，「於是江左道俗競誦此經，多有徵應。乃至於今，日有光大，感通屢結」。㊷其後，天臺智顗、嘉祥吉藏、牛頭法融，都有金剛經的註疏。特別是唐玄宗開元二十三年（西元七三五年），詔頒了御注金剛般若波羅蜜經，金剛經的流傳更加廣泛而深入人心。甚至連北宗的神秀，在他的著作當中（例如大乘無生方便門的「離念門」），也引用了金剛經中的經文：「凡所有相皆是虛妄」。㊸所以印順說：「或者說達摩以四卷『楞伽』印心，慧能代以『金剛經』，這是完全不符事實的。」㊹又說：「近代學者每以爲：達摩以四卷『楞伽經』印心，慧能改以『金剛經』印心。因而有人說：禪有古禪與今禪的分別，楞伽禪與般若禪的分別。達摩與慧能的對立看法，是不對的。」㊺

印順不但認爲宗重般若經，尤其是金剛般若經，是當時南方佛教界的特色，而且他還認爲，惠能並不特別宗重金剛經，而是宗重一般的、從道信已來卽有的「摩訶般若波羅蜜多」。他說，在般若經中，特別宗重金剛經的應該是神會及其門下。他甚至說：壇經有關金剛經部

㊷大正藏卷五〇，頁四六六。
㊸中國禪宗史，頁一五八——一六四。
㊹同上書頁一五八。
㊺同上書頁五四。

分，是神會及其弟子所增附的。[66]

依此，在印順看來，像胡適那樣，以爲壇經與神會語錄都宗重金剛經，就推論到壇經是神會所作，那是「完全不符事實」的！

3. 對「無念」的反駁：

前文說過，敦煌本壇經是以糅雜南方宗旨的「南方宗旨本」爲底本而集成的。南方宗旨是一種主張「色身無常性是常」、「見聞覺知即佛」、「揚眉瞬目皆自性」的學說。這種學說滲入了敦煌本壇經，也表現在「無念」上。壇經說：「於一切境上不染，名爲無念。」又說：「無者，無何事？念者，何物？無者，離二相諸塵勞。眞如是念之體，念是眞如之用。性起念，雖卽見聞覺知，不染萬境，而常自在。」[67]在此，念是名詞，是從衆生本具的眞如或自性（如來藏、佛性）之「體」所顯發出來的見聞覺知等「用」。既然念是眞如、自性之用，因此，念是不可能斷除的；無念，並不是要斷除念頭，而是要在念念相續當中，不執著外境，亦卽上文說的「於一切境上不染」。就壇經看來，如果斷除眞如起用之念，那是完全錯誤的；如說：「莫百物不思，念盡除却，一念斷卽死，別處受生！」[68]

---

[66] 同上書頁一五九。
[67] 大正藏卷四八，頁三三八。
[68] 同右。

另一方面，神會所了解的「無念」，却與壇經不同，而有斷除念頭的傾向；如說：「問，若爲生是无念？答，不作意卽是无念。」又說：「然此法門，直指契要，不假繁文。但一切衆生，心本无相。所言相者，並是妄心。何者是妄？所作意住心，取空取淨，乃至起心求證菩提涅槃，並屬虛妄。但莫作意，心自无物。卽无物心，自性空寂。空寂體上，自有本智……。」[69]明顯地，神會所認爲的無念是「莫作意」；胡適說，作意就是「起心」，就是「打主意」，就是「存心要什麼」；我想，這樣解說是對的。[70]因此，神會的意思是要我人不要存心住心、不要存心取空取淨，不要存心去求證菩提涅槃；他的「不作意」是偏於否定的、遮遣的——「無念」一詞中的「念」變成了虛妄的、罪惡的東西！「作意」一詞也變成了醜陋的事情！這和壇經要「學道之人作意，莫言先定發慧，先慧發定，定慧各別」[71]，是完全相違背的！

由於壇經與神會所說的「無念」，有這樣的區別，所以，印順下結論說：

神會說無念，偏重於遮遣的「不作意」，不像敦煌本那樣，肯定當下的一念。這是禪者的

[69] 神會和尙遺集，頁一〇一——一〇二。

[70] 同右頁三二二；胡適還引了杜甫的一首詩，來說明什麼叫做「作意」；隔戶楊柳綠娲娲，恰似十五女兒腰；誰謂朝來不作意，狂風挽斷最長條！他說：「不作意」是當時的白話。

[71] 大正藏卷四八，頁三三八。

偏重與派別問題。胡適依明藏本，爲敦煌本補上一句「念者念眞如本性」，也許合於慧能的原意，但與敦煌本的體例不合。慧能、神會，與敦煌本的「無念」說有關，這是不會錯的。說敦煌本是神會或神會門下所造，決定是不對的。胡適在幾個名字上看來都是差不多，但在我看來，內容的差別大着呢！[72]

4. 對「坐禪」的反駁：

這與上面的「無念」有關。印順說：「敦煌本是肯定當前一念的，看作自性的作用，不可能沒有的。所以說『外於一切境界上念不起爲坐』，是說『於自念上離境，不於法上念生』。神會但說『念不起』，還是『不作意』的意思。」[73]所以，在印順看來，壇經與神會語錄雖都說到「坐禪」，但却有不同的內容，因此，不能說壇經是神會的作品。

5. 對「定慧等」的反駁：

這是印順的反駁當中最弱的一環。他只說：由於上面各點已經證明壇經非神會所作，因此，雖然壇經和神會語錄都主張「定慧等」，但不能說壇經抄自神會語錄。[74]在印順的『神會與壇經』最後，又列舉了敦煌本壇經與神會語錄不同的內容數則，其中有些

---

[72] 六祖壇經研究論集，頁一二六。
[73] 同右頁一二六——一二七。
[74] 同右頁一二七。

是有關惠能的事跡，有些是有關神會的事跡，還有一些是涉及禪門思想的差異。[75]因此，印順說：「敦煌本所說的無相戒，形神對立，慧能事迹，傳承說，都與神會的傳述不合。所以，敦煌本所依的底本，不是神會一派所作，只是禪會門下依據悟眞所傳的本子，多少補充而作爲『傳宗』的依約而已。」[76]

對胡適的批評已如上述。那麼，楊鴻飛的文證呢？蔡念生認爲，「能公退而老曹溪，其嗣無聞焉」乙句，不過是北宗對惠能門下的描寫「便筆一提」而已，並非惠能的門下眞的「無聞焉」。——他認爲楊鴻飛是斷章取義[77]。而澹思（卽張曼濤）則說，惠能決不是「其嗣無聞焉」，因爲甚至連他的反對者——北宗弟子的著作，楞伽師資記中，還赫然記載他是弘忍的十大弟子之一[78]。（有關這點，錢穆的論文也曾指出。[79]）澹思又說，如果惠能眞的是個不

---

[75] 同右頁一二八——一三七。

[76] 中國禪宗史，頁二七二；其中，悟眞是惠能的再傳弟子，而所謂「悟眞所傳的本子」，是指添糅了「南方宗旨」的壇經。印順還推測，在壇經原本中添糅「南方宗旨」的是惠能十大弟子之一的志道，亦卽悟眞的師父或師叔、師伯（詳中國禪宗史，頁二六四——二六五）。

[77] 蔡念生『談六祖壇經眞僞問題』；張編六祖壇經研究論集，頁二五五——二五六。

[78] 按，楞伽師資記是淨覺依其師安州玄賾的楞伽人法志所改寫成的，記載北宗的燈史。而玄賾是五祖弘忍的弟子。

[79] 張編六祖壇經研究論集，頁一〇〇。

重要的人物，是個神會所硬捧出來的人物，那麼，全唐文的那句話，也不會稱呼惠能爲「能公」[80]。

事實上，惠能眞的「其嗣無聞焉」嗎？印順將惠能的弟子分成三區而加以討論：在嶺南的，主要有韶州法海，廣州志道、曹谿令韜等人；在中原的，除了神會之外，還有司空本淨、南陽慧忠、保唐無住等人，其中，本淨在天寶三年（西元七四四年）應召入京，慧忠也於上元二年（西元七六一年）應召入京；在江南（五嶺以上，長江以南）的，除了南嶽懷讓、青原行思之外，還有永嘉玄覺、婺州玄策等人[81]。顯然，楊鴻飛的「文證」太過薄弱了，而其結論也太過武斷了！

筆者不是禪宗史的研究者，不願對這次論戰遽下定論。只是，壇經是否眞的是神會所作，在思想史上，這是一個相當嚴重的問題。所以，筆者謹將這三、四十年來的論戰，做一提綱挈領的描述，以利後人的研究。

四、壇經的中心思想

[80] 澹思『惠能與壇經』；六祖壇經研究論集，頁二四八——二五一。

[81] 中國禪宗史，頁二二七——二三二。

就現存最古的敦煌本壇經來說，它有兩個最主要的思想：（一）見性成佛；（二）定慧合一的無相爲體、無住爲本、無念爲宗。可以說，見性成佛是以楞伽經爲主的思想；而無相、無住、無念，則受到般若經的影響。前者是達摩以來所本有的；後者却自道信以後才漸漸顯著起來，到了惠能時代達到了極盛。

（一）見性成佛

性，是佛性；（敦煌本）壇經中常稱爲自性、本性、心性。標舉佛性最有名的經典是大般涅槃經；在這部經裏，說到衆生皆有佛性，甚至連罪大惡極的「一闡提」，也本具佛性。然而，什麼叫佛性呢？經裏說，佛性就是成佛的可能性；如說：「佛性者，即是一切諸佛阿耨多羅三藐三菩提中道種子。」「一切衆生定得阿耨多羅三藐三菩提故，是故我說一切衆生悉有佛性。」[82]佛性除了是衆生成佛的可能性之外，也是每一衆生的眞我；如說：「出世我相，名爲佛性。如是計我，是名最善！」「我者，即是如來藏義；一切衆生悉有佛性即是我義。如是我義，從本已來常爲無量煩惱所覆，是故衆生不能得見。」[83]

然而，在壇經中，被稱爲自性、自心、本心的佛性，不但像涅槃經所說的佛性那樣，是衆生成佛的種子，是衆生的眞我，而且，壇經裏的佛性，還能幻生山河大地；如說：「萬法在自性」

[82] 大正藏卷十二，頁七六八——七六九。
[83] 大正藏卷十二，頁六四八。

「於自性中，萬法皆見，一切法自在性」[84]，而在宗寶本說得更清楚：

祖以袈裟遮圍，不令人見，爲說金剛經。至「應無所住而生其心」，惠能言下大悟，一切萬法不離自性。遂啓祖言，何期自性本自清淨，何期自性本不生滅，何期自性本自具定，何期自性本無動搖，何期自性能生萬法！[85]

把佛性看做能生萬物的是楞伽經。楞加經共有三個譯本，達摩所傳的的是劉宋求那跋陀羅所譯的四卷楞伽阿跋多羅寶經。在這四卷楞伽中，和另外兩譯相同，都主張衆生本具的佛性（如來藏、藏識），可以幻生山河大地；如說：「藏識海常住，境界風所動，種種諸識浪，騰躍而轉生。」（四卷本卷一）[86]唐譯本說得更清楚：「諸法無自性，但惟心所現。」（卷七）[87]原來，主張衆生心可以幻生萬法的經典，主要是唯識系（瑜伽系）的經典，例如解深密經、大乘阿毘達摩經；這一系的經典，相對於主張一切皆「空」的般若經，被稱爲「有宗」。所以，可以說，楞伽經中的佛性，是涅槃經中的佛性染上唯識系經論色彩的綜合體——它不但是衆生本具的眞我，能解脫成佛，而且還像唯識經論的「阿賴耶識」一般，可以幻生山河大地。而壇經中所

[84] 同右卷四八，頁三三九。
[85] 同右，頁三四九。
[86] 同右卷十六，頁四八四。
[87] 同右，頁六三三。

要見的「性」（見性成佛中的「性」），就是這個綜合體的佛性！修行者若能澈底體悟（頓悟）自己本具這個佛性，卽已解脫，而與諸佛平等。如說：「若識本心，卽是解脫。」「自性迷，佛卽衆生；自性悟，衆生卽是佛。」「不識本心，學法無益；識心見性，卽吾大意。」[88]

(二) 無相爲體，無住爲本，無念爲宗

般若（空慧）的大用之一是叫我人遣除一切執著而達於沒有煩惱的解脫境界。而所謂的般若，乃是依禪定而顯發出來的空慧；在壇經中，這是與禪定一體的智慧，所謂「卽定是慧體，卽慧是定用」[89]。與定一體的般若，如果細分，卽成無相、無住、無念。這三者構成了壇經中最重要的修行法，所以經上說：「我此法門，以定慧爲本。」[90]又說：「我此法門，從上已來，頓漸皆立無念爲宗，無相爲體，無住爲本。」[91]可以說，前面的見性成佛是總綱，目前的無相、無住、無念則爲具體的修行法門。

1. 無相爲體：

在佛教的經論中，「相」往往是與「性」對立的概念。眞實的存在稱爲「性」，如自性、本

[88]同右卷四八，頁三四〇、三四一、三三八。
[89]同右頁三三八。
[90]同右，頁三三八。
[91]同右，頁三三八；原文爲「我自法門，從上已來，頓漸皆立無念無宗無相無體無住無爲本」，甚難懂；現依民國六十五年臺北慧炬出版社出版之『六祖壇經流行本敦煌本合刊』改正如文。

性、佛性；那些虛幻不實的東西，則稱爲「相」。在壇經中，除了這個用法，「相」還指宇宙中各種差別、對立的存在，例如男與女、善與惡、是與非、長與短等「相」；宗寶本壇經在解釋「摩訶般若波羅蜜」（大智慧到彼岸、澈底圓滿的大智慧）時，即說：「何名摩訶？摩訶是大。心量廣大，猶如虛空，無有邊畔。亦無方圓大小，亦非青黃赤白，亦無上下長短，亦無瞋無喜，無是無非，無善無惡，無有頭尾。」[92]這當中的方圓、大小，乃至善惡、頭尾，即是「相」。無相，並不是要我人變成不能分辨善惡、美醜，而是在分辨當中，不起貪愛或厭惡等煩惱。所以經上說：「無相（者），於相而離相。」[93]

2. 無住爲本：

無住爲本，原出自維摩詰所說經，該經說：「又問，貪欲孰爲本？答曰，虛妄分別爲本。又問，虛妄分別孰爲本？答曰顚倒想爲本。又問，顚倒想孰爲本？答曰，無住爲本。又問，無住孰爲本？答曰，無住則無本。文殊師利！從無住本立一切法。」[94]而鳩摩羅什的注解說：「法無自性，緣感而起。當其未起，莫知所寄。莫知所寄，故無所住。無所住故，則非有無。非有無而爲有無之本。」[95]這可見所謂的「無住爲本」，是說：一切萬法都是因緣所

[92]同右，頁三五〇。
[93]同右，頁三三八；原文沒有括弧中的「者」字。
[94]觀衆生品第七；大正藏卷一四，頁五四七。
[95]僧肇撰注維摩經卷六；大正藏卷三八，頁三八六。

生，因此都是空幻不實；雖是空幻不實，却又假現其相。這正是龍樹所說的：「衆因緣生法，我說卽是無，亦爲是假名，亦是中道義。」⑯

壇經的「無住爲本」恐怕不是維摩經的原意，它和自性、本心結合在一起了；如說：「無住者，爲人本性，念念不住，前念、今念、後念，念念相續，無有斷絕。若一念斷絕，法身卽是離色身。念念時中，於一切法上無住，一念若住，念念卽住，名繫縛。於一切上念念不住，卽無縛也。以無住爲本。」⑰壇經的「無住」是描寫由自性所顯發出來的念頭，這念頭，由於是自性（眞如）的作用（所謂「念是眞如之用」；詳下），所以是念念不住、念念相續、無有斷絕的；而且，這無住的念頭，那怕是凡夫所有，也是本來清淨、本具無量功德的，所以經上說：「菩提般若之智，世人本自有之，卽緣心迷，不能自悟。」⑱念頭既是自性所起的作用，既是本來清淨、本具功德，既是念念相續、無有斷絕，那麼，所謂「無住」（不要住），並不是要使念頭停下來或斷除掉，而是在念念不斷當中，不去執著（住）它；所以經文說：「於一切上念念不住，卽無縛也。」

我想，像壇經這樣，把「無住」與心性結合在一起，在中國佛教史上，並不是無所本的。天

⑯中論卷四；大正藏卷三〇，頁三三。
⑰大正藏卷四八，頁三三八。
⑱同右，頁三三八。

臺宗智顗的維摩經玄疏卷二即說：「智障者，依阿黎耶識，識即是無明住地，無明住地即是生死根本。故此經云，從無住本立一切法。無住本者，即是無始無明，更無別惑所依住也。」[99]法華玄義卷七也說：「無住之理即是本時實眞諦也。一切即是本時森羅俗諦也。由實相眞本垂于俗迹，尋于俗迹即顯眞本。本迹雖殊，不思議一也。」[100]而荊溪的釋籤則說：「從無住本立一切法者，無明爲一切法作本。」[101]這很明顯地，把無明（無始無明住地）、（阿黎耶）識與「無住」結合在一起，「無住」不再是維摩經中「空幻無所寄住」的本義，而是與心識結合爲一體的、能幻生萬法的實體！南宗的化區與天臺宗的化區有許多是相同的，而二宗的門人也時有往來，那麼，壇經那種與本心、自性合一的「無住本」，能够和天臺宗的「無住本」無關嗎？

3. 無念爲宗：

這是「無住爲本」的延續。由眞如本性起用所顯發的念頭，既是念念相續、本具功德的，那麼，念頭就沒有斷絕的必要，更何況斷絕了念頭，「法身即是離色身」。所以經上說：「莫百物不思，念盡除却，念斷卽死，別處受生。」（詳前文）

---

[99]同右卷三八，頁五二八。
[100]同右卷三三，頁七六四。
[101]同右，頁九二〇。

壇經的思想當然不只這些，尤其是較晚的宗寶本、明藏本，更不只這些。不過，它們大都是以上兩大中心思想的衍生，只有少數是後代禪師所開展出來的思想。讓我們再標擧幾則。

(三) 不落階級的頓悟說

在中國，頓悟是道生（卒於西元四三四年）所首倡[102]，但與壇經所說的頓禪却有不同的內容。隋碩法師的三論遊意義曾介紹道生的頓悟說：「竺道生師，用大頓悟義也。小緣天子，金剛以還皆是大夢，金剛以後乃是大覺也。」[103]這和仁王經「三賢十聖住果報，唯佛一人居淨土」的說法一樣，以爲不悟則已，一悟即悟到澈底。這是「漸修頓悟」的理論。

然而，壇經所謂的「頓悟」，是指一種直接了當，不用方便手段（如盤腿、閉目、凝神、觀想、看心、看淨），即可體悟本具佛性的法門。這樣的頓悟，只是悟到自性，悟後是不妨漸修的，所以反而是近於道安、支遁等人的「小頓悟」，那是一種「頓悟漸修」的理論。所以神會說：「見諸敎禪者（按，諸敎禪者指北宗門人），不許頓悟，要須方便始悟。此是大下品之

---

[102] 劉虬的無量義經序及世說文學篇注都說頓悟之說起於道安（西元三一二——三八五）及支遁（西元三一四——三六八），但湯用彤的漢魏兩晉南北朝佛教史第十六章以爲，頓悟說首倡於竺道生，因爲支遁等人的學說，就道生而言，仍然是漸悟而不是頓悟。

[103] 大正藏卷四五，頁一二一；「大頓悟」是相對於僧肇、支遁、道安等其他六家的「小頓悟」，這六家都主張七地菩薩悟無生忍。又，「金剛」是指十地後心的金剛喩定，即成佛前一剎那。

見！」[104]

顯然，這種頓悟說，與楞伽經的「佛性」有密切關係；這不過是前述「見性成佛」的衍生罷了。

(四) 不立文字、教外別傳的慢經、慢教

後期的禪宗是極端慢經、慢教的，這尤其是南嶽懷讓下的洪州宗及青原行思下的石頭宗。例如，百丈懷海——懷讓的再傳——曾說：「解得三乘教……覓佛卽不得！」[105]從慢經、慢教，有的更進而呵佛罵祖；如說：

> 達摩是老臊胡，釋迦老子是乾屎橛，文殊、普賢是擔屎漢，等覺、妙覺是破執（戒？）凡夫，菩提、涅槃是繫驢橛，十二分教是鬼神簿、拭瘡疣紙，四果、三賢、初心、十地是守古塚鬼、自救不了！[106]

這是德山宣鑒（青原下）的訶佛罵祖；他的再傳弟子雲門文偃却讚嘆說：「讚佛、讚祖，須是德山老人始得！」[107]

---

[104] 南陽和尚頓教解脫禪門直了性壇語；神會和尚遺集，頁二五二。
[105] 古尊宿語錄卷一；續藏經卷一一八，頁八五。
[106] 五燈會元卷七；續藏經卷一三八，頁一一六；其中「執」字疑爲「戒」字之誤。
[107] 指月錄卷一五；續藏經卷一四三，頁一七三。

慢經、慢教的禪風，顯然與「不立文字，教外別傳」有關；這兩句話出自宋末的五燈會元卷一⑱，而實際上，「不立文字，教外別傳」的禪風，早在五祖弘忍門下，已經漸漸蘊釀。例如，唐中岳沙門釋法如禪師行狀，即曾描述弘忍的弟子——法如，說：「天竺相承，本無文字。入此門者，唯意相傳。……斯人不可以名部分，別有宗明矣！」⑲此中，「本無文字」不正是不立文字嗎？「別有宗明矣」不正是教外別傳嗎？「唯意相傳」不正是以心傳心嗎？「不立文字、教外別傳」的禪學，一方面開展出慢經、慢教，呵佛、罵祖的宗風；另一方面則流變成以行動來教化門人的宗風，例如打一棒、踢一腿、比比手、劃劃脚，或說些不相干的話語，成爲所謂的「公案」。後代禪師雖可大分爲洪州宗的粗暴（歸宗殺蛇，南泉斬貓等），以及石頭宗的親切綿密，却同樣具有這種以行動教化門人的禪風。

從弘忍門下開始的這種禪風，一直到會昌法難，荷澤宗失勢之後，才發展完成；因爲荷澤神會是主張「教禪合一」的，他還被後代那些强調「不立文字」的禪師們罵爲「知解宗徒」哩！而事實上，惠能的思想也和神會一樣，是尊經、尊教的；在（敦煌本）壇經中，他不是苦口奉勸

⑱續藏經卷一三八，頁四；按，五燈會元乃宋末作品（西元一二五二年頃），較早的景德傳燈錄（西元一〇〇四年頃）即無此二句。此二句，依五燈會元，乃釋迦付法給迦葉時所說，全文是：「吾有正法眼藏，涅槃妙心，實相無相，微妙法門，不立文字，教外別傳，付囑摩訶迦葉。」

⑲金石續編卷六；石刻史料新編卷一四，頁三一一四；民國六六年臺北新文豐出版公司出版。

門下誦持金剛經嗎？他的教說中，還大量引用維摩、菩薩戒、法華、涅槃等經哩！不立文字、呵佛罵祖，乃至以行動教化門人的禪風，雖是弘忍下所本有的，却是受了牛頭禪的影響，才大大開展完成的。

（五）禪宗的道家化（牛頭化）

牛頭宗是指流行在江左的禪學，由初祖法融（西元五九三——六五七）創立，到六祖慧忠（西元六八三——七六九）而大盛。李唐前，江左是般若、涅槃學的中心，維摩、大品般若、法華、涅槃諸經，以及中、百、十二門等論，廣泛流傳在這地區。這一地區的僧人，大都與當地的貴族，以及依附貴族的清談學者相結合，成了老莊化的、注重玄理的都市佛法。李唐後，江左不再是政治、文化的中心，貴族和清談的學者消失了（尤其是安史之亂後，貴族階級全國性的崩潰），注重實行的、平民化的禪學因此興盛了起來，牛頭禪即是其中的佼佼者。然而，由於地域文化的影響，牛頭禪仍然無法去除玄談的、老莊化的色彩。

法融的思想明顯地受道家玄學的影響，他撰有絕觀論、信心銘（心銘）二書[110]，其中主要思想有二：空爲道本、無心合道。如說：「虛空爲道本，森羅爲法用。」又說：「汝不須立心，亦不須强安，可謂安矣！」[111]

[110] 信心銘，百丈以爲是禪宗第三祖僧璨所撰，但依印順所說，它乃法融所作。又，絕觀論有說是達摩所作，然印順亦說是法融所作。詳其中國禪宗史，頁一一四——一一五。

[111] 此乃永明延壽之宗鏡錄卷七七所引絕觀論文，詳大正藏卷四八，頁八四二。

（虛）空，原本是般若等大乘經所闡明的，意思是「因緣所生法，我說即是空」（詳中論卷六）；在這種意義下的「空」，並不把它視爲宇宙萬法的本源（道本）——空，是一個形容詞，描寫實體或現象的虛幻不實；空，不是名詞，更不是代表實體的名詞！但是，法融受了道家那種「天地萬物皆以無爲爲本」（晉書王衍傳）的影響，却以「空」（無）做爲萬法的本源，在法融看來，虛空、無、道、佛性，這幾個名詞是沒有什麼差別的。因此，空既是道本既是萬法之本源，那麼，「無情有佛性」、「無情成佛」、「無情說法」等理論，只是邏輯的必然結果罷了。所以法融說：「（道）體遍虛空，同於法界；畜生、蟻子、有情、無情，皆是佛子。」[112] 又說：「道無所不遍。」[113] 這和道家所說的「道在瓦礫、螻蟻」，不是完全一樣嗎？而且，由於楞伽經所說的佛性、如來藏，不但具足一切無漏功德，也能幻生山河大地，老莊化了的牛頭禪，便順理成章地與楞伽禪相結合了。這特別是以青原下的石頭宗爲甚；宗密即曾把石頭宗和牛頭宗都歸入「泯絕無寄宗」[114]。

---

[112] 宗鏡錄卷二四所引淨名經私記文；大正藏卷四八，頁五五二。按，淨名經私記乃法融所作。

[113] 敦煌本絕觀論文；參見印順之中國禪宗史，頁一二一。

[114] 宗密原文是：「禪三宗者，一、息妄修心宗；二、泯絕無寄宗；三、直顯心性宗。……二、泯絕無寄宗者，說凡聖等法，皆如夢幻，都無所有……如此了達本來無事，心無所寄，方免顚倒，始名解脫。石頭、牛頭下，至徑山，皆示此理。」詳宗密之禪源諸詮集都序卷上之二，大正藏卷四八，頁四〇二：此中，徑山應指徑山鑑宗。

早在四祖道信時代，即曾傳說與牛頭法融有所接觸[115]，這雖是不可靠的傳說，却說明達摩禪與牛頭禪的交涉甚早。惠能下的石頭宗，道家化的程度相當嚴重；石頭希遷即是一例。希遷依僧肇的涅槃無名論，撰寫了有名的叅同契（注意！它與道教魏伯陽的叅同契同名）。在叅同契中，不說佛，不說法，而說仙、說道；如說：「竺土大仙心，東西密相付，人根有利鈍，道無南北祖……觸目不會道，運足焉知路？」[116]這種「觸目會道」的說法，不但是道家化的，而且與後代禪師們那種「佛法在蒲華、柳絮、竹鍼、麻線」的說法，不是很相近嗎？[117]

石頭下最明顯地牛頭化的是洞山良价。景德傳燈錄卷十五即曾描述他因「無情說法」而悟入[118]。後來還寫了一首悟道歌：

切忌從他覓，迢迢與我疏；我今獨自往，處處得逢渠。渠今正是我，我今不是渠；應須恁麼

---

[115] 詳李華之『潤州鶴林寺故徑山大師碑銘』；該文說，法融乃道信之門人，如說：「初達摩祖師傳法三世，至信大師。信門人達者，曰融大師，居牛頭山，得自然智慧。」欽定全唐文卷三二〇，頁一五；臺北滙文書局版。

[116] 詳景德傳燈錄卷三〇，大正藏卷五一，頁四五九；又，景德傳燈錄卷一四，也有類似的文證：「問，如何是禪？師曰，碌磚。又問，如何是道？師曰，木頭。」（大正藏卷五一，頁三〇九）

[117] 景德傳燈錄卷七，「明州大梅山法常禪師」條下有一則公案：「僧問，如何是佛法大意？師云，蒲華、柳絮、竹鍼、麻線！」（詳大正藏卷五一，頁二五四）

[118] 大正藏卷五一，頁三二一。

會，方得契如如[119]。

這首詩，最能看出洞山思想的是「渠今正是我，我今不是渠」。要了解這兩句詩的意思，讓我們再看看他的『無心合道頌』：「道無心合人，人無心合道；欲識箇中意，一老一不老。」[120]第一首詩中的「渠」即是無所不遍的「道」，因其無所不遍，故「渠今正是我」——這是牛頭禪的「空爲道本」！然而，道雖然無所不遍，但是差別的萬法却不能說就是全體之「道」，因此詩中說「我今不是渠」，而第二首也說「一老一不老」（老的是「我」、是萬法，不老的是「道」）。另外，第二首中的「人無心合道」，明顯地是受了牛頭禪「無心合道」的影響。

後期的禪宗是不重形式的、放任自在的；當我們看了底下法融的話，我們能分辨這到底是後期達摩禪的作品或牛頭禪的作品嗎？

高臥放任，不作一個物，名爲行道。不見一個物，名爲見道。不知一個物，名爲修道。不行一個物，名爲行道。[121]

也許印順說得不錯：「印度禪蛻變爲中國禪——中華禪，胡適以爲是神會。其實，不但不是神

---

[119] 大正藏卷五一，頁三二一。
[120] 景德傳燈錄卷二九；大正藏卷五一，頁四五二。
[121] 法融之絕觀論（敦煌本）；參見印順中國禪宗史，頁一二八。

會，也不是慧能。中華禪的建立者，是牛頭。應該說，是『東夏之達摩』——法融。」[122]

五、結論

不管壇經的作者是誰，也不管它的版本如何流變，它畢竟是一部扭轉乾坤的偉構。錢穆說得好：「唐代之有禪宗，從上是佛學之革新，向後則成爲宋代理學之開先，而惠能則爲此一大轉捩中之關鍵人物。」[123]但是，一個人的力量眞的這麼大嗎？道信（甚至慧可）的引入般若，石頭宗的引入牛頭禪，還有神會的冒死奔波，不也一樣功不可沒嗎？所以，胡適也沒有說錯：「中國佛教革新運動，是經過很長時期的演變的結果；並不是廣東出來一個不認識字的和尚，做了一首五言四句的偈，在半夜三更得了法和袈裟，就突然起來的，它是經過幾百年很長時期的演變而成的。」[124]在這漫長的、好幾百年的流變當中，壇經或禪宗的中心思想，必定也經過許多轉折，才成爲目前我們所看到的樣子。這些轉折，筆者不想再詳細指出，僅僅用底下的略表來說明它：

---

[122] 中國禪宗史，頁一二八。

[123] 『六祖壇經大義』；張編六祖壇經研究論集，頁一九二。

[124] 『禪宗史的一個新看法』；胡適禪學案，頁五二八。

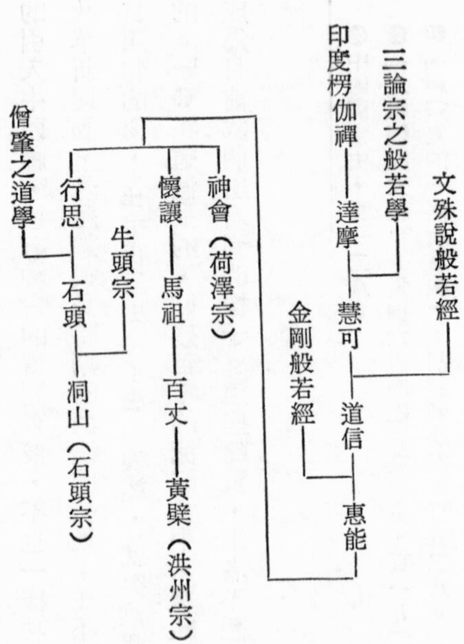

主要參考文獻

一、胡適校神會和尚遺集，民國五七年臺北中央研究院胡適紀念館出版。
二、柳田聖山編胡適禪學案，民國六四年臺北正中書局出版。
三、胡適著胡適文存，民國六八年臺北遠東圖書公司出版。
四、張曼濤編六祖壇經研究論集，民國六五年臺北大乘文化出版社出版。
五、張曼濤編中國佛教文史論集，民國六九年大乘文化出版社出版。

六、印順著中國禪宗史，民國六四年臺北慧日講堂重版。
七、欽定全唐文，臺北滙文書局出版。
八、南宗頓敎最上大乘摩訶般若波羅蜜經六祖惠能大師於韶州大梵寺施法壇經（敦煌本壇經），大正藏卷四八。
九、六祖大師法寶壇經（宗寶本壇經），大正藏卷四八。
一〇、景德傳燈錄，大正藏卷五一。
一一、五燈會元，卍續藏經卷一三八。
一二、楞伽阿跋多羅寶經（四卷楞伽），大正藏卷一六。
一三、大乘入楞伽經（七卷楞伽），大正藏卷一六。
一四、大般涅槃經，大正藏卷一二。

後記

綿延五千年的中國歷史當中，外來文化所帶給中國人的深遠影響，除了近世的西方科技文明之外，更重要的是兩漢間傳自印度的佛敎文化。魏晉南北朝時代，隨着儒術的衰萎，佛敎從兩漢的「方術之敎」，一變而成玄學化的「格義佛敎」。從此，佛敎開始在中國這塊深富文化養分的土地生根、滋長，緊密地與當時的知識階層相結合。

透過諸多高僧的努力，隋唐兩朝及其以後的佛敎，更漸漸中國化、平民化，而結出了豐碩的果實。佛敎的弘傳者，除了開展出中國式的宗派之外，還製作了中國式的佛敎音樂、佛敎藝術和佛敎文學。坦胸露乳的印度菩薩，着上了中國式的衣裳；原本是男性的觀世音菩薩，也搖身一變而成「香山寶卷」裏的妙善公主。白居易、蘇東坡等詩人，吟咏出無數的佛敎詩歌。而文漵——一個唐代的小和尙，更以通俗的中國音樂，穿揷深奧難懂的佛敎義理，來傳播他那內心所虔信着的佛法。依據趙璘的「因話錄」卷四，以及段安節的「樂府雜錄」，文漵的弘法，「其聲宛暢，感動里人」，以致「聽者塡咽寺舍」！無疑地，文漵的佛敎「講唱」，是其後變文、寶卷、乃至小說、彈詞等等俗文學的先河。至於李翱遊學於藥山禪師，周敦頤援引宗密的思想入於太極圖中，以致開展出後代的宋明理學，更是中國思想史上人人皆知的常談。這些，在在說明中國人已自覺地或不自覺地接受了佛教；佛教成了中國文化不可或缺的一環！

五千年的中國歷史，佛教扮演了兩千年的重要角色。治史者將這流傳兩千年的中國佛教，依其教義、經典、以及傳承者的不同，大分爲底下十個宗派：屬於「小乘佛教」的有毘曇、成實兩宗；屬於「大乘佛教」的有三論、唯識、天臺、華嚴、禪、淨、密、律等八宗。事實上，這十個宗派當中，眞正代表中國佛教的，只有天臺、華嚴、禪、淨四宗。

代表中國佛教的這四宗，其教義、師承、乃至它們所宗重的經典，或各有不同，然其基本的思想，仍不外來自印度大乘佛教的兩大主流——中觀與唯識。七世紀的印度佛教，以般若（中觀）的「空」與唯識（瑜伽）的「有」爲主；因此，義淨（六三六——七一三）的「南海寄歸內法傳」卷一曾說：「所云（印度）大乘（佛教），無過二種。一則中觀，二乃瑜伽。」這兩大主流，依其時代的出現先後，史家們一致認爲先有中觀，後有唯識。大約在唯識經論盛行的時代（西元五、六、七世紀左右），印度的佛教界還流傳着另一類經典，史家們稱之爲「眞常經典」或「如來藏經典」。這類經典高唱「眞我」、高唱「一切衆生皆可成佛」，與原始佛教，乃至中觀、唯識，都有很大的不同。明顯地，這類經典融攝了許多婆羅門教的「外道」思想，已與釋迦的根本教義相去甚遠。釋迦述說無常、苦、空、無我，但是，如來藏系的經典却高談常、樂、我、淨。屬於這類經典之一的「勝鬘經」甚至還說：「見諸行無常，是斷見，非正見！」像這樣明顯婆羅門化的經典；在當時的印度，自然不被佛教界所承認，難怪義淨會說大乘「無過二種」。事實上，卽使是現在，西藏的佛教界，也只承認有「中觀見」和「唯識見」，並不承認有「（如來）藏性見」。

然而，含有「外道」要素的如來藏思想，却深深地影響着中國佛教。代表中國佛教的四大宗派——天臺、華嚴、禪、淨，沒有一宗不受如來藏思想的洗禮。其中原因固然很多，但最重要的是：如來藏的思想，與魏晉南北朝所流行的「神不滅論」——一種與神仙思想有關的「靈魂不滅說」相結合了。到了宋明，更與理學家所宗重的孟子「性善說」相呼應，以致成了中國佛教不可更改的共同特質。

本書所收集的各篇論文，都在討論大乘佛教這三大主流的思想，它們可以說已經涵蓋了佛教的整個思想層面。這些論文，除了一篇新作之外，其他都已陸續發表在國內各哲學、佛教的期刊上面。筆者撰寫這些論文時，並沒有考慮收集成册，因此也就不曾照顧到佛教史的前後線索。但是，現在既然收集成册，就不得不依照歷史的線索，稍做前後的次序安排了。

首先，筆者將這些論文分成兩部分。除了「代序」之外，前面文字淺顯的十一篇編成「極喜地」，後面論理複雜的四篇編成「法雲地」。「極喜地」和「法雲地」都是佛經中的名詞，代表大乘菩薩行——十地的最先和最後兩個階段。「十地經」卷二說：「唯，諸佛子菩薩，住於極喜地時，極多歡喜，多淨信，多愛樂，多適悅，多忻慶，多踊躍，多勇悍，多無鬪諍，多無惱害，多無瞋恨。」因此，筆者希望讀者們，看了這十一篇易讀的文章之後，也能够和極喜地的菩薩一樣，心生歡喜，而與佛教的清淨教義相呼應。「十地經」卷九又說：「復次，佛子菩薩安住法雲地已，從此願力起大悲雲，震大法雷，神通無畏，電光暉昱……澍大無比甘露法雨，殄息有情無知所起衆惑塵焰，令隨意樂善根稼穡增長成熟。是故此地名爲法雲。」換句話說，筆者懇切地希望讀者們，讀了後面這四篇比較複雜艱深的論文之後，能够和法雲地的菩薩一樣「起大悲雲」、「澍大法雨」，普令天下蒼生同享佛法的「甘露」。

在「極喜地」裏的十一篇文章當中，第一篇勉强代表了原始佛教的思想，第二——五篇都是有關初期大乘佛教——中觀的思想，第六篇是中期大乘佛教——唯識的思想，第七篇是後期大乘佛教——如來藏的思想。這七篇，涵蓋了佛教史的主要階段，其中僅僅欠缺「部派佛教」的介紹。而八——十一篇，則是綜合性的文章。八與九刊出之後，曾引起一些反駁。第十的「野狐禪」是禪宗一則有名的公案，而第十一則介紹佛經裏的「淨土」思想；這兩篇通俗的演講稿，勉勉强强可以充做宋明後最爲盛行的兩大宗派——禪宗與淨土宗的介紹。

「法雲地」收錄在「法雲地」裏的四篇論文中，第二、三兩篇都在討論「成唯識論」一書中的某個問題，兩篇觀點雷同，嚴格說只能看做一篇，只因引證稍有詳略之別，推論亦有簡繁之辨，因此蔽帚自珍，姑且一併收錄。

底下是這些論文的出處及其發表的年月：

我們需要什麼樣的佛法？	六十六年	中國文化學院慧智社社刊
以阿含經爲主的政治思想	七十年	獅子吼月刊八、九月號
中觀的思想	六十七年	覺世雜誌十七、十八期
般若心經釋義	六十八年	中國佛敎月刊六、七月號
也談「中期中觀哲學」	六十六年	鵞湖月刊四月號
中國早期的般若學	七十一年	中國佛敎月刊三月號
唯識的思想	六十七年	中國佛敎月刊七月號
清淨心與眞常佛敎	六十七年	中國佛敎月刊四月號
中觀與眞常	六十七年	鵞湖月刊二月號
關於「中觀與眞常」	六十七年	鵞湖月刊八月號
野狐禪——佛敎的濟世思想	六十九年	菩提樹月刊五月號
佛敎思想中的理想國	六十九年	未發表
論前後期佛敎對解脫境的看法	六十九年	臺灣大學文史哲學報二九期
成唯識論中時間與種熏觀念的研究	七十年	華崗佛學學報五期

論俱時因果在成唯識論中的困難　　七十年　　臺灣大學哲學論評四期
壇經的作者及其中心思想　　七十年　　國立編譯館館刊十卷二期

最後，筆者還要感謝業師林正弘教授；因爲他的幫忙，本書才能够和各位讀者見面。

楊惠南　記
一九八二年初夏

滄海叢刊書目

國學類

中國學術思想史論叢(一)～(八)	錢　穆　著
現代中國學術論衡	錢　穆　著
兩漢經學今古文平議	錢　穆　著
宋代理學三書隨劄	錢　穆　著
先秦諸子繫年	錢　穆　著
朱子學提綱	錢　穆　著
莊子纂箋	錢　穆　著
論語新解	錢　穆　著

哲學類

文化哲學講錄(一)～(五)	鄔昆如　著
哲學十大問題	鄔昆如　著
哲學的智慧與歷史的聰明	何秀煌　著
文化、哲學與方法	何秀煌　著
哲學與思想	王曉波　著
內心悅樂之源泉	吳經熊　著
知識、理性與生命	孫寶琛　著
語言哲學	劉福增　著
哲學演講錄	吳　怡　著
後設倫理學之基本問題	黃慧英　著
日本近代哲學思想史	江日新　譯
比較哲學與文化(一)(二)	吳　森　著
從西方哲學到禪佛教——哲學與宗教一集	傅偉勳　著
批判的繼承與創造的發展——哲學與宗教二集	傅偉勳　著
「文化中國」與中國文化——哲學與宗教三集	傅偉勳　著
從創造的詮釋學到大乘佛學——哲學與宗教四集	傅偉勳　著
中國哲學與懷德海	東海大學哲學研究所主編
人生十論	錢　穆　著
湖上閒思錄	錢　穆　著
晚學盲言(上)(下)	錢　穆　著
愛的哲學	蘇昌美　著
是與非	張身華　譯
邁向未來的哲學思考	項退結　著

現代藝術哲學	孫旗譯
現代美學及其他	趙天儀著
中國現代化的哲學省思	成中英著
不以規矩不能成方圓	劉君燦著
恕道與大同	張起鈞著
現代存在思想家	項退結著
中國思想通俗講話	錢穆著
中國哲學史話	吳怡、張起鈞著
中國百位哲學家	黎建球著
中國人的路	項退結著
中國哲學之路	項退結著
中國人性論	臺大哲學系主編
中國管理哲學	曾仕強著
孔子學說探微	林義正著
心學的現代詮釋	姜允明著
中庸誠的哲學	吳怡著
中庸形上思想	高柏園著
儒學的常與變	蔡仁厚著
智慧的老子	張起鈞著
老子的哲學	王邦雄著
逍遙的莊子	吳怡著
莊子新注（內篇）	陳冠學著
莊子的生命哲學	葉海煙著
墨家的哲學方法	鐘友聯著
韓非子析論	謝雲飛著
韓非子的哲學	王邦雄著
法家哲學	姚蒸民著
中國法家哲學	王讚源著
二程學管見	張永儁著
王陽明——中國十六世紀的唯心主義哲學家	張君勱原著、江日新中譯
王船山人性史哲學之研究	林安梧著
西洋百位哲學家	鄔昆如著
西洋哲學十二講	鄔昆如著
希臘哲學趣談	鄔昆如著
近代哲學趣談	鄔昆如著
現代哲學述評(一)	傅佩榮編譯

當代西方哲學與方法論	臺大哲學系主編
人性尊嚴的存在背景	項退結編著
理解的命運	殷鼎著
馬克斯・謝勒三論	阿弗德・休慈原著、江日新譯
懷海德哲學	楊士毅著
洛克悟性哲學	蔡信安著
伽利略・波柏・科學說明	林正弘著
宗教類	
天人之際	李杏邨著
佛學研究	周中一著
佛學思想新論	楊惠南著
現代佛學原理	鄭金德著
絕對與圓融——佛教思想論集	霍韜晦著
佛學研究指南	關世謙譯
當代學人談佛教	楊惠南編著
從傳統到現代——佛教倫理與現代社會	傅偉勳主編
簡明佛學概論	于凌波著
圓滿生命的實現（布施波羅密）	陳柏達著
薝蔔林・外集	陳慧劍著
維摩詰經今譯	陳慧劍譯註
龍樹與中觀哲學	楊惠南著
公案禪語	吳怡著
禪學講話	芝峯法師譯
禪骨詩心集	巴壺天著
中國禪宗史	關世謙著
魏晉南北朝時期的道教	湯一介著
社會科學類	
憲法論叢	鄭彥棻著
憲法論衡	荆知仁著
國家論	薩孟武譯
中國歷代政治得失	錢穆著
先秦政治思想史	梁啟超原著、賈馥茗標點
當代中國與民主	周陽山著
釣魚政治學	鄭赤琰著
政治與文化	吳俊才著
中國現代軍事史	劉馥著、梅寅生譯
世界局勢與中國文化	錢穆著

中華文化十二講	錢　　穆　著
民族與文化	錢　　穆　著
楚文化研究	文　崇　一　著
中國古文化	文　崇　一　著
社會、文化和知識分子	葉　啟　政　著
儒學傳統與文化創新	黃　俊　傑　著
歷史轉捩點上的反思	韋　政　通　著
中國人的價值觀	文　崇　一　著
紅樓夢與中國舊家庭	薩　孟　武　著
社會學與中國研究	蔡　文　輝　著
比較社會學	蔡　文　輝　著
我國社會的變遷與發展	朱　岑　樓主編
三十年來我國人文社會科學之回顧與展望	賴　澤　涵　編
社會學的滋味	蕭　新　煌　著
臺灣的社區權力結構	文　崇　一　著
臺灣居民的休閒生活	文　崇　一　著
臺灣的工業化與社會變遷	文　崇　一　著
臺灣社會的變遷與秩序(政治篇)(社會文化篇)	文　崇　一　著
臺灣的社會發展	席　汝　楫　著
透視大陸	政治大學新聞研究所主編
海峽兩岸社會之比較	蔡　文　輝　著
印度文化十八篇	糜　文　開　著
美國的公民教育	陳　光　輝　譯
美國社會與美國華僑	蔡　文　輝　著
文化與教育	錢　　穆　著
開放社會的教育	葉　學　志　著
經營力的時代	青野豐作著、白龍芽　譯
大眾傳播的挑戰	石　永　貴　著
傳播研究補白	彭　家　發　著
「時代」的經驗	汪琪、彭家發　著
書法心理學	高　尚　仁　著
史地類	
古史地理論叢	錢　　穆　著
歷史與文化論叢	錢　　穆　著
中國史學發微	錢　　穆　著
中國歷史研究法	錢　　穆　著
中國歷史精神	錢　　穆　著

國史新論	錢　　穆　著
秦漢史	錢　　穆　著
秦漢史論稿	邢義田　著
與西方史家論中國史學	杜維運　著
中西古代史學比較	杜維運　著
中國人的故事	夏雨人　著
明朝酒文化	王春瑜　著
共產國際與中國革命	郭恒鈺　著
抗日戰史論集	劉鳳翰　著
盧溝橋事變	李雲漢　著
老臺灣	陳冠學　著
臺灣史與臺灣人	王曉波　著
變調的馬賽曲	蔡百銓　譯
黃帝	錢　　穆　著
孔子傳	錢　　穆　著
唐玄奘三藏傳史彙編	釋光中　編
一顆永不殞落的巨星	釋光中　著
當代佛門人物	陳慧劍編著
弘一大師傳	陳慧劍　著
杜魚庵學佛荒史	陳慧劍　著
蘇曼殊大師新傳	劉心皇　著
近代中國人物漫譚・續集	王覺源　著
魯迅這個人	劉心皇　著
三十年代作家論・續集	姜　　穆　著
沈從文傳	凌　　宇　著
當代臺灣作家論	何　　欣　著
師友風義	鄭彥棻　著
見賢集	鄭彥棻　著
懷聖集	鄭彥棻　著
我是依然苦鬥人	毛振翔　著
八十憶雙親、師友雜憶（合刊）	錢　　穆　著
新亞遺鐸	錢　　穆　著
困勉強狷八十年	陶百川　著
我的創造・倡建與服務	陳立夫　著
我生之旅	方　　治　著

語文類

中國文字學	潘重規　著

中國聲韻學　潘重規、陳紹棠　著
訓詁通論　吳孟復　著
翻譯新語　黃文範　著
詩經研讀指導　裴普賢　著
陶淵明評論　李辰冬　著
鍾嶸詩歌美學　羅立乾　著
杜甫作品繫年　李辰冬　著
杜詩品評　楊慧傑　著
詩中的李白　楊慧傑　著
司空圖新論　王潤華　著
詩情與幽境——唐代文人的園林生活　侯迺慧　著
唐宋詩詞選——詩選之部　巴壺天　編
唐宋詩詞選——詞選之部　巴壺天　編
四說論叢　羅盤　著
紅樓夢與中華文化　周汝昌　著
中國文學論叢　錢穆　著
品詩吟詩　邱燮友　著
談詩錄　方祖燊　著
情趣詩話　楊光治　著
歌鼓湘靈——楚詩詞藝術欣賞　李元洛　著
中國文學鑑賞舉隅　黃慶萱、許家鶯　著
中國文學縱橫論　黃維樑　著
蘇忍尼辛選集　劉安雲　譯
1984　GEORGE ORWELL原著、劉紹銘　譯
文學原理　趙滋蕃　著
文學欣賞的靈魂　劉述先　著
小說創作論　羅盤　著
借鏡與類比　何冠驥　著
鏡花水月　陳國球　著
文學因緣　鄭樹森　著
中西文學關係研究　王潤華　著
從比較神話到文學　古添洪、陳慧樺主編
神話卽文學　陳炳良等譯
現代散文新風貌　楊昌年　著
現代散文欣賞　鄭明娳　著
世界短篇文學名著欣賞　蕭傳文　著
細讀現代小說　張素貞　著

現代詩學	蕭　蕭　著
詩美學	李元洛　著
詩學析論	張春榮　著
橫看成嶺側成峯	文曉村　著
大陸文藝論衡	周玉山　著
大陸當代文學掃瞄	葉穉英　著
走出傷痕——大陸新時期小說探論	張子樟　著
兒童文學	葉詠琍　著
兒童成長與文學	葉詠琍　著
增訂江皋集	吳俊升　著
野草詞總集	韋瀚章　著
李韶歌詞集	李　韶　著
石頭的研究	戴　天　著
留不住的航渡	葉維廉　著
三十年詩	葉維廉　著
讀書與生活	琦　君　著
城市筆記	也　斯　著
歐羅巴的蘆笛	葉維廉　著
一個中國的海	葉維廉　著
尋索：藝術與人生	葉維廉　著
山外有山	李英豪　著
葫蘆・再見	鄭明娳　著
一縷新綠	柴　扉　著
吳煦斌小說集	吳煦斌　著
日本歷史之旅	李希聖　著
鼓瑟集	幼　柏　著
耕心散文集	耕　心　著
女兵自傳	謝冰瑩　著
抗戰日記	謝冰瑩　著
給青年朋友的信（上）（下）	謝冰瑩　著
冰瑩書柬	謝冰瑩　著
我在日本	謝冰瑩　著
人生小語㈠～㈣	何秀煌　著
記憶裏有一個小窗	何秀煌　著
文學之旅	蕭傳文　著
文學邊緣	周玉山　著
種子落地	葉海煙　著

向未來交卷	葉海煙 著
不拿耳朵當眼睛	王讚源 著
古厝懷思	張文貫 著
關心茶——中國哲學的心	吳怡 著
放眼天下	陳新雄 著
生活健康	卜鍾元 著

美術類

樂圃長春	黃友棣 著
樂苑春回	黃友棣 著
樂風泱泱	黃友棣 著
談音論樂	林聲翕 著
戲劇編寫法	方寸 著
戲劇藝術之發展及其原理	趙如琳譯著
與當代藝術家的對話	葉維廉 著
藝術的興味	吳道文 著
根源之美	莊申 著
中國扇史	莊申 著
立體造型基本設計	張長傑 著
工藝材料	李鈞棫 著
裝飾工藝	張長傑 著
人體工學與安全	劉其偉 著
現代工藝概論	張長傑 著
色彩基礎	何耀宗 著
都市計畫概論	王紀鯤 著
建築基本畫	陳榮美、楊麗黛 著
建築鋼屋架結構設計	王萬雄 著
室內環境設計	李琬琬 著
雕塑技法	何恆雄 著
生命的倒影	侯淑姿 著
文物之美——與專業攝影技術	林傑人 著